内 容 提 要

明代服饰制度严密周备，纺织技艺高度发达。制度的持续更定与技术的日新月异，使得明代服装在形制上呈现出明显的特色。服装的形制从"礼、法、俗"不同层面普及于社会各阶层，贯穿明代始终，并传播于周边国家，留存后世。

本书以明代服装实物为主要研究对象，选取三百余件传世及出土服装作为研究样本，应用考古"类型学"方法将服装实物的形制进行分类比对研究，最终以"类→型→式"的分类方式呈现对不同类别明代服装形制的层层解读。同时，应用"从物论史""多重证据法"等研究方法，将实物与文献、图像进行互证，探讨了明代服装的形制规律与互动关系。

本书适合文物考古工作者、纺织服饰研究者、纺织服装专业师生、传统服饰爱好者、文史爱好者、国风服装设计师、影视造型设计师等阅读参考。

图书在版编目（CIP）数据

明鉴：明代服装形制研究 / 蒋玉秋著 . -- 北京：
中国纺织出版社有限公司，2021.4（2024.1重印）
ISBN 978-7-5180-8342-8

Ⅰ.①明…　Ⅱ.①蒋…　Ⅲ.①服饰文化—研究—中国—明代　Ⅳ.① K892.23

中国版本图书馆 CIP 数据核字（2021）第 020636 号

策划编辑：郭慧娟　金 昊　　　　责任编辑：金 昊
责任校对：楼旭红　　　　　　　　责任印制：王艳丽

中国纺织出版社有限公司出版发行
地址：北京市朝阳区百子湾东里A407号楼　邮政编码：100124
销售电话：010—67004422　传真：010—87155801
http://www.c-textilep.com
中国纺织出版社天猫旗舰店
官方微博http://weibo.com/2119887771
北京雅昌艺术印刷有限公司印刷　各地新华书店经销
2021年4月第1版　2024年1月第3次印刷
开本：635×965　1/8　印张：30.5　插页：2
字数：289千字　定价：498.00元

REFLECTIONS
ON THE MING DYNASTY COSTUMES

明代服装形制研究

明鉴

蒋玉秋 著

中国纺织出版社有限公司

秋秋把她的书稿送来，嘱我写序。这是一部精美的明代服饰专著，放在眼前，好生赞叹！文字和图像并茂，内容和形式俱佳。我曾想过把博士生的论文做成一个系列出版，但因各人的主题和风格都不尽相同，所以就不再纠于此事。而当秋秋送来这部匠心独具的精美著作时，我就彻底放弃了原本的设想，从某种意义来说，做系列是给每本书设了一个局限，限制了不同著作的创作，不做也罢。这就是秋秋，做人做事做研究，给我最深的印象就是明明白白，清清楚楚，路正道直，秋风爽朗。正如她做的研究是明代服饰，为这部著作取的名字叫作《明鉴》，江湖行走，字里行间，处处都是一个"明"字。

记得秋秋初次来找我约是在2010年，拿来了她的早期作品，直到2011年正式入学。给我的直觉，她是一个想事明白、处事周到的人，有着一份清晰明朗的人生路线图。她本科是从理科考取的北京服装学院服装艺术设计专业，拿的是工学学士学位。硕士攻读的是设计艺术学服装史论方向，拿的是文学硕士。而南下上海东华大学读我的博士，为的是什么？北京有许多机会，时间和空间都应该更方便些，加上我的研究方向其实既不是晚期纺织品研究，也不是服装。我想她是为了她整个的学术规划。一个人必须要跨越，不能在一个地方里把所有的本科、硕士、博士和教学工作进行到底，必须在知识结构上进行完善，在人脉结构上进行完善。她当时也对我说，自己做中国服装史研究，希望能从技术源头解决问题，而这个源头就是对中国丝绸的认知。这样她最后在2016年9月在东华大学服装与艺术设计学院拿到了她的纺织科学与工程专业工学博士学位。

秋秋有着一个明确的目标。明代是一个研究材料比较多、研究人员比较多、但研究成果也比较多的朝代，做起来不容易。有着一些学界大师，更多的是民间高手。在我的学生中，来自台湾的阙碧芬是研究明代丝织品的，而大部分学生都跟着我研究早期纺织或是丝绸之路，做服饰研究的也不多。秋秋定了这个方向之后，就异常地坚定，一切规划围着这一目标展开。记得她当时有机会出国深造，与我商量去哪里？我的人脉在欧美较多，而一般人也乐意去欧美深造，语言的难度也会小一些。但秋秋最后还是选择去了韩国，因为韩国研究古代服饰本身，或是研究与明代相关的服饰都特别强，所以，她在2013—2014年间去韩国安东国立大学和韩国传统文化大学，做了将近一年的访问学者，进行"14至16世纪中韩纺织服饰史比较研究"的研修，这对她后来的研究也十分重要。

当然，秋秋最终的目标，必定是要取得明显的成果。我总是对学生说，你们的博士论文，必须得有创新，或有新材料，或有新方法，最后一定得有新观点。新方法非常难，所以得去寻找新材料，才能得出新观点。我对他们的建议是，首先要搭建一个合适的、有逻辑的框架，再是收集整理大量的材料，体现相当的工作量，然后寻找若干个突破口，以精准的角度、合适的方法切入，形成若干个创新点。秋秋在读博的时候，遍访全国各地的明代服饰，又恰逢浙江嘉兴王店李家坟明墓发掘，便参与了我们的相关保护修复项目，完成了《明代环编绣獬豸胸背的技术复原研究》和《嘉兴王店李家坟明墓出土圆领袍复原研究》，而前者是特别有难度的一项复原。后来，孔府旧藏大量明代服饰在山东省博物馆展出，部分服饰在中国丝绸博物馆进行修复保护，她也有机会近距离接触了保存完好的明代服饰，对明代服饰有了更为全面的鉴定和研究。

今天她完成的是《明鉴——明代服装形制研究》，可以说，这是到目前为止对于明代服饰最为完整和深入的研究力作。全书虽是基于她所完成的博士论文，但更像一部完整的著作。首先是对资料的全面梳理，有传世和出土明代服装的综述，然后分袍/衫、衣、裳/裙、裤进行具体研究和叙述，最后是明代服装的形与制，是为一个总结。本书的结构非常清晰，文中的写法也是经典的服饰研究的方法，有文献的考证，有图像的对比，特别是对实物有大量的实测、仔细的分析、结构的解析，甚至是服装的复制。有了此书，明代服装的主要类型都已十分清晰明了。

为秋秋祝贺，也期待多一些这样的研究成果出来，一篇论文、一部著作，能基本解决中国或世界纺织服饰史上的一个较大问题、一个时代或是一个区域或是一个类型，慢慢积累，这个事关人类衣食住行之首的纺织服装文明史，也会变得越来越清晰，越来越完整。

是为序，并与秋秋及同学同事共勉。

赵　丰

2020年12月6日于中国丝绸博物馆

序二 由形观义：明代服装史研究的新范式

我一向不喜替人作序。有人上门求序，无不婉拒。其中的原因有二：一则序之为文，作为一种应酬文字，一落笔，难脱颂谀之习；二则不谙著作内容，说一些无关宏旨、隔靴挠痒的皮毛话，于学术并无多少裨益。

今闻玉秋女史《明鉴——明代服装形制研究》行将付梓，嘱我作序，欣然允诺。究其缘由也有二：一是我与玉秋有缘。记得多年前，我在上海博物馆作《明代社会生活史》学术分享，玉秋会后向我请教问题，我们首次相识。后又蒙陈芳教授盛情，我得以参加由北京服装学院主办的敦煌服饰论坛，有了更多接触。见其人，知性温婉；闻其人，好学不倦。其后，又有幸赴上海东华大学，参加她的博士毕业论文答辩，对其治学历程有了更深一层的了解，且在对明代服饰的看法上产生了共鸣。《诗经》有云："嘤其鸣矣，求其友声。"志同道又合，同声气求，自然有话可说，甚至不妨揄扬一二。二是我治明代社会生活史多年，对明代服饰的社会史背景并不陌生。对她的新著，稍作评骘，谅亦不会说出外行话，可免贻笑大方的尴尬。有此二缘，自然落笔欣快，且无禁忌。

自沈从文先生《中国古代服饰研究》开创示范性的样板之后，有关中国服饰史的研究正可谓方兴未艾，成果斐然。然若细究之，因学科的自我设限，有关服饰史研究的论著往往畛域井然：治历史者，多从礼制、社会的视角，阐述服饰史的演进历程；治考古者，多以出土实物为依据，辨析服饰的形制；治艺术史者，多从图像出发，以艺术史叙事的模式，深究服饰的艺术特性。所论各有所得，却又难免陷于一偏。作为一个历史学者，我治明代服饰史时，每阅《明会典》《明史·舆服志》，读至服装的尺寸、名称等，常因图像、实物知识的欠缺，也时有不知所云之感。有此疑惑，深感学科互动与整合之必要。在当下"科际整合"的研究新趋向下，中国古代服饰史研究无疑将会迎合这一新趋向而有全新的突破。

粗阅玉秋新作一过，觉得此书以博士论文为基础，又有增有减。所增者，除了保留原先丝绸材料服装的特殊介绍之外，专门增加了非丝绸材质的服装形制研究，如湖北张懋墓出土的深衣；所减者，没有将博士论文最后一章关于复原案例部分的内容置于此书之中。如此安排，或许作者有自己的深思熟虑，但至少说明作者在研究上秉持一种与时俱进的态度，决不固步自封。

玉秋出身纺织服装专业，服装技术、艺术、史学三者兼能，学养久已厚殖。此著选取300余件传世与出土明代服装为研究样本，以服装形制切入，从礼、法、俗三个层面展开，条分缕析，以物论史，将实物与文献、图像加以互证，对明代服装形制做了创新性的探求。通观整部书稿，既从专业技术立论，以服装形制为考察中心，使研究具有坚实的技术根基；又有开阔宏大的视野，不乏艺术史与社会史的视角，将服装技术与服装艺术、服装历史三者熔于一炉，真正实践了"科际整合"的研究新范式。

就服装形制而言，此著研究的样本，既有传世的明代服装形制，又有出土的明代服装形制；此著研究的服装样式，既有袍/衫、衣，又有裳、裤。诸如此类的分类，既基于传统的服装理念加以区分，又有凭借当代服装技术所做的全新透视。尤其令人击节的是，此著关于"形制"一词的概念性界定，将服装"形制"解析为以下两类：一类是"形而下"可视的"形"，包括服装的外在式样、内部结构、图案布局、质料色彩等；另一类是"形而上"不可视的"制"，包括服装制度的变迁、风俗禁忌、律令约束等。以此概念界定为基础，使研究不再因技术而论技术，而是将技术层面的内容，置于礼、法、俗的制度背景下加以观察，真正做到了"器"与"道"的合一。

至于论著中对明代服装所做五点深层次的思考，举凡服装史研究缺乏对服装实物材料的应用，明代服装研究对于整体明代史研究的裨益，处于元、清之间的明代服装的历史性定位，明代服装的史迹留存，附着于物质性服装中的非物质性的生命力，诸如此类的思考，无不发人深省，且其基于具体论证之上的回答，同样给人耳目一新之感。

书以"明鉴"为名，确如作者自己所言，其用意是通过对328件研究样本的形制类型分析，希望有助于明代服饰研究的鉴别。中国文化传统历来重视"名物"，且对物的命名多有象征性的意义。服装形制与服装名物，原本具有对应性的关系，却因名与物的两分而导致对服装之名的误解，如将"贴里"误名为"连衣裙"，或将"贴里"与"曳撒"相混。面对此类问题，无不需要通过形制的研究而重加辨析。其实，所谓的"鉴"，并不仅仅限于这一实用性的功能。结合书中的具体内容，我倒从"明鉴"一名中读出了另外一层含义，即以史为镜鉴。明代服装内蕴的文化史价值，就文化的传承性而言，对于今日的服装设计无疑具有借鉴的意义。不止如此，当华夏文化面临"礼失"而断层之时，华夏文化外传异域的史迹，使得中土之人得以借助"求诸野"的途径而重新接续华夏文化脉络。

服装形制有形上、形下与道器之辨。这一点毋庸置疑。我一向认为，华夏服饰文化实则存在着两个世界：一个是伦理世界，另一个是时尚世界。关于明代服装形制的研究，在系统梳理礼、法制度视阈下的形制特点之后，将研究的视野进而拓展至习俗视阈下的时尚服装形制特点，无疑将成为丰富明代服饰文化研究的崭新课题。一转身间，就是另外一个时尚华丽世界的再现。对于玉秋，我有此期待。

陈宝良

2020年11月15日识于缙云山下之嘉陵江畔

十几年前，曾有位收藏书画的朋友带着一幅明人绘《春猎图》来请教，希望能通过画中人物服饰对其身份进行推断。画中骑马者凤眼虬髯，头戴笠冠，足蹬长靴，他身着织金胸背的圆领袍，持弓逐猎。然而，这衣冠与头脑中思维定式的明代服饰形象，无法重合。虽然已知信息已将这幅画定为明代汉人画像，倒不如说它更像一幅"胡人马"。

"胡人马"一事启发了我五点深度思考：

第一，当下的服装史研究欠缺对服装实物材料的应用。有否一种"从物论史"的方法，即以真实的服饰实物为研究主体，通过实物与文献、图像的互证，来立体解读断代服装史，以达到证史、校史、补史的作用？受多种因素所限，当下对明代服装实物的研究，除少数极为重要的墓葬撰有详细的考古报告外，大量明代文物未被充分利用研究。然而，这些服装实物中所遗留的"历史痕迹"，蕴含着丰富的技术、文化、艺术等信息，其研究价值重大。那么，是否可能在当前的研究条件下，编制一个相对详实的明代服饰实物数据库，并以年代、地域、等级、品类、形制等分别为搜索引擎，为包含有服饰的明代图像与实物进行有据可依的断代？

第二，明代服装形制研究之于明史的整体研究有何裨益？一代社会生活的形成乃至变异，必然意味着社会关系以及相关的社会秩序的变动[1]。位列开门七件事之首的"衣"生活方式，贯连着社会关系与秩序。穿什么，对历史中的个体人物本我而言，服装的式样体现着审美与风尚；对有着社会角色的人来讲，服装的制度则隐含着国家礼法与伦纪。帝王、官宦、士子、百工、农商，其服装形制各有不同，由服装的"有等有

❶
陈宝良. 明代社会生活史
[M]. 北京：中国社会科学
出版社，2004.

别"可辨人的尊卑贵贱，由服装的"僭越逾矩"又可见时风的偃仰起伏。明代服装形制的变迁，只是明代历史中的细琐点滴，但也正是由于这样的点滴汇聚，明史研究之河才愈发宽广与包容。

第三，夹在元朝与清朝历史之间的明朝，其建朝之初，以"修既坠之彝伦""复中国之正统"为立国之本，衣冠定制"上采周汉，下取唐宋"，试图确立一种以传统汉民族服饰为根基的服饰制度。那么历史的车轮是否可以彻底地摒除元朝遗风，完全复原汉家衣裳？这个汉民族统治的封建末世王朝，它的命运竟在历史的横纵轴上关联数代与多国、多族，可谓"牵一发而动全身"。明代开国君主虽然将"复古"作为衣冠之治的初心，但此后的服装发展轨迹却并未完全秉承初衷，甚至在某些时期还背道而驰。这段既顺势发展又逆流而上的服装发展历史，矛盾何在？

第四，经历了后世刀戈战火与衣冠更替，曾经的明代服饰在今日是否有迹可循？在中国，远离京城且曾作为屯田屯兵之地的贵州屯堡，被称为600年前朱元璋遗落的"棋子"，那里人们的衣装至今仍存明代古风；山东曲阜，孔府的后人将先祖的明代衣冠与画像藏于箱箧，冒灭族之险，护其周全，传世至今；在与中国一水之隔的韩国，每逢民俗节令，其民众衣装仍然保留着源自朝鲜时代作为明朝藩属国的诸多服饰传统，在他们的传统面料市场上还可以买到明代同款西番莲纱罗、四合云纹缎；日本京都宫内厅与妙法院，至今保存着万历皇帝册封丰臣秀吉为日本国王的敕谕与衣冠……至此，真有穿越回彼朝彼刻之感。历史尝试预测未来，今时也可观照历史。礼失求诸野，在彼国他乡，在古城郊

图0-1 / 明 胡聪《春猎图》（局部）（李雪松先生供图）

野，竟可寻到多少逝去的大明衣冠?

第五，附着于物质性服装中的非物质性，其生命力到底有多强? 当下，有众多的"汉服"爱好者们痴迷于汉民族传统衣冠。衣冠之美，不仅美在外形，还美在"形而下"的技术（器）与"形而上"的思想（道）。那些明代笔记小说中所描写的"沉香色潞绸雁衔芦花样对衿袄儿""沙绿百花裙""五彩飞鱼氅衣"……已永久封存于曾经的时代，但蕴含于衣装中的妆花、销金、挑线、柘黄染等织绣染技艺，以及敦厚温柔、深沉和雅、有序有礼的着装风骨与服饰礼仪仍可再现。习古，是为创新，让技艺成为连接历史与今日的纽带，为今人提供"传器重道"的研究思路，经过系统的梳理与分析，展现"有据可依"的明代服装历史，这是多么有现实意义的实践。

基于如上思考，促使我将"明代服装形制研究"一题开展起来，期待可以在基于实物研究的基础上去探索这段多元的服装历史。

概念界定

明代，自 1368 年（洪武元年）太祖朱元璋立国，至 1644 年（崇祯十七年）思宗朱由检殉国，共传十二世，历十六帝，享国 276 年。

本书"服装"的研究范围限定在"体衣"，即袍、衫、衣、裳、裤等。冠帽、鞋履、配饰等暂不在研究范围之内。明代服装的衣料品类丰富，棉布在当时已经普及成为大众衣料，丝绸则作为高级的服装用料被精细加工，向着高精尖的方向发展。当时的明代纺织品类别多达数十种，这些丰富的材料背后呈现出明代纺织技术的高度发达。明代纺织技术，尤其是丝绸织造技术的不断提升与迅速更替，使得以丝绸为材质的服装形制在不同时期呈现出明显变化，依据丝绸多变的组织结构、纹样特征、制作工艺，我们可以获得相对更为精确的为明代服装断代的时间表。

本书对明代服装的"形制"独有侧重。"形"，《周易·乾》有"云行雨施，品物流形"。其意可以理解为天有云行雨降，万物受其滋润，始能化育，而赋其形，运动于宇宙之间。服装之"形"虽非自然直接形成，但其材料取之自然，并受制度约束与影响而最终成形。纵观中国历代服装变迁，"形制"的变化首当其冲。服装变"形"变"制"，都不只是简单的风尚变幻，它裹挟着政治争斗，关乎着民族信仰，体现着礼仪教化。本书将"形制"区分为广义与狭义两种。狭义的服装"形制"，是专门就物质性的服装本身而言，特指服装的式样、款式；而广义的服装"形制"，可拆解为"形"与"制"，"形"指外，"制"指内，一个显性，一个隐性。外在的"形"可以解读为"形象""形式"，结合服装而言，指人的着装形象与服装本身款式结构；内在的"制"可以解读为与服装有关的"制度""礼俗""律令"。故此，本文所论"形制"述及内容包括两部分：一是"形而下"可视的"形"——明代服装的外在式样、内部结构、图案布局、质料色彩等；二是"形而上"不可视的"制"——明代服装制度的变迁、风俗禁忌、律令约束等。

研究样本

本书的实物研究样本总计328件，分为传世服装与出土服装文物两类。其中传世服装样本85件，出土服装样本计有243件。

▼ 传世服装实物

传世服装实物有着不可替代的研究价值，本书样本主要来自孔府旧藏服装和日本丰臣秀吉赐服。传世服装具有形制完整、工艺清晰、色彩多样等研究优势，并且其有序的传承脉络利于进行与制度相关的研究。

○ 孔府旧藏明代服装，已公开的实物共计68件，分别藏于山东博物馆（33件）与曲阜市孔子博物馆[1]（35件）。

○ 日本丰臣秀吉赐服17件，现藏于日本京都妙法院。这些服装在万历朝鲜战争期间流入日本，其形制与中国明代服装一致，并伴有相关文献记载，故将其列为传世实物材料。

○ 还有一些明代传世服装，或传承无序，或真实性存疑，这类实物未被采纳为本文的研究样本。

▼ 出土服装实物

出土服装实物的应用价值也不容小觑，虽然作为陪葬物品，其用料与花样多有僭越，但其形制本身是难以臆造的，并且出土服装数量众多，分布地域广阔，涉及年代宽泛，同样具有研究价值。

本书筛选有明代服装出土的墓葬或文物保存地共54处。文物保存地有：故宫博物院、首都博物馆、南京市博物馆、泰州博物馆、苏州博物馆、常州博物馆、武进博物馆、无锡博物院、中国丝绸博物馆、江阴博物馆、原淮安县博物馆、扬州博物馆、镇江博物馆、嘉兴博物馆、桐乡市博物馆、上海博物馆、德安博物馆、江西省文物考古研究所、江西省博物馆、新余市博物馆、山东博物馆、石首博物馆、湖北省博物馆、广州博物馆、四川博物院、贵州省博物馆、盐池县博物馆、宁夏文物考古研究所等单位。

[1] 孔子博物馆，于2019年9月6日正式开放，此前这批文物保存于山东省曲阜市文物管理委员会孔府文物档案馆。

▼ 实物样本选择

首先，对公开进行展览的出土及传世服装尽可能最大容量地选择为研究样本，如山东博物馆"衣冠大成——明代服饰文化""斯文在兹——孔府旧藏服饰特展""鲁王之宝——明朱檀墓出土文物精品展"；泰州博物馆"大明衣冠——泰州明墓出土服饰专题展"；中国海盐博物馆"衣冠明道——泰州明墓出土服饰展"；南京市博物馆"云裳簪影——馆藏宋明服饰展"；嘉兴博物馆"生活在明代——嘉兴地区馆藏明墓出土文物展"；武进博物馆"史河流韵""明清遗珍"展区；这些展览中展出的服装可以相对近距离的观察，这一类服装样本数量约160件。

其次，选择考古报告或相关图录中有清晰实物图片的文物作为样本，出土地域、墓葬时间、墓主身份的特殊性进行优先选择，对少量出土于同一墓葬，形制类似且信息不完整的文物进行筛选。这一类服装样本约160件。

第三，有的考古报告中未附对应实物图片，但本书后文样本列表中仍列出该墓葬编号，因为报告中服装文物记有形制、尺寸、衣料的描述，这些文字内容也可以作为研究的辅助材料，并被间接比较使用，如河南杞县高高山明墓、四川剑阁县明兵部尚书赵炳然夫妇合葬墓等。

第四，一些考古报告所载服装实物已残佚，但是绘有清晰的实物形制复原图，对这样的文物，将其复原图也列为形制研究样本，如北京定陵、苏州虎丘明墓等。

第五，出土无服装但是有服装重要局部如胸背补子的墓葬，如江苏常州市广成路明墓，以及记录有陪葬服饰、被衾等重要信息的"衣物疏"的墓葬，如江苏江阴市梧村明陆氏家族墓等也入其中。

为便于后期查询使用，将每一组样本进行编号，以"保存地"或"墓葬名缩写"加序号的方式进行编号，如山东孔府旧藏样本标号为SDKF、丰臣秀吉赐服样本标号为FCXJ、江苏泰州胡玉墓的编号为JSTZH、北京定陵样本编号为BJDL。对墓葬群的编号后加缀M1、M2以示区分，如宁夏盐池冯记圈明墓即包括NXYCM1、NXYCM2、NXYCM3。后续在对应各墓葬文物标号后另加数字为文物序号，如山东鲁荒王墓样本计19件，其样本标号为SDLW001～019。

"类→型→式"说明

将明代服装实物样本进行时间、空间框架的梳理，把实物样本作为研究主体，依据考古"类型学"的分类方法对其形制进行分析归类。首先，对服装的大品类进行分项，将具有共同形态、结构相近的服装实物进行归类，将其分为袍衫、上衣、下裳、裤四种品类。其次，根据该品类服装的典型特征，将其分为若干"小类"，如在"袍"这一服装品类之下可以根据领型的不同分为"圆领袍类""交领袍类"等；在同一"类"内再将其分类为若干"型"，如"袍——交领袍类"之下可以根据衣裳的连属与否，将其分为"通裁型""断腰型"等；然后再进一步，将"袍—— 交领袍类—— 断腰型"根据袖型特征分为长袖与短袖两"式"。最终，以"类→型→式"的分类方式呈现对某一品类明代服装形制的层层解读^图₀₋₂。

既而，在纵向上将同类的各型、式文物进行多元整合，结合文物的出土（传世）地域以及年代等信息，对服装的演化进程进行分析与归纳，寻找其演化更替规律，如是否存在时间性、地域性、等级性的差异。并在此基础上，对同一类型的服装与不同品类服装之间所具备的稳定共存关系进行对比。与此同时，将服装实物与文献中的称谓和图像中的着装形象进行匹配与互证，透物见人，从物论史，寻找不同群体在同一时代或同一群体在不同时期的衣装风貌。

类

型

式

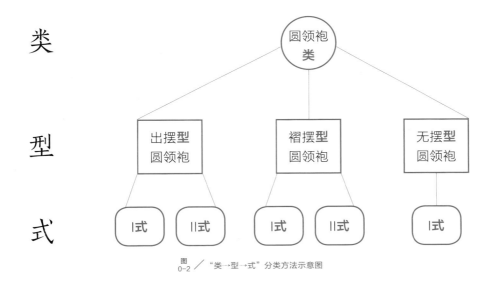

^图₀₋₂ ／ "类→型→式"分类方法示意图

样本尺寸信息名称

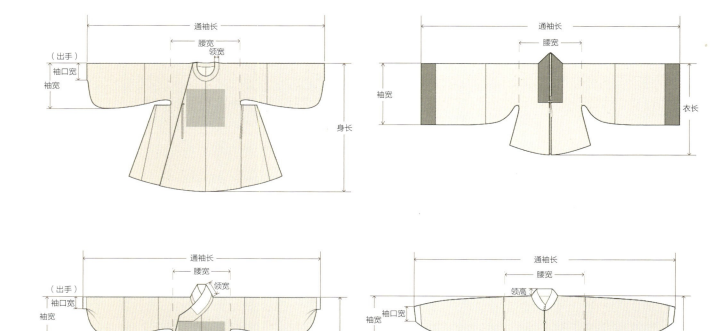

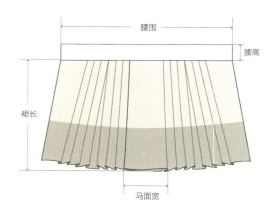

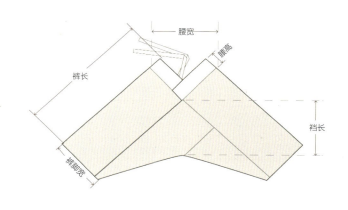

研究限制

首先，出土实物研究素材的公开性受限。明代服装年代久远，尤为珍贵。受博物馆馆藏明代服装文物保护特殊性的制约，部分服饰资料的公开尚需时日，这影响到对服装信息的穷尽性获取。加之，可以进行近距离测量服装文物的机会有限，本书中所绘服装形制图，多是基于展览实物或公开出版的图像信息进行的摹绘，在细节上也许与实物存有偏差，希望日后能有更多进行文物实测的机会，可以不断更新本项研究。

其次，文物报告的准确性受限。当下已知明代服装文物，拥有完备考古报告或研究信息的并不多，所提"完备"是指文物的基础信息，如色彩、材料、称谓、尺寸、形制等信息的准确性。虽然本书中引用了考古报告或展览中所公布的文物尺寸信息，但由于文物本身的状况，以及测量手法的不同，该信息的准确性应受到一定限制，在比对使用时应予注意。此外，本书列表中标注了文物的原称谓，但有些称谓受限于考古工作人员当时的专业知识，对文物命名不准确，如将断腰式交领袍形制的"贴里"命名为"连衣裙"等，或将"贴里"与"曳撒"混同，请读者在使用文物原名称时要增加鉴别力。

最后，个人研究能力受限。笔者学术背景为纺织服装专业，较擅长基于实物的研究与技术性实践，而在书证、图证的分析研究方面尚存不足。在对328件明代服装实物的研究中，有极个别样本也暂未说清，期待日后随着更多新材料的出现和新研究的补充，能与学友们共同推进中国古代服装研究。

目录

001 **壹 传世明代服装**

002 | 传世孔府旧藏明代服装

014 | 传世日本丰臣秀吉明制服装

027 **贰 出土明代服装**

028 | 出土明代服装总述

036 | 华北地区出土明代服装情况

040 | 华东地区出土明代服装情况

056 | 中南地区出土明代服装情况

058 | 西南地区出土明代服装情况

059 | 西北地区出土明代服装情况

061 **叁 明代袍衫的形制**

062 | 袍衫的界定

064 | 圆领袍衫形制

078 | 交领袍衫形制

098 | 竖领袍衫形制

102 | 直领袍衫形制

110 | 织成袍衫形制

117 肆 明代衣的形制

118 衣的界定

122 圆领衣形制

126 交领衣形制

134 竖领衣形制

140 直领衣形制

144 方领衣形制

148 织成衣形制

151 伍 明代裳的形制

152 裳的界定

154 满褶型裳

156 侧褶型裳

166 织成裙形制

169 陆 明代裤的形制

170 裤的界定

172 收腰型裤

174 宽腰型裤

177 柒 明代服装的形与制

178 明代服装形制互动

188 明代服装形制传播——以朝鲜为例

196 参考文献

204 附录一 明代年表

208 附录二 《明史·舆服志》摘录

224 致谢

明 孔府旧藏大红色暗花纱缀绣云鹤方补圆领袍（山东博物馆藏）

传
世
明
代
服
装

由于明清易代之政治性原因等，传世至今的明代服装数量有限，其中在山东存有曲阜孔府旧藏衍圣公服饰，在日本妙法院保存有丰臣秀吉赐服，北京艺术博物馆、故宫博物院也藏有一些明代服装及衣料，重庆三峡博物馆有明代女将军秦良玉战袍，此外还有一些私人实物收藏等。本书在挑选研究样本的过程中，对传承无序，或真实性存疑的实物未予采纳，主要以孔府旧藏传世服装、日本妙法院藏丰臣秀吉赐服为主要研究对象，对其收藏现状、已知研究、文物信息、传承历史等内容进行分析研究。

孔府旧藏明代服装历史追溯

孔府，也称衍圣公府，位于孔子故里山东曲阜，是孔子嫡孙长支的官署和私邸，历代衍圣公都生活在此，是目前中国最大的贵族府邸。孔子嫡系后裔因祖荫拥有"衍圣公"封号是始于宋至和二年（1055）❶，其爵位世袭罔替，历经金、元、明、清，至民国二十四年（1935）改封为大成至圣先师奉祀官，共袭880年之久。明时提倡崇儒尊孔，对孔府子孙可谓恩渥备加，代增隆重，孔府家族因此进入鼎盛时期。洪武元年，孔子第56世孙孔希学袭封衍圣公❷，将其品秩由宋以来的五至三品升为二品，朝贺时列文武班之首。孔府旧藏（或称"孔府旧存"）明代服装指山东曲阜衍圣公府所藏传世服装的明代部分，在历经300余年的封存之后被发现❸，现保存于山东博物馆与曲阜市孔子博物馆，截至2020年10月已公开的孔府旧藏明代服装计有68件，衣质绝大部分为丝绸，有少量麻、葛料。

对孔府旧藏明代服装最早的记录见于清代贡生黄文旸《埽垢山房诗钞》❹中的《观阙里孔氏所藏先世衣冠作歌纪之》图1-1。

得以亲眼观览过衍圣公家先世衣冠的黄文旸，其诗歌颇具纪实性。比对传承至今日的孔府旧藏服装与配饰，如"白纱中单赤罗衣""忠靖冠""牙笏牙牌"等，几乎都可吻合匹配。并且黄公对服装的细节描写也颇为注重，对衣料、纹饰、颜色、配伍多予以笔墨，为后世研究提供了一定依据。

❶ 宋至和二年（1055），宋仁宗接受太常博士祖无择的上书；不可以祖谥而加后嗣。三月丙子取"圣裔繁衍"之意为袭爵的孔子第四十五代嫡长孙孔宗愿正式定名"衍圣公"。见于《宋史·仁宗纪》《宋史·礼志·宾礼四》。

❷ 《明太祖实录》，卷三十六上，甲辰条。

❸ 1992年出版的《衍圣公府见闻》著者孔繁银述有：这些"元明衣冠"过去均存于孔府前堂楼上，用两个明代的方形黑皮箱盛装，皮箱四周均钉有圆铜钉。

❹ 《埽垢山房诗钞》卷八。黄文旸（1736—？）清代甘泉（今扬州）人，一作丹徒人，字时若，号秋平。《清史列传》有传，5973页载"黄文旸，贡生。工诗古文辞，通声律之学。乾隆时，两淮监运使设词曲局，延为总裁。中岁奔走齐、鲁、吴、越间，尝馆阙里圣公家，车服礼器，得纵观览"。

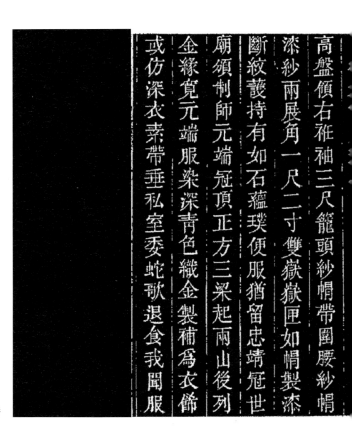

图1-1 《埽垢山房诗钞》书影

考唐宋以来百官服色皆準散官，孔氏在唐宋時爵錫公侯而散官未有過四品者，至前明始登一品，譜牒所載與見於金石文字者，一一可證今考所藏者皆前明一品之制也。

詩禮堂開朝日旭，文楷靈蓍香馥馥。　廣庭陳列古衣冠，冠鏤黃金帶琢玉。

冠上金絲分八梁，繡草五段留春香。　貂蟬想見籠巾護，五折四柱何輝煌。

配此冠者有禮服，青𩩂領緣儀肅穆。　白紗中單赤羅衣，一色羅裳裁七幅。

開篋明明辨等威，垂紳搢笏想風微。　紫綬赤紋黃間綠，白鶴軒軒雲四圍。

別有紵囊藏佩玉，佩分左右青組束。　璜璲瑀琚貫玉珠，叮噹應節衝牙觸。

另裁公服繡緋袍，大獨科花織手高。　盤領右衽袖三尺，籠頭紗帽帶圍腰。

紗帽漆紗兩展角，一尺二寸雙嶽嶽。　匣如帽制漆斷紋，護持有如石蘊璞。

便服猶留忠靖冠，世廟頒制師元端。　冠頂正方三梁起，兩山后列全緣寬。

元端服染深青色，織金制補為衣𩩂。　或仿深衣素帶垂，私室委蛇歌退食。

我聞服色準散官，自唐迄明制不刊。　孔氏世世守林廟，堦級可以証衣冠。

前明太祖崇木鐸，不列散官重公爵。　四十襲衣皆上公，金繡龍文何顯爍。

況有朝儀蒸禦煙，牙笏牙牌辨紀年。　或紀正德或天啟，大書特書字深鑴。

又聞景泰光文治，玉帶麟袍始拜賜。　袍組金花帶一圍，今日明明列篋笥。

一衣獨異裁紅紵，窄袖禿襟金織組。　此衣元時名只孫，五百年前制巳古。

篋底靴鞋制特奇，五彩裂帛光離離。　靴尖似欲便鞍馬，不敢強解姑存疑。

（是日同觀者圣裔衍圣嗣公庆镕[1]同其弟庆鎣，二子皆从予授经遂为署证舆服志。）

[1]
孔庆镕（1787—1841），字陶甫，一字冶山，孔子的第73世孙，山东曲阜人。乾隆五十九年（1794）袭爵，诰授光禄大夫。

表 1-1 山东博物馆藏"孔府旧藏明代服装"表　单位：cm

明鉴｜明代服装形制研究

赤罗衣

衣长	118	领宽	13
通袖长	250	袖宽	73
腰宽	62	青缘宽	15

SDKF001

朝服上衣

身长	116	腰宽	62
通袖长	249	袖宽	73

赤罗裳

裳长	89	腰围	129

SDKF002

朝服下裳

裳长	91.4	腰围	132

白罗中单

身长	118	袖宽	69
通袖长	254	腰宽	65

SDKF003

白纱中单

身长	121	袖宽	66
通袖长	258	腰宽	65

素面赤罗袍

身长	135	袖宽	72
通袖长	249	腰宽	65

SDKF004

大红素纱袍

身长	135	袖宽	72
通袖长	249	腰宽	65

赭红凤补女袍

身长	147	袖宽	41
通袖长	201	腰宽	41

赭红色暗花缎缀绣鸾凤圆补女袍

前身长	113	袖宽	41
后身长	147	腰宽	41
通袖长	201	圆补直径	28

SDKF005

暗云纹蓝罗曳撒袍

身长	133.5	袖宽	55.2
通袖长	245.5	腰宽	53

SDKF006

蓝色暗花纱贴里

身长	133.5	袖宽	55.2
通袖长	245.5	腰宽	53

白罗无袖衫

身长	141	肩宽	66.7

白色素纱褡襫

身长	141	肩宽	66.7

SDKF007

斗牛补青罗袍

身长	137	袖宽	38
通袖长	243	腰宽	55

SDKF008

云鹤补红罗袍

身长	132	袖宽	63
通袖长	242	腰宽	60

大红色暗花纱缀绣云鹤方补圆领

身长	132	腰宽	60
通袖长	242	补子高	40.5
袖宽	63	补子宽	40.5
袖口宽	27		

SDKF009

素面绿罗袍

身长	133	袖宽	46
通袖长	230	腰宽	58

SDKF010

绿色素纱女袍

身长	133	袖宽	46
通袖长	230	腰宽	58

茶色罗织金蟒袍

身长	134	袖宽	67
通袖长	250	腰宽	58

SDKF011

茶色织金蟒妆花纱道袍

身长	134	袖宽	67
通袖长	250	腰宽	58

蓝罗盘金绣蟒袍

身长	118	袖宽	88
通袖长	221	腰宽	62

SDKF012

彩绣香色罗蟒袍

身长	126.5	袖宽	91.5
通袖长	220.5	腰宽	64

香色芝麻纱绣过肩蟒女长衫

身长	126.5	袖宽	91.5
通袖长	220.5	腰宽	64

SDKF013

绿绸画云蟒纹袍

身长	112	袖宽	37
通袖长	197	腰宽	64

SDKF014

四兽红罗袍

身长	122	袖宽	67
通袖长	211.5	腰宽	50

大红色四兽朝麒麟纹妆花纱女袍

身长	122	袖宽	67
通袖长	211.5	腰宽	50

SDKF015

香色麻飞鱼袍

身长	125	袖宽	49
通袖长	252	腰宽	57

香色麻飞鱼贴里

身长	125	袖宽	49
通袖长	252	腰宽	57

SDKF016

红纱飞鱼袍

身长	120	袖宽	68
通袖长	216.2	腰宽	60

大红色飞鱼纹妆花纱女衫

身长	120	袖宽	68
通袖长	216.2	腰宽	60

SDKF017

绿罗织金凤女袍

身长	130	袖宽	35
通袖长	241	腰宽	50

绿色织金凤纱女袍

身长	130	袖宽	35
通袖长	241	腰宽	50

SDKF018

斗牛袍

身长	120	袖宽	63
通袖长	213	腰宽	59

大红色绸绣过肩麒麟
鸾凤纹女袍

身长	120	袖宽	63
通袖长	213	腰宽	59

SDKF019

金麒麟补蓝棉袍

身长	134.2	袖宽	40.5
通袖长	158.5	腰宽	77.3

蓝色织金麒麟方补棉袍

身长	134.2	袖宽	40.5
通袖长	158.5	腰宽	77.3

SDKF020

妆花织金蓝缎裙

裙长	88	腰围	104

蓝色缠枝四季花织金
妆花缎裙

身长	134.2	袖宽	40.5
通袖长	158.5	腰宽	77.3

SDKF021

茶色绸平金团蟒袍

身长	120	袖宽	57
通袖长	219.5	腰宽	67

SDKF022

蟹青绸女长衫

身长	122	袖宽	48.7
通袖长	197	腰宽	62.5

SDKF023

蓝湖绉麒麟补女短衣

衣长	63	袖宽	36
通袖长	232	腰宽	59

蓝色麒麟方补妆花缎
女短袄

身长	63	袖宽	36
通袖长	232	腰宽	59

SDKF024

盘金云龙纹粉缎女裙

裙长	88	腰围	120

红色暗花缎绣云蟒裙

裙长	88	白镶腰高	11.5
腰围	120	下摆宽	165

SDKF025

白罗银狮补短衣

衣长	68	袖宽	40
袖残长	177	腰宽	61

SDKF026

暗条纹白罗长衫

身长	139	袖宽	61.6
通袖长	237	腰宽	55

白色暗花纱道袍

身长	139	袖宽	61.6
通袖长	237	腰宽	55

SDKF027

黄罗短衫

衣长	106	袖宽	62
通袖长	254	腰宽	64

SDKF028

褐麻短衫

衣长	86	袖宽	40.7
通袖长	186	腰宽	55.5

SDKF029

白罗绣花裙

裙长	88	腰宽	60

白色暗花纱绣花鸟纹裙

裙长	88	直摆	124
腰围	120		

SDKF030

暗云纹白罗长衫

身长	128.8	袖宽	92
通袖长	226.2	腰宽	62.8

SDKF031

暗云朵纹青罗单衣

身长	124.5	袖宽	55.5
通袖长	247.5	腰宽	58

青色暗花纱女长衫

身长	124.5	袖宽	55.5
通袖长	247.5	腰宽	58

SDKF032

暗云纹茶色罗短衫

衣长	78	袖宽	13.3
通袖长	221.5	腰宽	56

茶色暗花纱女衫

衣长	78	袖宽	13.3
通袖长	221.5	腰宽	56

SDKF033

注：
本表中部分文物名称及尺寸信息有两种记录，金色下划线为备注①、红色下划线为备注②。
备注①文物名称及尺寸信息来源于2012年8月8日至9月9日山东博物馆举办的"斯文在兹——孔府旧藏服饰特展"展览图册。
备注②文物名称及尺寸信息来源于2020年9月29日至2021年2月26日山东博物馆、孔子博物馆举办的"衣冠大成—明代服饰文化展"同名图录。

表 1-2 孔子博物馆藏 "孔府旧藏明代服装" 表 单位：cm

葱绿地妆花纱蟒裙

裙长	85	下摆宽	191
腰围	105	腰高	11.5

葱绿地妆花纱蟒裙

裙长	85	红镶腰高	12
腰围	105	膝襕宽	11.5
下摆宽	191		

SDKF034

蓝地妆花纱蟒衣

身长	135	通袖长	234

SDKF035

蓝色暗花纱袍

身长	143	通袖长	252.5

蓝色暗花纱袍

身长	130	袖宽	70
袖通长	240	腰宽	60

SDKF036

素绢镶青缘褡子

衣长	106.5	通袖长	251

SDKF037

白夏布袍

身长	129	通袖长	237

SDKF038

青地织金妆花纱孔雀纹短衫

衣长	78	通袖长	242

青地织金妆花纱孔雀方补女短衫

衣长	78	腰宽	63
通袖长	242	补子高	39.5
袖口宽	18	补子宽	34

SDKF039

蓝色暗花纱单袍

身长	142	通袖长	253

SDKF040

白色暗花纱单袍

身长	123		
通袖长	239		
腰宽	60		

SDKF041

本白色葛袍

身长	121	通袖长	261

本色葛袍

身长	121	袖口宽	22
通袖长	261	腰宽	56
袖宽	47	领宽	12.5

SDKF042

湖色云纹暗花纱单袍

身长	129	通袖	250

湖色云纹暗花纱单袍

身长	129	腰宽	60
通袖长	250	下摆宽	92
袖宽	70		

SDKF043

湖色云纹暗花纱袍

身长	130	通袖长	246

SDKF044

蓝色云纹暗花纱盘领袍

身长	138	通袖长	248

SDKF045

绿地缠枝莲织金缎衫

衣长	94	通袖长	208

绿地织金缠枝花缎衫

衣长	94	袖口宽	20
通袖长	208	腰宽	62

SDKF046

墨绿色暗花纱单裙

裙长	95	下摆宽	204
腰围	106		

墨绿地暗花纱单裙

裙长	95	下摆宽	204
腰围	106		

SDKF047

深蓝色缠枝牡丹暗花纱袍

身长	139	通袖长	244

SDKF048

月白素罗单袍

身长	130	通袖长	250

湖色云纹暗花纱单袍

身长	130	下摆宽	128
通袖长	250	袖宽	70
腰宽	62	领高	12.5

SDKF049

暗绿地织金纱云肩翔凤短衫

衣长	67.5	通袖长	182.5

暗绿地织金纱云肩通袖翔凤纹女短衫

衣长	67.5	袖宽	32.5
通袖长	182.5	袖口宽	14.5
腰宽	43	领宽	10
下摆宽	66.5		

SDKF050

白色素纱袍

身长	130.5	通袖长	256

SDKF051

茶色妆花纱方倭角
双凤纹补短褂

| 衣长 | 72 | 通袖长 | 220.5 |

SDKF052

湖色暗花纱袍

身长	145	下摆宽	96
通袖长	243	袖宽	38.5
腰宽	52	领高	12.5

SDKF053

蓝暗花纱缀绣仙鹤补服

| 身长 | 143 | 通袖长 | 254 |

蓝色暗花纱缀绣仙鹤
方补袍

身长	133	袖口宽	24
通袖长	250	补子高	40
袖宽	66	补子宽	39

SDKF054

蓝色暗花纱夹衫

| 身长 | 127 | 通袖长 | 221 |

蓝色暗花纱女长袄

身长	127	袖宽	81.5
通袖长	221	下摆宽	92
腰宽	58.5	领高	7.5

SDKF055

蓝色暗花纱袍

| 身长 | 135.5 | 通袖长 | 242 |

SDKF056

绿色暗花纱单袍

| 身长 | 127 | 通袖长 | 243.5 |

SDKF057

墨绿地妆花纱蟒衣

| 身长 | 142 | 通袖长 | 243 |

墨绿色妆花纱云肩通袖
膝襕蟒袍

身长	142	腰宽	55
通袖长	243	下摆宽	130
袖宽	68		

SDKF058

青色地妆花纱彩云
白鹇补圆领衫

| 衣长 | 72.5 | 通袖长 | 204 |

青色地妆花纱彩云仙鹤
圆补女衫

衣长	72.5	袖口宽	14.5
通袖长	204	领宽	2.5
腰宽	54.5	补子高	32.5
下摆宽	80	补子宽	33.5
袖宽	52		

SDKF059

桃红纱地彩绣云蟒裙

| 裙长 | 87 | 下摆宽 | 165 |
| 腰围 | 124 | 腰高 | 11.5 |

桃红暗花纱缀绣云蟒裙

| 裙长 | 88 | 白镶腰高 | 11.5 |
| 腰围 | 120 | 下摆宽 | 165 |

SDKF060

月白暗花纱比甲

衣长	74	袖窿宽	32.5
肩宽	27.5	领高	2.5
下摆宽	79		

月白色卍字如意云纹纱
比甲

衣长	74	袖窿宽	32.5
肩宽	27.5	领高	2.5
下摆宽	79		

SDKF061

本色葛袍

| 身长 | 138.5 | 通袖长 | 237 |

SDKF062

湖色暗花纱半臂

| 身长 | 142 | 肩宽 | 67.3 |

SDKF063

蓝色暗花纱单袍

| 身长 | 143 | 通袖长 | 236 |

SDKF064

蓝色素罗单袍

| 身长 | 137.5 | 通袖长 | 253 |

SDKF065

桃红纱地彩绣花鸟纹褙子

身长	119	腰宽	59
通袖长	196	下摆宽	86
袖宽	86	领宽	6.2
袖根宽	41		

桃红纱地彩绣花鸟纹披风

| 身长 | 125 | 袖宽 | 85.5 |
| 通袖长 | 202 | 腰宽 | 60 |

SDKF066

玄青色圆领纱袍

身长	135	腰宽	60
通袖长	256	下摆宽	106
袖宽	70		

SDKF067

绿色暗花纱单袍

身长	127	腰宽	60
通袖长	246	下摆宽	92
袖宽	65	领宽	13

SDKF068

注：

本表中部分文物名称及尺寸信息有两种记录，金色下划线为备注①、红色下划线为备注②。

备注①SDKF034～065，文物原名称及尺寸信息来源于《济宁文物珍品》、SDKF066文物名称及尺寸信息来源于《中国织绣服饰全集4：历代服饰卷（下）》。

备注②文物原名称及尺寸信息来源于2020年9月29日至2021年2月26日山东博物馆、孔子博物馆举办的"衣冠大成——明代服饰文化展"同名图录。

孔府旧藏明代服装样本

孔府旧藏服装因2010年文物出版社出版《济宁文物珍品》[1]一书与山东博物馆2012年举办的"斯文在兹——孔府旧藏服饰特展"[2]和2013年举办的"大羽华裳——明清服饰特展"[3]、2020年举办的"衣冠大成——明代服饰文化展"[4]而被公众熟知。截至2020年11月已公开展出或见于出版物的孔府旧藏明代服装总计68件（不含冠履配饰等），其中山东博物馆藏33件，曲阜市孔子博物馆藏35件。

▼ 文物价值

○ 传承有序，保管慎重

已知的其他明代服装文物，多出土于墓葬，因服装材质的有机特质、时间环境等因素的影响，出土服装或色彩尽失，或残缺不全，或来源待考，很难获取完整的服装信息。而孔府旧藏明代服装明确作为衍圣公家族的"曾经衣裳"，历经明清之际汉民族"改易衣冠"等重大政治事件仍未被毁被弃，实属难得。相反，这些明朝衣冠在其家族中代代有序相传，且保存妥善，质料多完整如新，色彩鲜丽生动，是罕见的明代传世服装档案，它们所蕴含的文化、技术、历史、艺术等信息，是进行明代相关主题研究的有力物证。

○ 数量众多，品类丰富

已知公开的孔府旧藏明代服装共计68件，服用对象男女皆有。服装品类有圆领袍、道袍、直身、长衫、短袄、褙子、褡

护、曳撒、裳等，几乎涵盖明代服装大类，在形制细节上，领、袖、襟、摆等形式多样。而服装的用途从朝服、公服到日用常服，亦皆有之。最具代表性的是孔府旧藏的目前中国可见时代最早、保存最完整的一套朝服实物——由赤罗衣、赤罗裳与梁冠、玉革带、象牙笏板、夫子履等共同组成，是孔府旧藏服饰中级别最高的服装，在明朝用于大祀、庆成、正旦、冬至、圣节及颁降、诏赦、传制等重大政务礼仪活动。

○ 工艺多样，技法多元

孔府旧藏明代服装，面料涉及丝、麻、葛、棉等，其中绝大部分为丝绸材质，有绸、缎、纱、罗等，在织造工艺上，可见明代典型的织金、织彩、织成技法。其色彩涉及蓝、红、黄、白、玄五大色系。服装的装饰纹样有蟒、飞鱼、斗牛、仙鹤、鸾凤、花卉等，实现手法有织、绣、印、画、嵌等。在成衣制作工艺上，处理领、袖、摆、褶、省等细节处，均见精微。在服装结构上既有典型的传统平面成衣，也有加入今日称之为"省道"的局部立体造型。总之，与服装本身有关的织绣印染及成衣工艺，既体现出与明代其他服装文物相关的共性，又极具山东地域特色的个性。

[1] 济宁市文物局. 济宁文物珍品 [M]. 北京：文物出版社，2010：101-132.

[2] 展览时间为2012年8月8日至9月9日，随展图册为《斯文在兹——孔府旧藏服饰》，明代服饰部分见于第10-81页。

[3] 展览时间为2013年5月18日至8月18日，出版有图册。故宫博物院，山东博物馆，曲阜文物局. 大羽华裳——明清服饰特展 [M]. 济南：齐鲁书社，2013：10-42.

[4] 展览时间为2020年9月29日至2021年2月26日，出版有图录。山东博物馆，孔子博物馆. 衣冠大成——明代服饰文化展 [M]. 济南：山东美术出版社，2020.

相关问题讨论

▼ 文献比对

上节所列68件孔府旧藏服装的图像及数据来自《斯文在兹——孔府旧藏服饰》图册和《大羽华裳——明清服饰特展》《中国织绣服饰全集4：历代服饰卷（下）》《济宁文物珍品》《衣冠大成——明代服饰文化展》。除此之外，在《孔府档案》与《山东省文物志》中也见有对这批文物相关的记载。

○ 《孔府档案》记载的明朝衣服 表1-3

1980年出版的《曲阜孔府档案史料选编》（第二编）中载有《孔府档案》明朝官服款式抄单（〇〇五九）[1]，共计服装9件，并以"尺、寸、分"记录服装的数据信息，此外还有配饰9类。

○ 《山东省文物志》记载的明代服装

1990年编辑的《山东省文物志》（砖瓦、铁器、金银器雕刻、家具、冠服、文玩、珐琅）[2]，其中"冠服"条载有服装共44件，分别藏于山东省博物馆及曲阜文物管理委员会。第26-28页记载有：山东省博物馆藏孔府旧存明代服装共计12件，其中蟒衣5件，男便服4件，女礼服2件，女便服1件。蟒衣系明代皇帝御赐衍圣公官服。这批服装原为孔府旧存，1954年调归山东省博物馆收藏 表1-4。

表1-3 ♀ 《孔府档案》—明朝官服款式抄单（〇〇五九）

序号	名称	说明
1	蓝色衣领蟒袍	身长三尺四寸五分 袖长三尺一寸 袖肥二尺五寸 台肩一尺二寸 腰身九寸 下摆一尺三寸 领子一尺三寸
2	蟹青大领裡衣	身长三尺八寸 袖长三尺四寸五分 袖肥一尺九寸五分 台肩一尺一寸 腰身八寸 下摆一尺三寸
3	大红元领官衣	身长三尺四寸 袖长三尺一寸五分 袖肥二尺四寸五分 台肩一尺二寸 腰身九寸 下摆一尺三寸 领子一尺三寸
4	茶色大领裡衣	身长三尺八寸五分 袖长三尺六寸 袖肥一尺九寸五分 台肩一尺二寸 腰身八寸 下摆一尺三寸
5	蛋青大领便服	身长三尺八寸 袖长三尺七寸 袖肥一尺七寸 台肩一尺零五分 腰身八寸五分 下摆前身二尺四寸五分 后身一尺八寸
6	桃红蟒裙	身长二尺三寸 裙腰三尺六寸
7	蓝色便裙	身长二尺二寸五分 裙腰三尺
8	大红元领便服	衣长三尺四寸五分 袖长三尺一寸五分 袖宽一尺九寸五分 腰身八寸五分 台肩一尺二寸 下摆一尺三寸
9	大红蟒裙	长二尺三寸 腰三尺七寸

❶
中国社会科学院历史研究所.曲阜孔府档案史料选编（第二编）：明代档案史料（全一册）[M].济南：齐鲁书社，1980：115-117.

❷
《山东省文物志》编辑室.山东省文物志（砖瓦、铁器、金银器雕刻、家具、冠服、文玩、珐琅）[G].1990：26-34.

表 1-4 ♀ 《山东省文物志》载山东博物馆收藏孔府旧存明代服装情况 单位：cm

序号	名称	服装说明	尺寸	
1	茶色平金蟒袍	衣料为折枝暗花茶色绸面，云纹暗花白罗里，式样为盘领上加立领。右衽，腋下系带。领、衽及下边均用缂丝蓝缎镶边，缀黄色、桔红色、淡绿色三层盘线间三层金线。袖口亦用缂丝蓝缎镶边，缀灰色、桔红色、淡蓝色三层盘线间三层金线。胸、背是五彩线和金线饰平金正蟒，两肩、两袖及前、后身下部均饰平金坐蟒。	身长 腰宽 袖长 袖宽	119 65 107 58
2	蓝罗金蟒袍	盘领，右衽，腋下系带，宽袖。衣料是祥云暗花蓝罗。胸背各饰平金行蟒，蟒身过肩，有吐珠和火焰。用金线盘如意纹串边，使前胸后背图案融为一体。膝襕及两袖均饰平金行蟒图案。	身长 腰宽 袖长 袖宽	120 62 115 90
3	红纱蟒袍	衣料为灵芝暗花红纱。圆形立领，立领上、中、下镶三层金色窄压边。右衽，衽镶金色窄压边。右腋下红纱系带，两腋下各缀一条小暗花白色罗飘带。前胸、后背各饰缂丝过肩行蟒，填饰祥云折枝花卉，山水串边，两袖亦饰行蟒。祥云、折枝花卉组成的图案。	身长 腰宽 袖长 袖宽	123 60 112 65
4	香色缂丝蟒袍	衣料是香色罗，袍分上、下两部分：上身是斜领，右衽，右腋下有一对系带，腰部较瘦；下身是裙式，成百褶状。胸背绣缂丝蟒，袖及膝襕均饰缂丝行蟒。	身长 腰宽 袖长 袖宽	123 55 129 50
5	香色罗绣蟒袍	斜领，右衽，腋下系带。衣料为祥云暗花香色罗。胸背及两肩均绣缂丝金蟒吐珠，膝襕及两袖亦饰缂丝金蟒图案。	身长 腰宽 袖长 袖宽	134 57 124 67
6	白罗长袍	衍圣公便服，也可作官服内的衬袍。斜领，右衽，右腋下系带，袍料为白色素罗，在领、衽及衣身下边和袖口处均镶15厘米宽的青灰罗边。	身长 腰宽 袖长 袖宽	120 65 127 71
7	白罗长衫	男便服。衣料为祥云暗花白罗。圆形立领，领上沿、中间和下沿各加银色窄压边，中间纽扣是以铜片制成的挂扣。斜式右衽，斜边上加银色窄压边，右腋下系带，两腋下各系白罗飘带。肩、后背内衬方形白罗托肩。袖口镶银色窄压边。	身长 腰宽 袖长 袖宽	121.5 60 115 93
8	蜜色罗对襟短衫	男便服。大领，对襟，对领镶12厘米宽的深灰色罗边，领下系带。袖口镶13厘米宽的黑色罗边。	身长 腰宽	130 83
9	白罗无袖长衫	夏季男便服。斜领，领镶本色宽边，坎肩式。	身长 腰宽	130 83
10	绿罗平金长衫	衍圣公夫人礼服。暗花绿色罗，盘领，右衽，右腋下有一对系带。后身下部镶红罗暗花宽边。胸、背及两肩均饰平金双凤和祥云组成的圆形图案，两袖及膝襕亦镶加云凤花纹组成的图案。	身长 腰宽 袖长 袖宽	127 50 120 35
11	赭红凤补长袍	衍圣公夫人礼服。暗花赭红缎，盘领，右衽，腋下一对系带。胸、背有凤补，五彩线绣双凤舞于祥云之间。	前身长 后身长	113 147
12	白罗绣花裙	孔府女春服装。裙料为梅花暗花白罗，百褶式，上部素面无绣饰，下部绣山石花鸟等五彩花。	长 宽	88 124

《山东省文物志》（砖瓦、铁器、金银器雕刻、家具、冠服、文玩、珐琅）中第28—34页载：孔府旧存明清衣冠64件，现藏山东曲阜文物管理委员会。其中32件记录为明代服装，附有服装名称、说明、尺寸、保存状况 表1-5。

▼ 比对结果

《斯文在兹——孔府旧藏服饰》《大羽华裳——明清服饰特展》《中国织绣服饰全集4：历代服饰卷（下）》《济宁文物珍品》《曲阜孔府档案史料选编》《山东省文物志》《衣冠大成——明代服饰文化展》7册书籍图册或以文字、或以图像的形式公布了孔府旧藏服装的信息，其记述各有偏重。分析比对结果如下：

出版于1980年的《曲阜孔府档案史料选编》（第二编）所载《孔府档案》明朝官服款式抄单（〇〇五九）对孔府旧藏服装的记述最早。《孔府档案》的记录时间起始于明中叶，讫于中华人民共和国成立初，但这份清单的具体断代不详。这份清单以"尺、寸、分"为单位，记录了袍、衣、便服的尺

表1-5 《山东省文物志》载曲阜文物管理委员会收藏孔府旧存明代服装情况 单位：cm

序号	服装名称	服装说明	尺寸	保存状况
1	兰花纱织锦云龙蟒	明代衍圣公官服	身长139 宽93 袖长93 宽68	现领口、两肩及两袖折痕破裂，其余完好。
2	兰花纱织锦云龙蟒	明代衍圣公官服	身长133 宽56 袖长94 宽69	现两肩、两袖及领口折痕破裂，后腰磨破。
3	红花纱织锦云龙蟒	明代衍圣公官服	身长144 宽56 袖长92 宽69	现两肩、两袖及前腰折痕破裂。
4	墨绿五彩平金绣花滚龙袍	明代	身长118 宽65 袖长79 宽64	现肩、袖折痕破裂，腰下残破。
5	白夏布袍	明代衍圣公便服	身长125 袖宽48	现完好无损。
6	藏青蓝衬里水纹花纱袍	明代衍圣公便服	身长131 宽62 袖长97 宽71	现完好无损。
7	蓝花纱白领单袍	明代衍圣公便服	身长128 宽60 袖长75 宽72	现完好无损。
8	蓝暗龙水纹花银金领白衬墨纱袍	明代衍圣公官服内附衣	身长117 宽58 袖长80 宽83	现完好无损。
9	品蓝暗云鹤石榴花镶白领纱袍	明代衍圣公便服	身长131 宽57 袖长96 宽72	现完好无损。
10	品蓝罗袍	明代衍圣公便服	身长130 宽60 袖长95 宽72	现完好无损。
11	月白暗花纱袍	明代衍圣公便服	身长136 宽52 袖长95 宽39	现完好无损。
12	杏黄葛布袍	明代衍圣公便服	身长125 宽58 袖长88 宽60	现完好无损。

明鉴 | 明代服装形制研究

序号	服装名称	服装说明	尺寸	保存状况
13	紫花纱绣云龙补褂	明代衍圣公官服	残损严重，无法测量	只有云龙尚好，余皆残破，无法折叠。
14	月白花纱镶白领长坎肩	明代衍圣公便服	身长 124　宽 64	现完好无损。
15	深绿纱绣云龙补褂	明代衍圣公便服	残损严重，不能测量	只有绣云龙补尚好，其余残破，不能折叠。
16	墨绿纱织锦云龙蟒	明代衍圣公官服	身长 97　宽 64 袖长 36　宽 34	现肩、袖折痕破裂，其余完好。
17	蓝暗花镶白领纱袍	明代衍圣公便服	身长 126　宽 55 袖长 98　宽 77	现后下身有裂痕，其余完好。
18	蓝花纱绣云鹤补袍	明代衍圣公礼服	身长 134　宽 58 袖长 94　宽 67	现两肩与袖折痕破裂，后补绣花线略有脱落，其余完好。
19	蓝地暗博古花镶白领纱袍	明代衍圣公礼服	身长 133　宽 54 袖长 86　宽 68	现后身略有破裂，其余完好。
20	绿花纱镶白领单袍	明代衍圣公便服	身长 126　宽 60 袖长 91　宽 64	现领口与后背稍有破裂，其余完好。
21	红花纱绣白鹤补女褂	明代衍圣公夫人官服	身长 117　宽 63 袖长 78　宽 86	现袖、腰与两肩折痕处破裂。前、后下身残破。
22	黑花纱织锦凤补女褂	明代衍圣公夫人官服	身长 71　宽 53 袖长 71　宽 54	此服乃已裁剪的残衣片，是未缝成服的半成品。绣花补及衣片均完好无缺
23	菜绿花纱织金凤女褂	明代衍圣公夫人官服	身长 59　宽 41 袖长 66　宽 31	现两肩及腰都折痕破裂，其余完好。
24	酱紫花纱织锦孔雀补女褂	明代衍圣公夫人官服	身长 77　宽 59 袖长 88　宽 55	现下身稍破，其余完好。
25	水红花绸绣花对披	明代衍圣公夫人官服	身长 116　宽 60 袖长 70　宽 87	现周身残破，唯绣花完好，不能折叠。
26	绿织锦花缎女夹袄	明代衍圣公夫人便服	身长 90　宽 54 袖长 70　宽 61	现完好无损。
27	红纱蓝镶边素袍	明代衍圣公礼服	身长 119　宽 61 袖长 93　宽 86	现后身稍破，其余完好。
28	槐绿花纱盘龙织锦彩裙	明代衍圣公夫人官服	身长 82　宽 50	现腰口镶边稍破，其余完好。
29	水红花纱五彩绣花平金盘龙裙	明代衍圣公夫人官服	身长 87　宽 63	现折纹稍有破裂，其余完好。
30	蓝花纱织锦红镶边坎肩	明代衍圣公内衣	身长 74　宽 50	现完好无损。
31	深灰花纱织锦鹤补女褂	明代衍圣公夫人官服	身长 71　宽 54 袖长 72　宽 53	现完好无损。
32	白绸青纱镶领对披	明代衍圣公便服	身长 94　宽 60 袖长 94　宽 75	现完好无损。

寸，包括有身长、袖长、袖肥、腰身、台肩、下摆、领子、前后身、裙长、裙腰等部位，遗憾的是这份清单记录数量仅为9件。

汇编于1990年的《山东省文物志》（砖瓦、铁器、金银器雕刻、家具、冠服、文玩、珐琅）提及1954年从曲阜调至山东博物馆12件明代服装，曲阜文物管理委员会藏有明代服装（不含配饰）32件及明末清初服装4件。这份资料对服装的工艺细节及现状做了相对详细的描述，但部分说明文字有误，如"香色缂丝蟒袍……胸背绣缂丝蟒""香色罗绣蟒袍……膝襕及两袖亦饰缂丝金蟒图案"等句，对服装材质及面料显花工艺的描述不实，在本书中并不使用其尺寸等信息，仅作参考。

《曲阜孔府档案史料选编》（第二编）明朝官服款式抄单中的服装与《山东省文物志》中提及的服装应有重合，可以进一步根据尺寸换算与款式描述进行比对。但这两份资料均无配图，因此很难完全依据文字描述与今日所存实物相匹配。

有部分服装同时出现在《济宁文物珍品》《中国织绣服饰全集》《大羽华裳——明清服饰特展》其中的两册或三册书中，但尺寸记录不同。《大羽华裳——明清服饰特展》中的服装尺寸信息多来自《济宁文物珍品》，并在其基础信息上对其他部位尺寸有所补充。《中国织绣服饰文物全集》中有9件服装与《济宁文物珍品》相同，其他多有不同，尤其是有领子的服装，身长均不同，《中国织绣服饰文物全集》所记服装身长多短于《济宁文物珍品》所记，笔者推测前者长度也许未计入领高尺寸，在此提出，供后来研究者注意。

编号为SDKF066"桃红纱地彩绣花鸟纹褙子"实物图像出现在《中国织绣服饰文物全集》《衣冠大成——明代服饰文化展》两书，应为《山东省文物志》中提及的"水红花绸绣花对披"。

《衣冠大成——明代服饰文化展》《中国织绣服饰文物全集》《济宁文物珍品》三书中有相同的服装实物收录，其中《衣冠大成——明代服饰文化展》为2020年9月出版的最新展览图录，图像品质更佳，细节更清晰，对此前公布的部分实物名称和尺寸信息进行了更新，命名原则以"颜色+工艺+材质+形制"为统一规范，如"青色地妆花纱彩云仙鹤圆补女衫"。

▼ 余论

已知对孔府旧藏明代服装的研究成果，无论在数量上，还是深度上均有欠缺；尤其是对孔府旧藏服装的传承、断代方面的研究，以及基于实物本身的形制、色彩、纹样、工艺等方面的研究。从现存孔府旧藏明代服饰，可以了解明代衍圣公家族服饰的大致风貌。较为遗憾的是，这些传世服装缺乏具体的服用时代、服用对象、服用场合、穿着配伍等信息的确切记载，并且已有的服装称谓与描述方式，乃至服装尺寸信息均有不准确或难以理解的地方。因此笔者在研究过程中，尽量从多渠道甄别已知信息。由于已知孔府旧藏文物的珍贵特性，只能在展览或图录窥其貌，尤其是只见于图录服装，对其内部构造只能一边推测，一边期待能够见到真正的文物。对孔府旧藏明代服装的研究还需要与未来发现的新资料作比较研究，以及近距离观测实物，才能得出更准确的结论。无论如何，在当下的研究限制下，能收集到这些材料也是幸运的。

已公开的日本京都妙法院藏丰臣秀吉传世明代形制服饰有22件 [❶]，其中服装有圆领袍、贴里、中单、裳等17件，并有带、靴等饰品5件。丰臣秀吉曾被中国明朝万历皇帝册封为日本国王，在保存于日本的中文历史文献《万历敕谕》中，明确记录了赐服名称等信息，文献所载服饰条目有一部分与妙法院现存的实物重合。但刊行于1832年（日本天保三年）的日本文献《丰公遗宝图略》中却将丰臣秀吉的这些服装当作"朝鲜人衣"来介绍。

京都妙法院藏丰臣秀吉明制服装及研究现状

1592年（中国明朝万历二十年）至1597年（万历二十五年），日本侵略朝鲜，明廷应朝鲜国王李昖的请求，出兵援助藩国，战争的一方是丰臣秀吉麾下的日本远征军，另一方是明朝和朝鲜的联军。三国对这场战争的定名各不相同：明朝称为"东征御倭援朝" [❷]，日本称为"文禄、庆长之役" [❸]，朝鲜称之"壬辰倭乱、丁酉再乱" [❹]。随着战事的升级，三方开始了和谈，最终明廷决定以册封丰臣秀吉为日本国王的方式来缓和战争矛盾，并赐其封王金印与冠服。

虽然和谈最终以破裂告终，但是这次赐予丰臣秀吉的冠服却被保存下来 [表1-6]，这些服饰最初存放于为了祭奠丰臣秀吉而建造的丰国神社神宝殿中，1615年（日本庆长二十年）德川家康在"大坂夏之阵"一役毁掉了丰国神社，并将神宝殿移至方广寺重建。此后，神宝殿的这些物品被移至京都妙法院 [❺]，从1615年9月（日本元和元年）以来，由妙法院保留至今。1998年，日本《學叢》一刊发表了河上繁树《豊臣秀吉の日本国王册封に関する冠服について——妙法院伝来の明代官服》一文，首次大规模公开了妙法院藏丰臣秀吉传世服饰实物的图像。

从《學叢》公布的服饰实物图像可知，

妙法院藏丰臣秀吉明制服装共17件，其中：圆领袍6件，贴里1件，皮弁服1件，中单1件，便服3件，内衣2件，裳3件。针对这批丰臣秀吉传世服装的流传历史、保存状况等问题，中、日、韩三国学者的研究均有涉及。

日本学者对丰臣秀吉现存服饰的研究起始最早，在1998年（日本平成十年）河上繁树发表于京都国立博物馆《學叢》上的《豊臣秀吉の日本国王册封に関する冠服について——妙法院伝来の明代官服》 [❻] 一文中对研究状况有详细综述：首先是1888年（日本明治二十一年）日本宫内省图书部负责人九鬼隆一最早发起了对丰公遗宝的调查，并在《日出新闻》刊登了题为《妙法院韩人装束织物一式》的文章 [❼]。其次是1941年（日本昭和十六年）帝国大学史料编纂所也对丰公遗宝进行了调查，但只沿用了此前的调研结果。1971年（日本昭和四十六年）大庭脩氏发表论文《豊臣秀吉を日本国王に封じる誥命について一わが国に现存する明代の誥命》 [❽]，他指出《丰公遗宝图略》所载的冠服是明代皇帝颁赐给丰臣秀吉的物品，大庭脩氏言及自己亲眼见过存于妙法院冠服的一部分，他认为再深入的研究还需等待对这

❶
1998年，日本学者河上繁树在京都国立博物馆《學叢》第20号的《豊臣秀吉の日本国王册封に関する冠服について——妙法院伝来の明代官服》一文中公布了这些藏品。

❷
明朝也称之为"七年战争""万历援朝"。

❸
文禄、庆长是日本后阳成天皇的年号。

❹
壬辰即万历二十年（1572），丁酉即万历二十五年（1597）。

❺
松井左京是复建后的丰国神社神宫寺长官，其所拿之物在当时留有清单，名为《丰国社纳御神物之注文》，见于京都国立博物馆《學叢》，第20号，日本平成十年（1998）三月，第96页。

表 1-6 妙法院藏丰臣秀吉服装实物

壹 传世明代服装

014
015

常服麒麟纹圆领　FCXJ001

贴里　FCXJ002

斗牛服　FCXJ003

皮弁服　FCXJ004

中单　FCXJ005

裳　FCXJ006

麒麟服　FCXJ007

狮子服　FCXJ008

蟒服　FCXJ009

飞鱼服　FCXJ010

便服　FCXJ011

便服　FCXJ012

便服　FCXJ013

内衣　FCXJ014

内衣　FCXJ015

裳　FCXJ016

裳　FCXJ017

注：
以上服装名称皆为《學叢》中名称

❻
河上繁树. 豊臣秀吉の日本国
王冊封に関する冠服につい
て——妙法院伝来の明代官服
［J］. 京都国立博物馆: 学丛,
1998（20）: 75-96.

❼
九鬼隆一. 妙法院韩人装束
织物一式［N］. 日出新闻,
1888-7-1.

❽
大庭脩. 豊臣秀吉を日本国王
に封じる諾命について——わ
が国に現存する明代の諾命
［C］//关西大学东西学术研究
所. 关西大学东西学术研究所
纪要（4）, 1971: 29.

图 1-2 ／《丰公遗宝图略》书影（日本国立国会图书馆藏本）

图 1-3 ／《丰公遗宝图略》书影（日本爱知县图书馆藏本）

批冠服的最终调查结果。1978年（日本昭和五十三年），杉本正年氏的论文《朝鲜の役をめぐる秀吉らの封冊と明の冠服》[1] 指出从敕谕的附记内容来看，有些服装与妙法院所藏冠服一致，但是除了妙法院所藏的冠服，记载中的其他服饰并没有实物发现。1996年（日本平成八年），京都国立博物馆的调查结果显示，关于万历皇帝给丰臣秀吉的赐服，妙法院内还藏有未向外公开的藏品，并且这部分藏品，有的并未被敕谕记录，很可能是同时期被赠予的其他冠服。值得一提的是，河上繁树在他的论文中对松井左京当年将神宝殿的物品移至京都妙法院时所列清单的内容，与现存丰臣秀吉服装进行了可能的比对。然而，这也并不是定论。

韩国学者对妙法院藏丰臣秀吉服装的相关研究最早见于1994年，朴圣实教授在《檀国大学石宙善纪念馆开馆十三周年纪念学术研讨会论文集》中撰有《〈豐公遺寶圖略〉에 나타난宣祖朝王室服飾》一文，认为这本图略是了解壬辰倭乱前朝鲜王室服饰的重要材料，并介绍了当时朝鲜向日本朝贡的始末，朴教授将图略

中所载服饰与这一时期韩国、中国的文物进行比对，虽然并不能得到明确的结论，但至少可以确定《丰公遗宝图略》包含有朝鲜宣祖的书简，其内容也证实了曾有过朝鲜通信使的派遣，而且这些服装遗物的材质、形制与明朝皇帝曾赐予朝鲜的服装及纺织品一致。

中国学者相关研究有：2005年赵连赏的《明代的赐服与中日关系》[2] 一文探讨了有明一代与日本的服饰外交关系，其中述及妙法院所藏服装，认为现存服饰实物与文献记录有一定的出入，并提出了自己的三点疑问：第一，赐服中的部分称谓可能是用于外赐时的专用模式。第二，现存黄色裳的颜色与舆服志记载颜色不符。第三，对弁服的纹章存疑。

三国学者问题的提出，尤其是韩国朴圣实教授所列韩国朝鲜时代宣祖的书简记录，使得学界对这批丰臣秀吉服装产生了更多疑问——究竟妙法院藏丰臣秀吉明制服装的组成是什么来源？现存实物与万历皇帝所赐冠服一致么？又为什么下述《丰公遗宝图略》中会将妙法院藏丰臣秀吉的遗留服装当作"朝鲜人衣"来记录？

❶
杉本正年. 朝鲜の役をめぐる秀吉らの封冊と明の冠服 [J]. 服装文化, 1978（160）: 40-51.

❷
赵连赏. 明代的赐服与中日关系 [J]. 历史档案, 2005（3）: 51-55.

《丰公遗宝图略》中的服饰记载

1832年（日本天保三年），日本僧侣真静将妙法院内所藏丰臣秀吉遗留下来的物品，用图画形式记录下来，并辑录成书，这便是《丰公遗宝图略》，该书在日本存有多个版本，如国立国会图书馆藏本^图1-2和爱知县图书馆藏本^图1-3等。图略分上、下两册，内容包括丰臣秀吉的御衣、甲胄等服饰，以及仪仗器物、茶器、文房用具等遗物。值得关注的是，目录的最后列及"朝鲜国王贡物目录"记有：

衣八领，裳二枚。在《丰公遗宝图略》正文中，对"衣八领，裳二枚"共计10件服装，及玉冠、青佩玉、脚绊、履共计5件饰品，按照目录顺序详细地进行形制绘图，并记录了材料、纹样、尺寸等信息^表1-7。

从上述记载可以看出，《丰公遗宝图略》中所绘服装共10件，按形制可分为：圆领袍6件，交领断腰式打褶袍1件，交领断腰式大袖袍1件，裳2件。

^表1-7 《丰公遗宝图略》（日本国立国会图书馆藏本）中的"朝鲜人衣"

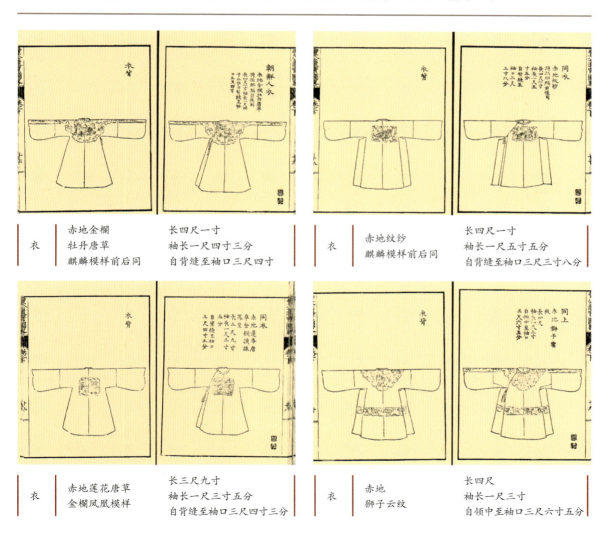

衣	赤地金襕 牡丹唐草 麒麟模样前后同	长四尺一寸 袖长一尺四寸三分 自背缝至袖口三尺四寸
衣	赤地纹纱 麒麟模样前后同	长四尺一寸 袖长一尺五寸五分 自背缝至袖口三尺三寸八分
衣	赤地莲花唐草 金襕凤凰模样	长三尺九寸 袖长一尺三寸五分 自背缝至袖口三尺四寸三分
衣	赤地 狮子云纹	长四尺 袖长一尺三寸 自领中至袖口三尺六寸五分

明鉴｜明代服装形制研究

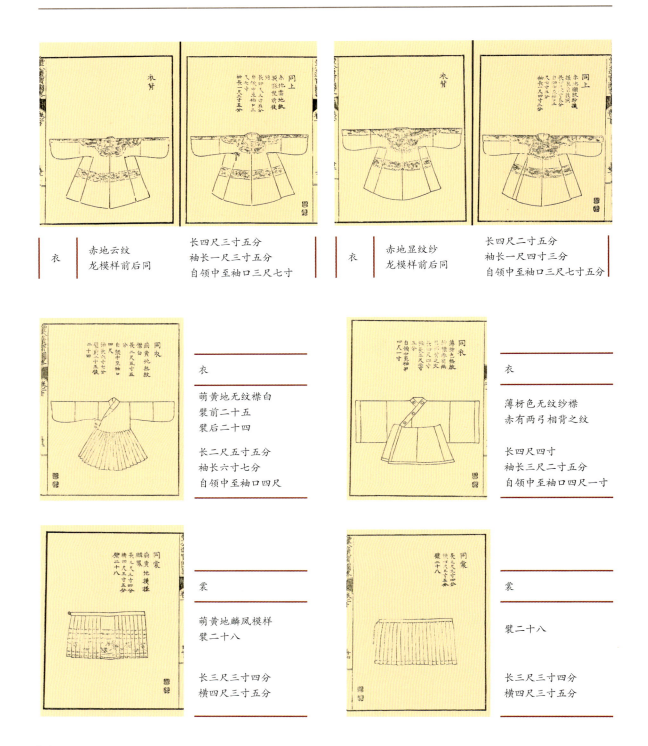

| 衣 | 赤地云纹龙模样前后同 | 长四尺三寸五分
袖长一尺三寸五分
自领中至袖口三尺七寸 |

| 衣 | 赤地显纹纱龙模样前后同 | 长四尺二寸五分
袖长一尺四寸三分
自领中至袖口三尺七寸五分 |

| 衣 | 萌黄地无纹襟白
裣前二十五
裣后二十四 | 长二尺五寸五分
袖长六寸七分
自领中至袖口四尺 |

| 衣 | 薄柹色无纹纱襟
赤有两弓相背之纹 | 长四尺四寸
袖长三尺二寸五分
自领中至袖口四尺一寸 |

| 裳 | 萌黄地麟凤模样
裣二十八 | 长三尺三寸四分
横四尺三寸五分 |

| 裳 | 裣二十八 | 长三尺三寸四分
横四尺三寸五分 |

注：

日文文献中的"襕"，即中文"襕"；"模样"，即中文"纹样"。关于上图中的"袖长"，几件圆领袍的袖长，如"袖长一尺四寸三分"应为单只袖长；"薄柹色无纹纱襟赤衣"的"袖长三尺二寸五分"应为通袖长；而样本"萌黄地无纹襟白衣"文献中的袖长"六寸七分"，作者存疑，据前述，此处应缺失"一尺"二字。

万历皇帝敕谕的赐服记载

明神宗万历"皇帝敕谕日本国王平秀吉"|❶落款时间为万历二十三年（1595），敕谕现由日本宫内厅书陵部收藏|❷ ¼₋₄，敕谕内容除了讲和的条件，约定三事"自今釜山倭众尽数退回，不敢复留一人；既封之后，不敢别求贡市，以启事端；不敢再犯朝鲜，以失邻好"，并有"封尔平秀吉为日本国王，锡以金印，加以冠服。陪臣以下亦各量授官职，用薄恩赉。仍诏告尔国人，俾奉尔号令，毋得违越。世居尔土，世统尔民"，文末附有明廷赐予丰臣秀吉的冠服及丝绸等纺织品的目录。 ¼₋₅ 表₁₋₈

从敕谕记载来看，万历皇帝赐给丰臣秀吉的服装有两套：常服一套（圆领袍1件，褡护1件，贴里1件）；皮弁服一套（皮弁服1件，中单1件，裳1件，蔽膝1件，锦绶1件，大带1条，舄1双，袜1双）；此外还有冠、带及数匹纺织品。

明朝时，相对于朝鲜与明朝的稳定藩属关系，日本与明朝的关系并不稳定，常向明廷要求身份对等，尤其是商贸交流对等。明朝初年，两国虽曾有几次遣使往来，但关系没有太大起色。永乐时，两国交往有了较大改观，永乐元年（1403），日本国王源道义派遣使者三百余人奉表献贡，明成祖高度重视，赐使者绮绸绢衣，并遣使"往赐日本国王冠服、锦绮、纱罗及龟纽金印"|❸，从赐给日本国王的"九章冕服"可知规格高至本国亲王等级。但此后两国关系因倭寇问题、朝贡贸易问题等停滞不前。至万历时因援朝战争，明朝政府为了改善与日本的关系，决定再次采取册封的方式达到缓兵目的。万历二十四年（1596），明朝派出的使臣到达日本，九月一日在大坂城|❹谒见丰臣秀吉，转赐万历帝的封王敕谕、金印、冠服。然而册封和赐服并没有起到讲和的作用，反而引发丰臣秀吉再次向朝鲜派出更多兵力。

❶
平秀吉，即丰臣秀吉、羽柴秀吉。明廷对日本称其为"平秀吉"。

❷
敕谕图像来源于日本宫内厅书陵部正式提供。

❸
《明太宗实录》，卷二四，永乐元年冬十月乙卯条。

❹
大坂城即大阪，于日本明治三年1870年更名。

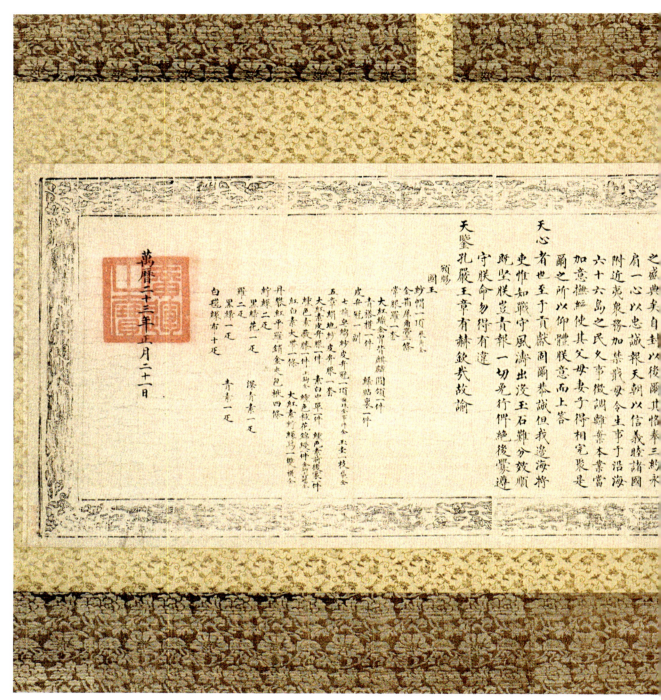

图 1-4 ／ 《万历皇帝敕谕》日本宫内厅书陵部藏

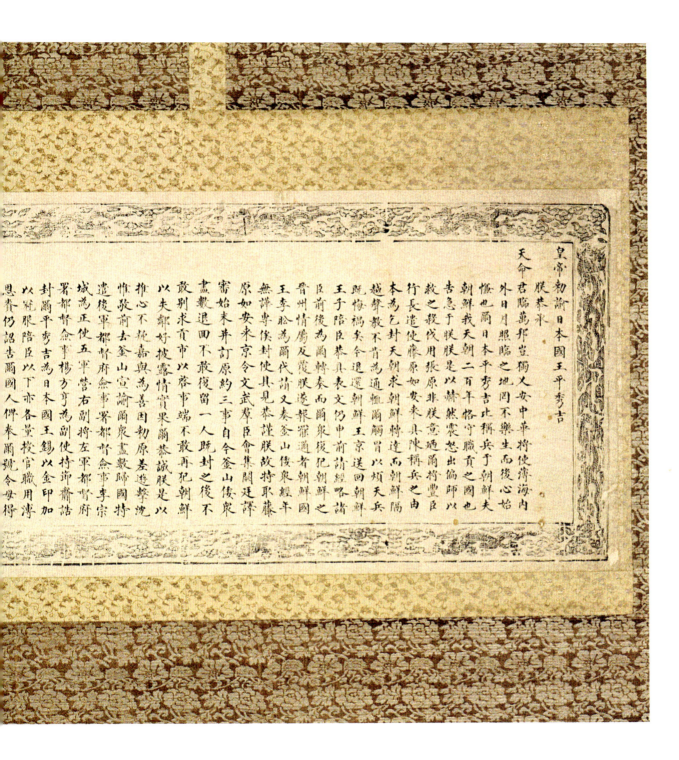

皇帝勑諭日本國王平秀吉

朕恭承

天命君臨萬邦豈獨父母中華蓋欲

外日月照臨之地罔不樂生而後心始

慊也爾平秀吉崛起日本知尊中國恭

朝我天朝二百年恪守職貢之國也夫

吉急于

朕是以赫然震怒出偏師以

救之殺伐用張原非

朕意遞因爾臣

越後乞封教矣令退還朝鮮王京送回

既悔禍貢不肯為

朕藩屏爾胃以煩天兵

本為乞封

朕天朝以爾原是朝鮮特達

行長遣使藤原如安發來具陳稱兵之由

晉州前後為爾轉奏而爾衆後犯朝鮮之

無譚專俟封使其見恭謹又奏釜山倭衆經年

王子陪臣李松為爾代請又表文恭敬爾

原如安來京令文武群臣會集闕廷議譯

以失鄰好披露情實果爾恭誠

朕是以

審始末井訂原約三事自今釜山倭衆

盡數退回不敢復留一人既封之後不

推心不報嘉與為善因勑原將差遊擊沈

惟敬前去釜山宣諭爾衆盡數歸國特

遣後軍都督府僉事李宗

城為正使五軍營右副將左軍都督府

署都督僉事楊方亨為副使持節齎誥加

封爾平秀吉為日本國王錫以金印加

以冠服眡臣以下亦各量授官職用溥

恩賚仍詔告爾國人俾奉爾號令安分

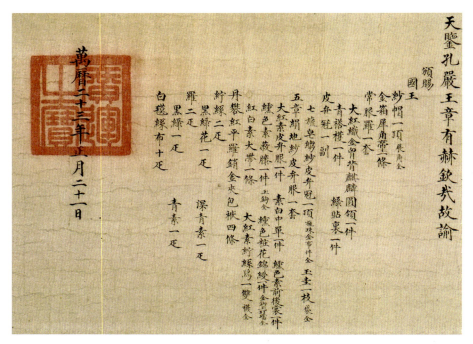

图 1-5 / 《万历皇帝敕谕》中的赐服记录

实物、图像、文献比对研究

基于妙法院藏丰臣秀吉明制服装实物形制分析，将17件服饰实物与《丰公遗宝图略》中所绘"朝鲜人衣"图像，以及《万历皇帝敕谕》中的赐品条目进行比对研究，我们可以得到如下可能性：

妙法院所藏丰臣秀吉服饰实物中，有5件与《万历皇帝敕谕》所载的服饰条目存有高匹配度。敕谕中提及的"大红织金胸背麒麟圆领"可能是实物FCXJ001；"绿贴里"可能是实物FCXJ002；"大红素皮弁服"可能是实物FCXJ004；"素白中单"可能是实物FCXJ005；"纁色素前后裳"可能是实物FCXJ006。

妙法院所藏丰臣秀吉明制服饰实物中，有15件与《丰公遗宝图略》所绘"朝鲜人衣"图像存有高匹配度。其中，《图略》所绘的"衣八领"可能是实物FCXJ001、

FCXJ002、FCXJ003、FCXJ005、FCXJ007、FCXJ008、FCXJ009七件；《图略》所绘的"裳二枚"的样本可能是实物FCXJ006、FCXJ016（或FCXJ017）。

妙法院所藏丰臣秀吉明制服装实物中，被称为"便服"的FCXJ011、FCXJ012、FCXJ013三件服装，以及被称为"内衣"的FCXJ014、FCXJ015的两件服装，既未绘于《丰公遗宝图略》，也不见于《万历皇帝敕谕》中的赐服条目记载，来源不详。

《丰公遗宝图略》所绘的服装，书中称作"朝鲜人衣"。事实上，在妙法院收装服装的箱子盖内，其登记信息上也写着"朝鲜人装束十六领，同裳三领，同脚绊一个，同履两双"，但这一文字的记录时间具体是何时，亦不详。

表
1-8 《万历皇帝敕谕》所列颁赐服饰品条目

序号	赐品内容	备注
1	纱帽一顶	展角全
2	金箱犀角带一条	
3	常服罗一套	大红织金胸背麒麟圆领一件 青褡护一件 绿贴里一件
4	皮弁冠一副	七旒皂绉纱皮弁冠一顶（旒珠、金事件全） 玉圭一枝（袋全）
5	五章绢地纱皮弁服一套	大红素皮弁服一件 素白中单一件 缥色素前后裳一件 缥色素蔽膝一件（玉钩全） 缥色妆花锦绶一件（金钩、玉玎珰全） 红白素大带一条 大红素纻丝舄一双（袜全）
6	丹矾红平罗销金夹包袱四条	
7	纻丝二匹	黑绿花一匹 深青素一匹
8	罗二匹	黑绿一匹 青素一匹
9	白毡丝布十匹	

结论与问题

日本妙法院所藏丰臣秀吉服装，究竟是"朝鲜人衣"，还是万历敕谕提及的明朝赐服？通过如上综述与分析，可得出如下结论：

第一，从明廷与朝鲜分别派遣使者赴日本的历史过程来看，可以对丰臣秀吉存世明制服装的来源进行一些解释。明廷于万历二十二年（1594）十二月决定册封丰臣秀吉为日本国王，三十日后任命并派册封使正使李宗城、副使杨方亨，以及任命商人沈惟敬作为翻译，从北京出发，取道朝鲜，再赴日本。然而正使李宗城在抵达釜山后，突然逃亡，原本随行所带的赐品也有丢失，匆忙之中不得不升副使杨方亨为正使，升沈惟敬为副使。日本文献《续本朝通鉴》对这一次见面记录有："于是惟敬捧金印及封王之冠服，且授日本诸臣之冠服五十余具。曰，随其位阶而可用之。其余大明所调之衣服仅三十余具也。今见日本国牧群宰之多，而惊不得俄调之。故并册使之故衣而备其数"。由上文明显可知，使者带到日本的冠服远不及日本诸臣的人数，为了应急，明朝使者们将自己所带的衣服也拼凑至赐服之内，因此妙法院所藏的服装存有明朝一品武官对应的狮子服，以及万历朝流行的飞鱼服、斗牛服、蟒服，是完全有可能的。而朝鲜对日本派遣使者的时间要早于明朝，朝鲜宣祖二十三年（1590，明朝万历十八年）三月，朝鲜通信使正使黄允吉、副使金诚一和书状官徐筬便先行到达日本，并带去了贡物 [1]，贡物清单载于《丰公遗宝图略》，内容如 ¾ 所示，但其中并未见有与妙法院藏服装相关的任何记录。因此，妙法院所藏丰臣秀吉明制服装可能有多个来源，而被《丰公遗宝图略》称为"朝鲜人衣"的服装图像，并不能说明其确实是来自朝鲜的衣服。

第二，从明朝与朝鲜的封贡关系来看，明代270余年中，有500余次与朝鲜（高丽）关于服装、纺织品的贡赐记录，从两国服饰交流内容中，可以看到王氏高丽王朝（918—1392）末期及李氏朝鲜王朝（1392—1910）对明代服装形制的接纳是范围极广、时间极长的。结合日本妙法院所藏丰臣秀吉服装，以及《丰公遗宝图略》所绘服装，与万历二十年（1592）朝鲜壬辰倭乱之前两国的王朝记录进行比对，其中赐服中织金麒麟胸背圆领、织金狮子胸背团领、蟒衣、青褡护、绿贴里等内容极为常见。因此，日本妙法院所藏丰臣秀吉服装实物，无论其直接来自明朝（中国称之为"赐"），还是取道朝鲜到达日本（日本称之为"贡"），都可以确定这些服装均为明代服装形制无疑。

❶

朴圣实.《豐公遺寶圖略》에 나타난宣祖朝王室服飾［J］. 檀国大学石宙善纪念馆开馆十三周年纪念学术研讨会论文集，1994.

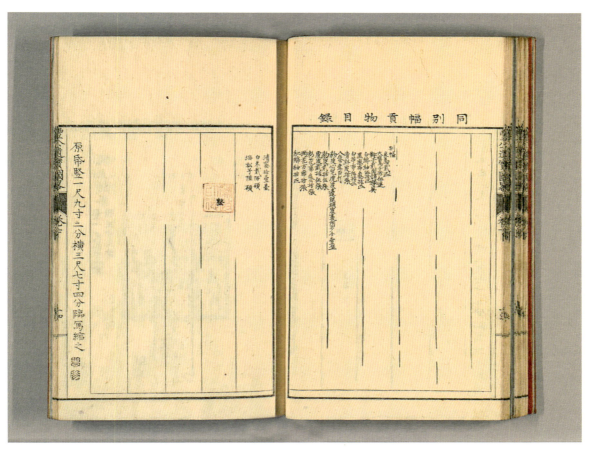

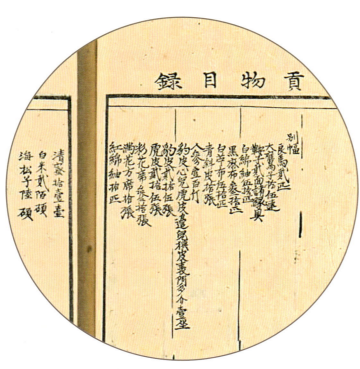

图
1-6
／ 《丰公遗宝图略》中朝鲜国王贡物清单

明 鲁荒王朱檀墓出土交领袍（山东博物馆藏）

出土明代服装

1925年，王国维先生在清华国学院讲授"古史新证"，曾提出"二重证据法"——以"地下之新材料"补"纸上之材料"，他强调"吾辈生于今日，幸于纸上之材料外，更得地下之新材料。由此种材料，我辈固得据以补正纸上之材料，亦得证明古书之某部分全为实录，即百家不雅训之言亦不无表示一面之事实。此二重证据法惟在今日始得为之"，这里所提的"地下之新材料"即指出土文物。明代墓葬中出土有一定数量的服装文物，虽然它们出土的地域与时代并不均衡，加之因其特殊的材料属性，易受到环境影响而难以保存保管，但作为难得的"地下之新材料"，是传世实物、文献、图像研究的重要补充，是研究古代服装史的重要素材与实证。

出土服装实物材料的应用原则

尽量穷尽对已公开发布的出土有服装墓葬信息进行统计收集[1]，本研究收集墓葬或文物保存地共54处，服装样本243件 表2-1。按出土地域、墓葬时间、墓主身份三个类别再对其进行地域性、时间性、等级性为线索的二次梳理。

按出土地域分类的墓葬（保存地）对应为：北京市3处、江苏省24处、浙江省2处、上海市5处、江西省8处、山东省1处、福建省1处、湖北省2处、河南省1处、广东省1处、四川省2处、贵州省3处、宁夏回族自治区1处 表2-1。其典型特点为涉及地域广泛，自北而南、自西而东的省市皆有，且明墓数量最多的地点集中在江浙沪地区。

按墓葬年代分类，有明确纪年的墓葬数对应为：洪武朝1处（SDLW）、永乐朝2处（JSWXZ、JSJYL）、正统朝1处（HBYP）、天顺—成化朝2处（JZTX、SHHMX）、弘治朝4处（JSTZH、JXNJW、JSCZ、JSHA）、正德朝7处（BJNY、JSNJX、JSWJM1、

JSYZ、SHGSQ、HBZM、GDDJ，其中SHGSQ为正德二年以后）、嘉靖—万历朝24处，其余墓葬具体年代不详，其典型特点为涉及时期广泛，自明初至明末兼而有之，且主要集中在嘉万时期 图2-2。

按墓主身份分类，主要有帝陵、外戚墓、王公贵族墓、品官及诰命夫人墓、士人墓等。其中身份明确的有：帝陵1处，即定陵（BJDL）；外戚墓1处，即北京南苑苇子坑明墓（BJNY）；藩王墓3处，江西益宣王朱翊钤夫妇合葬墓（JXYXW）、江西宁靖王夫人吴氏墓（JXNJW）、山东鲁荒王墓（SDLW）；品官及诰命夫人墓多座，从文官至武将，如宁夏盐池骠骑将军杨钊墓（NXYC）、湖北石首礼部尚书兼武英殿大学士杨溥墓（HBYP），既有高官，又有下级官吏；士人墓多座，如江苏泰州刘湘夫妇墓（JSTZLX）、因乐善好施被弘治帝敕封为"义宰"的湖北广济张懋墓（HBZM）。

❶
发掘报告中仅有配饰的明代墓葬不在样本之列。

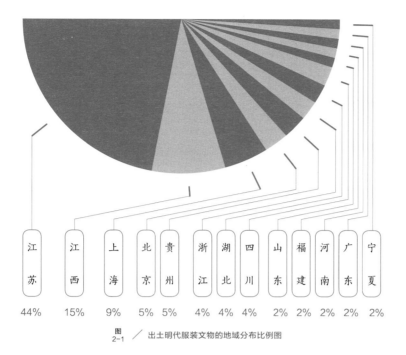

江苏	江西	上海	北京	贵州	浙江	湖北	四川	山东	福建	河南	广东	宁夏
44%	15%	9%	5%	5%	4%	4%	4%	2%	2%	2%	2%	2%

图 2-1 ╱ 出土明代服装文物的地域分布比例图

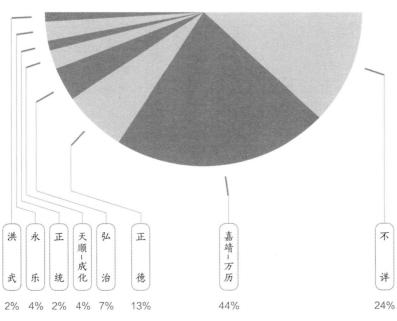

洪武	永乐	正统	天顺－成化	弘治	正德	嘉靖－万历	不详
2%	4%	2%	4%	7%	13%	44%	24%

图 2-2 ╱ 出土明代服装文物的墓葬年代分布比例图

表 2-1 出土明代服装实物信息统计表

序号	墓葬（收藏地）名称	代号	墓葬年代	墓主身份	发掘时间	保存地	服装出土（保管）情况	样本数量
1	北京定陵	BJDL	万历四十八年（1620）	万历皇帝朱翊钧孝靖、孝端皇后	1956—1958	首都博物馆 十三陵特区办事处	丝织衣物467件	25
2	北京南苑苇子坑夏儒夫妇墓	BJNY	正德十年（1515）	夏儒，毅皇后父	1961	首都博物馆 故宫博物院	男装40余件，女装20余件	18
3	北京丰台区长辛店618厂明墓	BJ618	明中期	不详	1976	首都博物馆	女装8件	8
4	江苏南京市博物馆藏明代服装	JSNJB	不详	不详	不详	南京市博物馆	服装5件	5
5	江苏南京明徐达五世孙徐俌夫妇墓	JSNJX	正德十二年（1517）	徐俌，魏国公，太子太傅原配朱氏，魏国夫人	1977	南京市博物馆	补服2件、百褶裙服4件、袍服4件、上衣1件	4
6	江苏南京王志远墓	JSNJW	不详	王志远，品秩不详	不详	南京市博物馆	袍服2件	2
7	江苏泰州西郊明胡玉墓	JSTZH	弘治十三年（1500）	胡玉，陕西布政司右参议	1979	泰州博物馆	男装一包（四合云纹花缎半袖长衫、蓝布袍等）	3
8	江苏泰州刘鉴、刘济夫妇合葬墓	JSTZLJ	嘉靖二年（1523）	不详	2002	泰州博物馆	服饰70余件	1
9	江苏泰州明代刘湘夫妇合葬墓	JSTZLX	嘉靖二十年（1541）刘湘，处士 / 嘉靖三十七年（1558）丘氏，孺人		1988	泰州博物馆	男女服饰数十件	17
10	江苏泰州森森庄明墓	JSTZS	嘉靖年间（1522—1566）	王氏夫妇	2008	泰州博物馆	男女服饰30余件	6
11	江苏泰州市明代徐蕃夫妇墓	JSTZX	嘉靖十二年（1533）	徐蕃，工部右侍郎，正三品	1980	泰州博物馆	男女服饰80余件（袍、裙、衫、裤等）	16
12	江苏苏州明墓	JSSZB	不详	不详	不详	苏州博物馆	3件	3
13	江苏苏州虎丘明墓	JSSZH	不详	三品文官	1978	苏州博物馆	服装14件（补服、交领袍衫等）	4
14	江苏苏州虎丘王锡爵墓	JSSZW	万历四十一年（1613）	万历首辅	1966	苏州博物馆	男子忠靖冠、缎官服、缎便服、丝绵绸服，女缎服	1

序号	墓葬（收藏地）名称	代号	墓葬年代	墓主身份	发掘时间	保存地	服装出土（保管）情况	样本数量
15	江苏常州市广成路明墓	JSCZ	弘治七年（1494）	正五品	2004	常州博物馆	织金白鹇补2方	0
16	江苏武进明代王洛家族墓	JSWJ	正德七年（1512）	M1a，王洛，昭勇将军，正三品	1997	武进博物馆	1号墓丝织品共31件 2号墓丝织品共35件	5
			嘉靖十九年（1540）	M1b，王洛妻盛氏，孺人				
			嘉靖十七年（1538）	M2a，王昶，王洛仲子，县丞				
			嘉靖—万历（1522—1619）	M2b，王昶原配华氏 M2c，继配徐氏 M2d，妾杨氏				
17	江苏无锡明墓	JSWXB	不详	不详	不详	无锡博物院	上衣	1
18	江苏无锡七房桥钱樟夫妇墓	JSWXQ	不详	钱樟夫妇，无锡钱氏家族	不详	无锡博物院	上衣、袍等	1
19	江苏无锡周氏墓	JSWXZ	永乐（1403—1424）	周氏，处士钱某之妻	2002	中国丝绸博物馆	短袖上衣、长袖上衣、裙等	3
20	江苏江阴明墓	JSJYB	不详	不详	1970s	江阴博物馆	对襟绸上衣	1
21	江苏江阴叶家宕明墓	JSJYY	明早期	周溥，士人	2008	江阴博物馆	男、女衣物13件（袍、裙、裤等），衣物疏	3
22	江苏江阴市梧村明陆氏家族墓	JSJYL	M1，永乐二十一年（1423）	陆勋，字仲庸，处士	1988	江阴博物馆	随身衣物账2份	0
			M2，永乐二十二年（1424）	瞿氏，陆勋兄陆伯旸妻				
23	江苏江阴明代承天秀墓	JSJYC	嘉靖二十四年（1545）	承天秀，任钱塘知县等职	1986	江阴博物馆	花缎服饰36件	0
24	江苏江阴明代薛氏家族墓	JSJYX	M1，嘉靖四十四年（1565）	M1，薛鳌夫妇，宁海州判，从七品	2002	江阴博物馆	仙鹤补、袍、裤、裙等	2
				M2，薛如淮，刑部主事，正六品				
25	江苏淮安明代王镇夫妇合葬墓	JSHA	弘治九年（1496）	王镇，处士	1982	淮安市博物馆	衣物30余件（衫、裙、袄、裤等）	2

明鉴 | 明代服装形制研究

序号	墓葬（收藏地）名称	代号	墓葬年代	墓主身份	发掘时间	保存地	服装出土（保管）情况	样本数量
26	江苏扬州西郊出土明墓	JSYZ	生于正德九年(1514)	火金，秀才	不详	扬州博物馆	圆领袍	1
27	江苏镇江明墓	JSZJ	不详	不详	不详	镇江博物馆	交领上衣、裙	2
28	浙江嘉兴王店李家坟明墓	ZJJX	嘉靖—万历 M1，万历二十年（1592）	M2，李湘（文林郎，七品）M3，李湘妻；M1&M4，李湘妾；M2、M3早于M1	2006	嘉兴博物馆 中国丝绸博物馆	袍7件、衣4件、衫3件、裙6条	18
29	浙江桐乡濮院杨家桥明墓	ZJTX	天顺五年（1461）以后	杨青，按察使佥事	2002	桐乡市博物馆	墓主身穿9层衣服	4
30	上海卢湾顾从礼家族墓	SHGCL	嘉靖（1522）以后	父顾东川，御医子顾从礼，光禄寺少卿	1993—1994	上海博物馆	白鹭补2方、霞帔等	0
31	上海县（今闵行区）顾守清、张永馨道士墓	SHGSQ	正德二年（1507）以后	道士	1962	上海博物馆	保存较好者3件	1
32	上海宝山区黄盂瑄夫妇墓	SHHMX	成化十六年（1480）	黄盂瑄，处士	1958	上海博物馆	袍、袄、裙等	0
33	上海卢湾区潘允徵夫妇墓	SHPYH	万历十七年（1589）	潘允徵，光禄寺掌醢署监事，八品	1960	上海博物馆	黄鹂补子5方	0
34	上海松江城诸纯臣夫妇墓	SHZCC	万历二十九年(1601)	诸纯臣，河南府推官	1962	上海博物馆	补子2方、绵衣、夹衫、半臂等	3
35	江西德安熊氏墓	JXDAX	嘉靖十六年（1537）	熊氏，孺人	1991	德安博物馆	丝织品22件（练鹊补服、衣、裙等）	0
36	江西南昌明宁靖王夫人吴氏墓	JXNJW	弘治十七年（1504）	吴氏，宁靖王夫人	2002	江西省文物考古研究所	服饰42件及匹料8匹	12
37	江西九江荷叶墩万黄氏墓	JXWHS	明末	万黄氏，诰封恭人	1990	中国丝绸博物馆	衣、裙、袍、裤等64件	1
38	江西明代布政使吴念虚夫妇合葬墓	JXWNX	万历四十二年（1614）	吴念虚，福建布政使	1988	江西省博物馆	仙鹤补服，麻质及丝质衣、裤、裙等	0
39	江西新余明墓	JXXY	不详	不详	1996	新余市博物馆	棉、丝织服饰共117件	0
40	江西玉山县夏浚明墓	JXYSX	嘉靖四十年（1561）	夏浚，广西参政	1962	江西省博物馆	褶服、獬豸补子，衣物疏	0

序号	墓葬（收藏地）名称	代号	墓葬年代	墓主身份	发掘时间	保存地	服装出土（保管）情况	样本数量
41	江西南城益宣王朱翊鈏夫妇合葬墓	JXYXW	万历三十一年（1603）	朱翊鈏，益宣王	1979	江西省博物馆	男女装（袍服、短衫、裙、裤、大衫、霞帔等）	14
42	江西广丰郑云梅墓	JXZYM	万历四十三年（1615）	郑云梅，象州刺史	1963	不详	丝绸服饰13件（补袍、道袍、裆子等）	1
43	山东鲁荒王墓	SDLW	洪武二十二年（1389）	朱檀，鲁荒王	1970—1971	山东博物馆	丝质服装15件，麻质服装12件及衣料	19
44	福建福州明代户部尚书马森墓	FJMS	万历年间（1573—1619）	马森，户部尚书	1980	福州市文物管理委员会	衣物丝织品23件	0
45	湖北石首市杨溥墓	HBYP	正统十一年（1446）	杨溥，礼部尚书兼武英殿大学士	1993	石首博物馆	麒麟补服、圆领衫、袍、短袖袍、背心、袴等	0
46	湖北广济张懋夫妇合葬墓	HBZM	正德十四年（1519）	张懋，曾为教书先生，弘治帝敕封其为"义宫"（虚位小官）	1983	湖北省博物馆	男装十余件（袍、裙、夹、深衣等）	13
47	河南杞县高高山明墓	HNGGS	嘉靖九年（1530）	张希义，三品兵马指挥	1956	不详	丝质衣服6件	0
48	广东广州东山梅花村象栏港戴缙夫妇墓	GDDJ	正德五年（1510）	戴缙，监察御史	1956—1957	广州博物馆	男、女装多件	1
49	四川巴中明墓	SCBZ	嘉靖（1522）以后	不详	1983	四川博物院	衣裤等	0
50	四川剑阁赵炳然墓	SCZBR	万历十二年（1584）	赵炳然，兵部尚书	1964	四川博物院	身穿衣服9层，边置衣服19件	0
51	贵州惠水明代墓	GZHS	不详	不详	不详	贵州省博物馆	交领衣、袍等	1
52	贵州思南张守宗夫妇墓	GZSN	万历三十一年（1603）	张守宗，户部山西司员外郎	1980	贵州省博物馆	丝织衣裙等37件，棉织服装12件	6
53	贵州玉屏明代曾凤彩墓	GZYP	天启六年（1626）	曾凤彩，县令	1978	贵州省博物馆	袍服2件	2
54	宁夏盐池冯记圈明墓	NXYC	万历（1573—1619）前后	M1，不详	1999	盐池县博物馆	男、女装25件（衫、圆领袍、褡护、裙、裤等）	12
			嘉靖三十三年（1554）	M2，杨钊，骠骑将军，正三品				
			万历（1573—1619）年间	M3，杨某及夫人，骠骑将军				

出土明代服装实物的墓葬地域分布

本文所进行的明代出土文物地区分布的整理，是根据当前中国行政区划分，同时参考明时的辖区范围，因这些省所辖地域在彼日今时有一定差异，如明时"陕西布政司"今日已改辖陕西、宁夏、甘肃部分区域等地。明初，地方行政区划分沿袭元代行省制度，自宣德三年（1428）以后，全国稳定的统治区域，分为十五个单位，称"两畿十三省"[❶]。"两畿"，也称"两京"，指北京与南京，亦称北直隶、南直隶。"十三省"是"十三布政司"的俗称，指山东、山西、河南、陕西、四川、湖广、江西、浙江、广东、广西、云南、贵州、福建。

这些地区的名称，除"湖广"之称改变外，其他称谓均沿用至今。本书所述及的服装文物范围出土于明时"两京十三省"，结合当今已知明代出土服装发掘情况，按今日行政区域划分对应省（自治区）、市如下：

（1）华北地区：北京市

（2）西北地区：宁夏回族自治区

（3）华东地区：江苏省、浙江省、上海市、福建省、江西省、山东省

（4）中南地区：河南省、湖北省、广东省

（5）西南地区：四川省、贵州省

出土服装实物材料的研究局限

在此，笔者拟探讨三个问题：第一，针对出土服装实物材料应用，其准确性是否百分百可靠？第二，现有的考古报告信息是否存有纰漏，怎样判断其准确性？第三，在研究时，对出土服装实物与传世服装实物的应用又会有什么样的异同？

首先，不容置疑的是埋葬于地下的诸多服装与其主人身份并不相配，不符合明代丧葬之制。尤其是在嘉万时期，官民着装僭越日盛，无视于官方制度对服装衣料、花样、色彩、胸背补子的等级约束，因此在应用此时期出土服装材料时，要格外注意服装文物等级与墓主身份的差异，也不可直接套用文献中的服装制度对其予以彻底否定。

其次，即便是出土服装，出土时的位置

有别，有的是直接穿于尸身，这类服装往往是专门的殓服，有惯用的定例制式，比如用僭越的补子来表达子孙对死者的尊敬。身穿的服装往往多达数层，如江苏泰州徐蕃墓，徐蕃上身穿8层衣服，下身穿2层裙、裤，徐蕃妻上身穿8层衣服，下身穿5条裙子。这样的多层服装穿着方法并非日常的着装方式，而是受汉民族传统重殓厚葬影响而致，对这类材料的应用，不可百分百的信任，需加以甄别；有的服装在棺木中是放在边置部位，如放于身侧、脚下、头边，这类服装作为殓服的可能性较小，往往是其生前最喜爱的服装，比如出嫁时的婚服，或男子生前品秩最高的补服等。因此，在对考古报告进行查阅时，应对文物出土的状态及位置进行格外关注。

❶
《明史》卷四十《地理志》云："洪武初，建都江表，革元中书省，以京畿应天诸府直隶京师。后乃尽革行中书省，置十三布政使司，分领天下府州县及羁縻诸司。"

再次，考古报告中所给出的文物尺寸数据，有的是在服装未修复展平状态下的测量结果，与原物多有误差，若涉及对文物尺寸的应用时，最好多与同墓葬的其他文物进行比较 图2-3。此外，受专业的限制，考古报告的撰写者在表述服装形制时，往往用非专业词汇命名，如将男子贴里称为"连衣裙"

等，类似问题，对研究者造成一定困扰，因此在阅读时更需提高辨识度。

最后，一些收录有明代出土服装的图册并未给出墓葬及文物的确切信息，这些文物有的尚未以考古报告形式公之于众，这类文物的墓葬年代、墓主身份等信息难以获得，也为本研究带来一定的限制。

图2-3　／　浙江嘉兴王店李家坟明墓出土圆领袍残片（中国丝绸博物馆藏）

已知公开的华北地区出土服装主要来自三座陵墓，均在北京。1368年，明军攻克元大都，改其名为北平府，洪武九年（1376），改北平为承宣布政使司（国家一级行政机构）驻地。洪武十三年（1380）燕王朱棣就藩北平，永乐元年（1403），建"北京"于北平，是为"行在"，又呼北直隶。永乐十九年（1421）正月，明朝中央政府正式迁都北京，以顺天府北京为京师，至明亡，北京作为明代首都，共计223年[1]。北京作为明代政治、文化中心和北方经济交流的大都会，留下众多文化遗产，关乎明代的陵墓发掘有帝王陵——定陵（1956至1958年发掘）；嫔妃墓——成化皇帝的万贵妃墓、万历皇帝的郑贵妃墓、天启帝和万历帝的妃嫔墓（董四村）、成化帝的妃子墓（镶红旗营）等；外戚墓——成化年间万贵夫妇合葬墓、正德年间夏儒夫妇墓、万历年间李伟夫妇合葬墓

[1] 明仁宗、英宗的部分时期，北京一度降为"行在"，京师复为南京应天府。

表 2-2　北京定陵出土服装样本表　单位：cm

织金妆花龙襕缎龙袍料（W260拼接成衣示意图）
领长 115　领宽 10
BJDL001　男装　文物原编号：W260

织金妆花龙襕缎龙袍料（W280拼接成衣示意图）
不详
BJDL002　男装　文物原编号：W280

黄缂丝十二章福寿如意衮服
身长 136　袖口宽 18
领宽 3.5　下摆宽 105
通袖长 233
BJDL003　男装　文物原编号：W232

绣四团龙云纹绸交领夹龙袍
身长 140　袖宽 56.5
袖口宽 18　通袖长 256
下摆宽 152
BJDL004　男装　文物原编号：W378

八吉祥纹妆绣四团龙圆领夹龙袍
身长 137　腰围 80
通袖长 236　下摆宽 159
袖宽 53　领宽 4.3
袖口宽 18
BJDL005　男装　文物原编号：W375

织金妆花缎衬褶袍
身长 134　下裳长 68
通袖长 240　下摆宽 160
袖宽 47　领宽 6.3
袖口宽 18
BJDL006　男装　文物原编号：W55

黄素绫大袖衬道袍
身长 126　袖口宽 18
通袖长 232　下摆宽 134
袖宽 54　领宽 6.5
BJDL007　男装　文物原编号：W351

织金妆花龙襕缎直身龙袍料（W248:1拼接成衣示意图）
不详
BJDL008　男装　文物原编号：W248:1

柘黄缎交领中单
身长 124　领宽 7
通袖长 168　下摆宽 185
袖宽 52.5
BJDL009　男装　文物原编号：W336:1

浅黄绸交领中单
身长 130　下摆宽 140
肩宽 45　领宽 6.4
袖根宽 41.5
BJDL010　男装　文物原编号：W346

黄绫圆领中单
身长 106.5　下摆宽 106
肩宽 43.5　开衩长 56
袖根宽 42.3
BJDL011　男装　文物原编号：W316

绿绫圆领中单
身长 109　袖口宽 18
通袖长 197　下摆宽 98.6
袖宽 39.6　开衩长 46
BJDL012　男装　文物原编号：W311:1

黄素罗绣六章裳
残裳长 82.5　腰高 8.2
残宽 160
BJDL013　男装　文物原编号：W407

红素罗蔽膝
上宽 25.7　长 64.5
下宽 41.2　腰高 5.2
BJDL014　男装　文物原编号：W407

绿绸立领女夹衣
衣长 62　腰宽 54
领高 4.2~7　袖宽 30
通袖长 160　下摆宽 62
BJDL015　女装　文物原编号：J146

等；以及众多太监墓等。

这三座明墓是：

（1）定陵（BJDL）。定陵是明神宗显皇帝朱翊钧（1563—1620年，年号万历）与其两位皇后（孝端、孝靖）的陵墓。定陵出土各种袍料、匹料和服饰等丝织品多达六百余件，其中衣物467件。此处所选样本为有清晰图片发布的实物（含复制品），以及绘制有文物复原图的样本25件 表2-2。

（2）北京南苑苇子坑明墓（BJNY）。墓主为夏儒夫妇，《明史·夏儒传》："夏儒，毅皇后父也。正德二年以后父封庆阳伯……十年以寿终，子臣嗣伯，嘉靖八年罢袭"。墓葬年代为正德十年（1515）出土服饰共计80余件，有图像信息的服装计18件 表2-3。

（3）北京丰台区长辛店618厂明墓（BJ618），墓主身份不详，为明中期墓葬，具体时间亦不详，出土服装有图像信息的计8件 表2-4。

褐缎立领女夹衣

衣长	76	腰宽	51.5
通袖长	246	下摆宽	75
袖宽	57	领高	3~6.5

BJDL016　　女装　　文物原编号：D39

妆花纱方领女夹衣

衣长	72	腰宽	53
通袖长	174	领宽	3
袖宽	47.3		

BJDL017　　女装　　文物原编号：J55:4

黄缎圆领女夹衣

衣长	68.5	腰宽	51
通袖长	198	下摆宽	72
袖宽	41.5	侧开衩长	24

BJDL018　　女装　　文物原编号：J145

艾绿绸圆领女丝绵袄

衣长	67	下摆宽	62
通袖长	160	侧开衩长	20
袖宽	31		

BJDL019　　女装　　文物原编号：D19:2

黄素绫裤

| 裤长 | 113.3 | 腰高 | 14 |
| 立裆 | 53.5 | 裤口宽 | 42.3 |

BJDL020　　男装　　文物原编号：W340:1

黄缎女夹裤

裤长	106		
立裆	40		
裤口宽	34		

BJDL021　　女装　　文物原编号：D109

黄缎女夹裤

裤长	116	腰高	22~26.5
立裆	43	侧开衩长	43
横裆	56		

BJDL022　　女装　　文物原编号：J159

黄素绢裙

| 裙长 | 90 | 腰宽 | 85 |
| 腰高 | 6 | 下摆宽 | 170 |

BJDL023　　女装　　文物原编号：J69:5

织金罗裙

| 裙长 | 101 | 下摆宽 | 213 |
| 腰宽 | 74 | 腰高 | 5.5 |

BJDL024　　女装　　文物原编号：D26

黄素绢大褶裙

| 裙长 | 87 | 下摆宽 | 160 |
| 腰围 | 100 | | |

BJDL025　　女装　　文物原编号：D10

注 文献来源：

①中国社会科学院考古研究所，定陵博物馆，北京市文物工作队. 定陵［M］. 北京：文物出版社，1990.

②王秀玲. 定陵出土的丝织品［J］. 江汉考古，2001（2）：80-88.

③王丽梅. 明定陵出土丝织品纹样初探［J］. 故宫学刊，2012（1）：132-145.

④北京昌平区十三陵特区办事处. 定陵出土文物图典［M］. 北京：北京出版社出版集团，北京美术摄影出版社，2006.

表 2-3　北京南苑苇子坑明墓出土服装样本表　单位：cm

 四合云地柿蒂窠过肩蟒妆花缎袍

身长　132　胸围　116
通袖长　266

BJNY001　男装

 云龙妆花绸袍

不详

BJNY002　男装

 云龙妆花绸朝袍

不详

BJNY003　男装

 云龙妆花缎夹袍

不详

BJNY004　男装

 云龙妆花纱袍

不详

BJNY005　男装

 柿蒂窠过肩蟒妆花罗袍

身长　141　胸围　120
通袖长　266　膝襕宽　17

BJNY006　男装

 云龙妆花罗袍

不详

BJNY007　男装

 钉云凤补缠枝莲暗花缎袍

不详

BJNY008　男装

 浅驼色四合云地过肩蟒妆花纱单衣

衣长　69　袖口宽　13
胸围　92　袖口镶边　3
袖宽　36　立领高　8.5

BJNY009　女装

 钉绣云龙缎夹上衣

不详

BJNY010　女装

 云龙妆花纱夹上衣

不详

BJNY011　女装

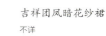 缠枝莲暗花缎绵上衣

不详

BJNY012　女装

 云纹暗花缎夹上衣

不详

BJNY013　女装

 云龙妆花缎夹上衣

不详

BJNY014　女装

 吉祥团凤暗花纱裙

不详

BJNY015　女装

 云龙妆花绸裙

不详

BJNY016　女装

缠枝莲花缎裙

不详

BJNY017　女装

绣云凤霞帔

不详

BJNY018　女装

注　文献来源：
1 北京市文物工作队. 北京南苑苇子坑明代墓葬清理简报［J］. 文物，1964（11）：45-50.
2 北京市文物局，《北京文物精粹大系》编委会. 北京文物精粹大系·织绣卷［M］. 北京：北京出版社，2001.
3 北京市文物研究所. 北京考古四十年［M］. 北京：燕山出版社，1990.

表 2-4　北京丰台区长辛店618厂明墓出土服装样本表 单位: cm

驼色暗花缎织金鹿纹
方补斜襟短棉袄

| 衣长 | 85.5 | 领宽 | 8 |
| 通袖长 | 206 | 袖肥 | 34 |

BJ618001　　女装

酱色方格纹暗花缎
斜襟夹袄

| 衣长 | 75 | 袖宽 | 29 |
| 通袖长 | 217 | 袖口镶边宽 | 4 |

BJ618002　　女装

驼色暗花缎织金团凤
方补女上衣

衣长	71	补子长	30
通袖长	213	补子宽	27.5
褶长	41		

BJ618003　　女装

杂宝花卉纹缎半臂

衣长	86	三角下摆长	24.5
肩宽	59.5		
胸宽	52.5		

BJ618004　　女装

驼色缠枝莲地凤裥
妆花缎裙

| 裙长 | 94 | 幅宽 | 60 |
| 每片长 | 221 | 裙襕宽 | 12 |

BJ618005　　女装

卍字地西番莲纹
暗花缎裙

| 裙长 | 94 | 腰高 | 7 |
| 腰围 | 120 | 马面宽 | 36 |

BJ618006　　女装

浅驼色四合连云纹
暗花缎裙

| 裙长 | 96 |

BJ618007　　女装

褐色缠枝四季花卉纹暗
花缎裙

| 裙长 | 95 |

BJ618008　　女装

注 文献来源:
北京市文物局,《北京文物精粹大系》编委会. 北京文物精粹大系·织绣卷 [M]. 北京: 北京出版社, 2001.

今日的华东地区在明朝时为南京直隶与浙江省所辖，不仅生态富庶，经济、文化发达，而且纺织工艺技术领先全国，著名的江宁织造局、苏州织造局、杭州织造局即设于南京、苏州与杭州，此外在绍兴府、严州府、金华府、衢州府、台州府、温州府、宁波府、湖州府、嘉兴府、镇江府、松江府、徽州府、宁国府、广德府这些地方官府也都设有织染局。随着纺织工艺的发展和商品贸易的扩大，一些纺织业大市镇的繁华，为整个江南地区带来了丰厚的遗泽。这些地区的明代墓葬数量众多，且多有精美纺织品出土。华东地区出土有明代服装的省市有：江苏省、浙江省、上海市、江西省、山东省、福建省。

江苏省明墓出土服装

▼ 南京明墓出土服装

洪武元年（1368）八月，太祖朱元璋诏以应天府为南京，作为明代首都，历经洪武、建文、永乐三朝，共计53年。1421年永乐帝迁都北京，南京自此作为"留都"，又呼南直隶。南京与丝绸织造的关联极为密切，设立于此的南京内织染局，简称南局，掌染造御用及宫内应用缎匹、绢帛之类，外织染局织造政府公用丝绸，此外，还有神帛堂专门织造祭祀用神帛。南京的帝王陵有开国皇帝朱元璋及马皇后合葬的孝陵，此外还有众多王公贵族、皇亲国戚及内臣外官的墓葬，集中于今日钟山及雨花台区与江宁区。诸多开国功臣赐葬于南京，如明朝开国功臣中山王徐达、开平王常遇春、岐阳王李文忠等。

有清晰图片发布或实物展出的南京出土服装见于南京市博物馆基本陈列《云裳簪影——馆藏宋明服饰展》及《明朝首饰冠服》一书，计有11件。

（1）编号为JSNJB001~005为南京市博物馆征集文物。

（2）JSNJX001~004出土于南京太平门外板仓徐俌夫妇墓，墓主徐俌为徐达五世孙，生于景泰元年（1450），袭封魏国公，墓葬年代为正德十二年（1517）。

（3）JSNJW001~002出土于南京中华门外邓府山王志远墓，邓府山一代为明代成化、弘治年间王氏家族墓地，该家族在南京很有名望，世代居武官，功绩显著 表2-5。

表 2-5 江苏南京明墓出土服装样本表 单位：cm

麒麟纹曳撒 不详 JSNJB001 男装	梅花纹缎袍 不详 JSNJB002 男装	素缎仙鹤纹缎补服 身长 130 JSNJB003 男装
花卉杂宝纹曳撒 身长 130 JSNJB004 男装	织金缎蟒龙纹曳撒 身长 141 JSNJB005 男装	如意云地天鹿补服 身长 150 领宽 12 下摆宽 149 JSNJX001 男装
水云纹缎袍 身长 127 JSNJX002 男装	素缎麒麟补服 身长 153 下摆宽 120 领宽 22 JSNJX003 男装	杂宝纹短袖长袍 身长 129 袖宽 34 JSNJX004 男装
祥云纹缎袍 身长 140 JSNJW001 男装	素缎棉袍 身长 135 JSNJW002 男装	

注 文献来源：
① 南京市博物馆"云裳簪影——馆藏宋明服饰展"常设展览，同名展览图录。
② 南京市博物馆. 明朝首饰冠服［M］. 北京：科学出版社，2000.

▼ 泰州明墓

泰州在历史上是盐运和粮运的重镇，明时经济文化繁荣。自二十世纪七八十年代至今，泰州地区陆续发现了十几座明墓，其中七座墓葬中相继出土了三百余件服饰，按发掘时间先后分别是：

（1）胡玉墓（JSTZH），墓主胡玉，地方志记载其为明成化年间进士，后官至陕西布政司右参议，为正四品官员，逝于弘治十三年（1500）。

（2）徐蕃夫妇墓（JSTZX），徐蕃为明弘治年间进士，后官至工部右侍郎，为正三品官员。其妻张盘龙，生前被封为淑人，夫妇二人同时葬于嘉靖十三年（1534）。

（3）刘湘夫妇墓（JSTZLX），墓主为泰州处士刘湘夫妇，葬于嘉靖末年。

（4）刘鉴家族墓（JSTZLJ），这一家族墓包括刘鉴及其妻田氏合葬墓，及其长子刘济夫妇合葬墓。刘鉴亡于正德十五年（1520），葬于嘉靖二年（1523）。

（5）森森庄明墓（JSTZS），为夫妇合葬墓。以上明墓共出土服饰300余件，此处选取43件作为研究样本 表 2-6。

表 2-6 ♀ 江苏泰州明墓出土服装样本表 单位：cm

四合云花缎褡护

| 身长 | 134 | 腰围 | 130 |
| 通袖长 | 74.5 | 下摆围 | 400 |

JSTZH001　男装

蓝布夹围裳

| 长 | 58 | 下摆围 | 472 |
| 腰围 | 132 | 马面宽 | 34 |

JSTZH002　男装

蓝布裤

| 裤长 | 103 | 裤口宽 | 29 |
| 腰围 | 116 | | |

JSTZH003　男装

褶袍

不详

JSTZLX001　男装

狮子纹补服

身长	135	下摆宽	105
通袖长	229	腰带长	285
腰宽	70	腰带宽	7

JSTZLX002　女装

交领右衽鱼肚袖素缎袄

不详

JSTZLX003　男装

花罗夹袍

| 身长 | 110.5 | 腰宽 | 70 |
| 通袖长 | 222 | 下摆宽 | 136 |

JSTZLX004　男装

花缎缝腋

身长	140	腰宽	73
通袖长	237	下摆宽	142
贴边宽	12.5		

JSTZLX005　男装

素绸大褶

不详

JSTZLX006　男装

花缎中单

不详

JSTZLX007　男装

素绸衫子

| 衣长 | 88 | 腰宽 | 66 |
| 通袖长 | 150 | 下摆宽 | 89 |

JSTZLX008　女装

素绸棉背心

| 衣长 | 49 | 腰宽 | 51 |
| 肩宽 | 37 | 下摆宽 | 53 |

JSTZLX009　女装

花缎围裳

裳长　56

JSTZLX010　男装

八宝纹绸裤

不详

JSTZLX011　男装

素绸夹袄

不详

JSTZLX012　男装

花缎夹袄

| 衣长 | 62 | 腰宽 | 51 |
| 通袖长 | 154 | 下摆宽 | 66 |

JSTZLX013　女装

直裰

不详

JSTZLX014　男装

素缎麒麟补袄

| 衣长 | 94 | 腰宽 | 68 |
| 通袖长 | 237 | 下摆宽 | 103 |

JSTZLX015　女装

素绸棉裤

| 裤长 | 87 | 裤脚宽 | 31 |
| 腰宽 | 49 | 腰侧开衩长 | 29 |

JSTZLX016　女装

花缎单裤

| 裤长 | 96 | 裤脚宽 | 41 |
| 腰宽 | 61 | 腰侧开衩长 | 38 |

JSTZLX017　女装

八宝纹绸袄

不详

JSTZLJ001　—

织金缎麒麟纹补服

衣长	89	袖口宽	16
通袖长	203	领宽	9
袖宽	68		

JSTZS001　女装

素绸单袍

| 身长 | 135 | 胸宽 | 80 |
| 通袖长 | 249 | 领宽 | 11 |

JSTZS002　男装

绸直摆

| 身长 | 138 | 胸宽 | 76 |
| 通袖长 | 249 | 下摆宽 | 117 |

JSTZS003　男装

花缎夹袍

| 身长 | 140 | 袖口宽 | 60 |
| 袖宽 | 80 | | |

JSTZS004 女装

素缎单袍

| 身长 | 120 | 胸宽 | 74 |
| 通袖长 | 242 | 下摆围 | 404 |

JSTZS005 男装

花缎金线裙

| 裙长 | 89 | 襕宽 | 9 |

JSTZS006 女装

花缎袄

衣长	74	袖口宽	21
通袖长	204	腰宽	61
袖宽	49		

JSTZX001 男装

孔雀补袍

身长	147	袖口宽	17.5
通袖长	233	腰宽	81
袖宽	50		

JSTZX002 男装

四合云花缎裙

| 裙长 | 84.5 | 下摆围 | 480 |
| 腰围 | 122 | 马面宽 | 3 |

JSTZX003 女装

裙

不详

JSTZX004 女装

八宝缎仙鹤纹补服

衣长	75	袖口宽	17
通袖长	176	腰宽	64
袖宽	52	下摆宽	85

JSTZX005 女装

八宝花缎裙

裙长	93	马面宽	38
腰长	126	白布腰带长	60
下摆围	426		

JSTZX006 女装

裙

不详

JSTZX007 女装

妆花缎棉袄

不详

JSTZX008 —

八宝花缎褶子

身长	135	袖口宽	17
通袖长	240	腰宽	67
袖宽	42		

JSTZX009 男装

素绸裤

| 裤长 | 80 | 腰围 | 70 |
| 裤脚宽 | 36 | | |

JSTZX010 女装

素缎短襦

衣长	65	袖宽	30
通袖长	134	袖口宽	12
领高	8.5		

JSTZX011 女装

麒麟补袍

身长	124	袖口宽	16
通袖长	220	腰宽	60
袖宽	50		

JSTZX012 女装

梅花纹花缎裙

裙长	84	马面宽	36
腰围	122	白布腰高	6
下摆围	422		

JSTZX013 女装

八宝纹绸长衫

| 身长 | 130 | 袖宽 | 39 |
| 通袖长 | 84 | 腰宽 | 75 |

JSTZX014 男装

素绸夹袄

不详

JSTZX015 男装

花缎围腰

| 裳长 | 63 | 腰高 | 8 |
| 腰围 | 123 | 下摆围 | 388 |

JSTZX016 男装

注 文献来源：

①图片拍摄自泰州博物馆"大明衣冠——泰州出土明墓服饰专题展"，中国海盐博物馆"衣冠明道——泰州
明墓出土服饰展"（2014年）。

②解立新. 泰州出土明代服饰样式漫谈［J］. 东方收藏，2012（1）：22-25.

③解立新. 江苏泰州出土明代服饰综述［J］. 艺术设计研究，2015（1）：40-48.

④泰州市博物馆. 江苏泰州明代刘湘夫妇合葬墓清理简报［J］. 文物，1992（3）：66-77.

⑤泰州市博物馆. 江苏泰州森森庄明墓发掘简报［J］. 文物，2013（11）36-49.

⑥泰州市博物馆；黄炳煜. 江苏泰州西郊明胡玉墓出土文物［J］. 文物，1992（8）：78-89.

⑦李英华. 从江苏泰州出土文物看明代服饰［J］. 收藏家，1995（5）：28-30.

⑧泰州市博物馆. 江苏泰州明代徐蕃夫妇墓清理简报［J］. 文物，1986（9）：1-15.

▼ 苏州明墓

苏州地处江南腹地，为织造之乡，明时"三织造"之一的苏州织染局即设立于此，专门织造上用、内府用丝绸。已知苏州出土明代服装实物见于苏州博物馆、苏州丝绸博物馆。其中较有代表性的为：

（1）JSSZB001～003见于《中国织绣服饰文物全集4：历代服饰卷（下）》有苏州博物馆藏明代服装3件，主人信息不详。

（2）JSSZH001～-004选自1978年发掘的苏州虎丘明墓，墓主身份及墓葬年代不详，选取的4件样本在报告中绘制有款式图。

（3）JSSZW001选自苏州虎丘王锡爵夫妇合葬墓，墓主王锡爵为万历年间首辅，逝于万历三十八年（1610），葬于万历四十一年（1613），选取出土服装样本1件。综上所述，共选取苏州地区明墓服装样本8件。表2-7。

表2-7　江苏苏州出土明代服装样本表　单位：cm

四合如意云纹宽花缎绣云龙肩通袖柿蒂形衬褶袍
不详

JSSZB001　　不详

黄色四合如意云纹缎交领袍
身长　124　下摆宽　120
通袖长　240

JSSZB002　　男装

行云流水纹绸绵袍
身长　124　下摆宽　120
通袖长　240

JSSZB003　　男装

真丝盘领右衽袍
身长　128
袖宽　45

JSSZH001　　男装

真丝合领夹衫
身长　125　袖宽　47
通袖长　176

JSSZH002　　男装

真丝交领右衽短袖单衫
身长　124　袖宽　47
通袖长　116

JSSZH003　　男装

真丝交领右衽单衫
身长　120　袖宽　40
通袖长　222

JSSZH004　　男装

缎官服
身长　134
袖宽　60

JSSZW001　　男装

注　文献来源：
① 陈晓启. 中国服饰收藏与投资全书（全三册）[M]. 天津：天津古籍出版社，2006.
② 常沙娜. 中国织绣服饰全集4：历代服饰卷（下）[M]. 天津：天津人民美术出版社，2004.
③ 苏州博物馆. 苏州虎丘明墓清理简报 [J]. 东南文化，1997（1）：41-44.

▼ 常州、武进、无锡、江阴明墓

明时的常州府属于南直隶，下辖武进、无锡、江阴、宜兴、靖江五县，是三吴重镇。今日的常州市出土有服装的明墓两座：

（1）常州市广成路明墓（JSCZ），墓主毕宗贤，逝于弘治七年（1494）。据考古报告，男性墓主出土时身穿补服，遗憾的是补服破损严重，仅存两幅白鹇图案的织成胸背补子，所载尺寸为正面补子长37.5cm、宽34.5cm，背面补子长38cm、宽34cm。

（2）常州市武进区王洛家族墓（JSWJ），王洛生于明天顺八年（1464），卒于明正德七年（1512）；其妻盛氏，生于天顺三年（1459），卒于嘉靖十九年（1540）；其仲子王昶生于弘治八年（1495年），卒于嘉靖十七年（1538），其原配、继配、妾三人生卒年实考，推断墓葬年代为嘉靖至万历年间。《天孙机杼——常州明代王洛家族墓出土纺织品研究》对不同墓葬的服装进行了明确记述与分类，并注有尺寸，品类有袄、袍、衫、裤、裙等类。M1b（王洛妻墓）出土丝织品共31件，其中丝绸服装22件；M2出土丝织品35件，其中M2c（王昶继配徐氏墓）有丝绸服装25件，M2b出土丝绸服装残片两组，一为环编绣花卉纹缎残片，一为凤穿牡丹莲花织金裙残片。本书选取武进王洛家族墓服装样本5件 表2-8。

无锡明代出土服装见有3处：

（1）无锡博物馆藏（JSWXB）出土明代服装1件，信息不详。

表2-8 **江苏常州武进王洛家族墓出土服装样本表** 单位：cm

杂宝折枝花缎棉裤

| 裤长 | 80 | 裤脚宽 | 33 |
| 腰宽 | 84 | | |

JSWJ001　女装　文物原编号：M2c:38

落花流水花缎衫

衣长	100	袖宽	64
通袖长	210	袖口宽	15
领高	4.5	腰宽	60
袖腋宽	35		

JSWJ002　女装　文物原编号：M2c:19

如意云折枝花缎单衫

衣长	112	袖宽	67.5
通袖长	236	袖口宽	16
领宽	8	腰宽	66
袖腋宽	35		

JSWJ003　女装　文物原编号：M2c:42

四合如意云纹花缎织金狮子补服

衣长	86.5	袖腋宽	49
通袖长	236	袖口宽	15
领宽	10	腰宽	70

JSWJ004　女装　文物原编号：M1b:38

素绫织金龙纹短袖夹衫

衣长	89	袖腋宽	32
领宽	3.5	袖口宽	41.5
领深	11	腰宽	58
通袖长	118	下摆宽	81

JSWJ005　女装　文物原编号：M1b:25

注 文献来源：
① 武进市博物馆. 武进明代王洛家族墓［J］. 东南文化，1999（2）：28-36.
② 华强，张宇. 常州明代王洛墓家族出土纺织品纹饰研究［J］. 创意与设计，2015（2）：61-65.
③ 华强，罗群，周璞. 天孙机杼——常州明代王洛家族墓出土纺织品研究［M］. 北京：文物出版社，2017.
④ 图片拍摄于武进博物馆"史河流韵""明清遗珍"常设展览。

（2）无锡七房桥钱樟夫妇墓（JSWXQ），出土有上衣、袍等。

（3）无锡周氏墓（JSWXZ），墓葬年代为永乐年间，出土有女上衣、裙等。

江阴明代出土服装见有5处：

（1）江阴博物馆藏20世纪70年代明墓（JSJYB）出土服装1件。

（2）江阴叶家宕周溥墓（JSJYY），出土有棉麻绫衣物，虽绫织物已朽，但现存棉麻服装形制可作为明代服装研究之借鉴。

表 2-9 **江苏无锡、江阴明墓出土明代服装样本表** 单位：cm

图片	名称	尺寸	编号	性别
	窄袖对襟衫	不详	JSWXB001	女装
	镶菱格纹织金纱花边绢袄	衣长 70　袖口宽 16　通袖长 180	JSWXQ001	女装
	卍字田格纹绮长袖夹衣	衣长 61　袖宽 29.5　通袖长 184　下摆宽 85	JSWXZ001	女装
	绣缘素罗半袖衫	衣长 62　袖宽 30　通袖长 118	JSWXZ002	女装
	绢裙	裙长 88　裙单片宽 195	JSWXZ003	女装
	对襟绸上衣	衣长 55　下摆宽 90　通袖长 134	JSJYB001	女装
	素缎仙鹤补服	补子长 36　补子宽 36	JSJYX001	男装　文物原编号：M1G1:6
	祥云孔雀补服	身长 97　腰宽约 60　袖口宽 52	JSJYX002	男装　文物原编号：M2:6
	青布大裪	身长 103　袖口宽 12　通袖长 185　领宽 9.5　袖宽 28	JSJYY001	男装　文物原编号：M3:1
	麻布单裙	裙长 54　带长 45　腰围 90	JSJYY002	男装　文物原编号：M3:8
	麻布裤	裤长 65　裤脚宽 22　腰宽 40	JSJYY003	男装　文物原编号：M3:9

注　文献来源：
① ZHAOFENG, Early Ming Women's Silks and Garments from the Lake Tai Region [J], Orientations, 2014, 45（6）: 2–11.
② 金琳. 云想衣裳：六位女子的衣橱故事 [M]. 香港：艺纱堂，2007.
③ 江阴博物馆. 江苏江阴明代薛氏家族墓 [J]. 文物，2008（1）：35–42.
④ 常沙娜. 中国织绣服饰全集4：历代服饰卷（下）[M]. 天津：天津人民美术出版社，2004.
⑤ 江阴博物馆. 江苏江阴叶家宕明墓发掘简报 [J]. 文物，2009（8）：30–45.

此外，此墓有随葬"衣物疏"，记录有重要的服装称谓信息。

（3）江阴陆氏家族墓（JSJYL），陆氏卒于永乐年间，该墓出土有墨书"衣物疏"2份，陆勋墓出土有衣物多件，考古报告载有尺寸，但无配图。

（4）江阴磨盘墩承天秀墓（JSJYC），随葬衣物三十余件，服装均有尺寸记录，但无配图。

（5）江阴薛氏家族墓（JSJYX），出土重要服装有仙鹤补袍、孔雀补袍、短袖长袍等。

本书选取无锡、江阴出土明代服装样本共计11件 _{表2-9}。

▼ 江苏其他地区明墓

江苏淮安王镇夫妇墓（JSHA），墓主王镇，生于永乐，葬于弘治九年（1496），身份为处士，该墓出土的衣物等随葬品30余件，服装有棉质和丝质两种。此外镇江（JSZJ）、扬州（JSYZ）西郊也有明墓出土，这三地所选服装研究样品共5件 _{表2-10}。

表2-10 江苏其他地区（淮安、镇江、扬州）出土服装样本表　单位：cm

图片	名称	尺寸	编号	类别
	四合云绸长衫	身长 138　袖宽 42.7 领高 11　袖口宽 18 通袖长 252.5	JSHA001	男装
	素绸棉袄	衣长 77　通袖长 236 领高 9.8　袖宽 38	JSHA002	男装
	交领女短上衣	不详	JSZJ001	女装
	女裙	不详	JSZJ002	女装
	圆领大袖衫	不详	JSYZ001	男装

注　文献来源：
①江苏省淮安县博物馆. 淮安明代王镇夫妇合葬墓清理简报［J］. 文物，1987（3）：1-15.
②常沙娜. 中国织绣服饰全集4：历代服饰卷（下）［M］. 天津：天津人民美术出版社，2004.

浙江省明墓出土服装

（1）桐乡濮院杨家桥明墓（ZJTX），墓主杨青为河南按察使佥事，出土文书表示有"天顺五年"字样，出土有袍、背心、裙等男装。

（2）嘉兴王店镇李家坟明墓葬群（ZJJX），根据M1出土的墓志铭，已知墓葬时代为明嘉靖时期，M2为墓主文林郎李湘，M3为其正妻，M1和M4为李湘之妾，出土服饰有袍7件、衣4件、衫3件、裙6条。本书选取浙江地区明墓出土服装样本共计21件表2-11。

表 2-11 ♀ 浙江桐乡出土明代服装样本表　单位：cm

四合如意云纹缎袍		
身长	135	袖口宽 15
通袖长	230	领宽 3
袖宽	27	

ZJTX001　男装

素纹缎袍		
身长	130	通袖长 220
上衣长	65	袖长 82
下裳长	65	袖口宽 15

ZJTX002　男装

背心		
长	62	镶领长 28
宽	59	镶领边宽 9

ZJTX003　男装

如意云纹缎裙

裙长　71　下摆宽　135

ZJTX004　男装

云纹绸大袖袍

不详

ZJJX001　男装　文物原编号：M2:5

四季花蜂缎大袖衫

不详

ZJJX002　女装　文物原编号：M3:21

云纹绸交领袍

不详

ZJJX003　男装　文物原编号：M2:11

万字曲水纹绸对襟上衣	
衣长 85	袖宽 28
胸宽 55	

ZJJX004　女装　文物原编号：M1:19-1

对襟绢衣

不详

ZJJX005　女装　文物原编号：M1:23

万字菱格螭虎纹绸 对襟上衣	
衣长 92	胸宽 62
袖宽 34	

ZJJX006　女装　文物原编号：M1:19-2

麒麟绣补松竹梅绸 大袖衫	
衣长 95	袖宽 60
胸宽 70	袖口宽 22.5
通袖长 234	

ZJJX007　女装　文物原编号：M3:24

平安如意万字杂宝纹 织金绸裙	
裙长 77	襕宽 11
下摆宽 204	

ZJJX008　女装　文物原编号：M3:26

万字菱格螭虎纹绸裙

不详

ZJJX009　女装　文物原编号：M1:25

折枝凤凰麒麟奔马
织金缎裙

裙长　84　下摆宽　176

ZJJX010　女装　文物原编号：M3:17

曲水双螭蕉石仕女
织金绸裙

不详

ZJJX011　女装　文物原编号：M1:21

四季花蝶万字杂宝
织金绸裙

裙长　76　下摆宽　200

ZJJX012　女装　文物原编号：M1:24

绢裙

不详

ZJJX013　女装　文物原编号：M1:22

菱格螭纹绸裤

裤长　73　裤脚宽　32
立裆　41

ZJJX014　女装　文物原编号：M4:16

云鹤团寿纹绸环编绣
獬豸补大袖袍

身长　120　袖口宽　18
通袖长　224　补子高　35
袖宽　58　补子宽　35

ZJJX015　女装　文物原编号：M2:8

曲水地团凤织金双鹤
胸背大袖衫

身长　94　袖根宽　38
通袖长　220

ZJJX016　女装　文物原编号：M4:7

四季蜂蝶绸对襟衣

衣长　94　袖宽　21
通袖长　174

ZJJX017　女装

注　文献来源：

① 桐乡市博物馆；周伟民. 桐乡濮院杨家桥明墓发掘简报［J］. 东方博物，2007（4）：49-57.
② 嘉兴博物馆；吴海红. 嘉兴王店李家坟明墓清理报告［J］. 东南文化，2009（2）：53-62.
③ 嘉兴博物馆"生活在明代——嘉兴地区馆藏明墓出土文物展"（2014年）。
④ 中国丝绸博物馆"梅里云裳——嘉兴王店明墓出土服饰中韩合作修复与复原展"（2019年）。

上海市明墓出土服装

上海，明时为松江府所辖，出土有服装的上海明墓有如下几处：

（1）光禄寺少卿顾从礼家族墓(SHGCL)，M5顾从礼墓出土有白鹭补一方，M4为其父太医院御医顾东川夫妇墓，出土有白鹭补一方，其妻棺内遗物有霞帔、饰件11件。

（2）上海县（今闵行区）顾守清、张永馨道士墓（SHGSQ），墓主身份为道士，随葬的度牒所记录时间为正德二年（1507），出土服装保存较好的有3件，形制有交领连衫衣、交领四袴衫等，此处选取1件作为研究样本。

（3）黄孟瑄夫妇墓（SHHMX），墓主黄孟瑄，身份为处士，生于永乐二十二年（1424），葬于成化十六年（1480），考古档案中载出土服装有彩云缎夹袄、缠枝莲缎裙、粗绸丝绵袄、细绸素裙、素绸夹袄、彩云纹缎袍、粗素绸夹袍等物，未见有服装图片。

（4）卢湾区潘氏墓（SHPYH），该家族墓潘允徵夫妇墓出土有补子5方，墓主潘允徵官至光禄寺掌醢署监事，补子花样为黄鹂，长38cm，宽36cm。

（5）河南府推官诸纯臣夫妇墓(SHZCC)，墓主诸纯臣生于嘉靖十一年（1532），卒于万历二十九年（1601），生前曾任文林郎、河南府推官等职，以操守清介留名，该墓出土有其服装5件、鹭鸶补2件。诸纯臣妻杨氏生于嘉靖十五年（1536），卒于天启四年（1624），遗憾的是出土服装仅剩残片。选取诸纯臣3件服装作为研究样本。综上所述，共选取上海地区明墓出土服装样本4件表2-12。

表2-12 **上海出土明代服装样本表** 单位：cm

交领连衫丝绵衣
身长 110　通袖长 236
SHGSQ001　男装

绸夹丝绵半臂
身长 108
SHZCC001　男装　文物原编号：M2:9

缠枝莲花纹绸夹丝绵衣
身长 104
SHZCC002　男装　文物原编号：M2:10

银白色八宝纹绸夹衫
身长 124
SHZCC003　男装　文物原编号：M2:13

注 文献来源：
①何继英，上海市文物管理委员会. 上海明墓［M］. 北京：文物出版社，2009.
②何继英. 上海明墓出土补子［J］. 上海文博论丛，2002（2）：36-39.
③上海市文物管理委员会. 上海市郊明墓清理简报［J］. 考古，1963（11）：620-622.
④上海市文物保管委员会. 上海市卢湾区明潘氏墓发掘简报［J］. 考古，1961（8）：425-434.

江西省明墓出土服装

明代分封在江西的藩王有宁系、淮系、益系。已知出土有服饰的江西明墓有：

（1）德安熊氏墓（JXDAX），墓主熊氏生于成化十八年（1482），卒于嘉靖十六年（1537），该墓出土有麻织物9件、棉织品37件、丝织品22件，其中服装有练鹊补服、衣、裙等。报告中无服装实物图片，仅有尺寸记录。

（2）南昌宁靖王夫人吴氏墓（JXNJW），墓主吴氏为宁靖王夫人，生于正统四年（1439），卒于弘治十五年（1502），葬于弘治十七年（1504），该墓出土服装多件，另有大衫、霞帔、衣、裙，组成完整的礼服配伍，是极为重要的明代服装实物资料。本书选取12件作为研究样本。

（3）九江荷叶墩万黄氏墓（JXWHS），墓主万黄氏为明代诰封恭人，其墓发现有衣裙袍裤64件。选择其中1件黄绮折枝花卉女单衣作为研究样本。

（4）明代布政使吴念虚夫妇合葬墓（JXWNX），墓主吴念虚及妻何氏生于嘉靖二十六年（1547），分别卒于万历四十二年（1614）和万历三十八年（1610），考古报告载出土有仙鹤补大袖宽袍和绸裤、裙等，但形制难辨。

（5）新余明墓（JXXY），两座明墓出土各类棉质服装和丝质服装共117件，因已知信息有限，仅选1件文物作为研究样本。

（6）玉山夏浚墓（JXYSX），墓主夏浚曾任广西参政，卒于嘉靖四十年（1561），出土褶服6件及獬豸补，另有重要出土文物为典服清单，为服饰称谓考证提供了极有价值的信息。

（7）南城益宣王朱翊鈏夫妇合葬墓（JXYXW），墓主朱翊鈏生于嘉靖十六年（1537），卒于万历三十一年（1603），报告中载出土其袍服12件，袍料数匹，本书选择数据及图像齐备的6件作为研究样本；继妃孙氏生于嘉靖二十二年（1543），卒于万历十年（1582），报告中载出土服装和袍料数匹，本书选择数据及图像齐备的8件服装作为研究样本。

（8）广丰郑云梅墓（JXZYM），墓主郑云梅生前曾任象州刺史，生于嘉靖三十一年（1552），卒于万历四十二年（1614），其墓出土服饰13件，有圆领袍、交领袍、褶子、道袍等。综上所述，本书共选取江西地区出土明代服装29件为样本 表2-13。

表 2-13 　江西出土明代服装样本表　单位：cm

素缎大衫

| 前身长 | 123 | 后身长 | 138 |
| 前下摆宽 | 152 | 后下摆宽 | 206 |

JXNJW001　女装　文物原编号：NJM:33

妆金团凤纹鞠衣

衣身通长	125	上衣身长	53.5
通袖长	235	袖根宽	27.5
下裙长	71.5	袖口宽	16

JXNJW002　女装　文物原编号：NJM:32

折枝暗花缎地织金妆花
八宝缨络云肩夹袄上衣

衣长	62	袖宽	32
通袖长	210	袖口宽	17
领宽	10.5	下摆宽	58

JXNJW003　女装　文物原编号：NJM:59

折枝小花纹缎夹袄

衣长	57	下摆宽	56
通袖长	208	领宽	9.5
袖宽	25.5	侧开衩长	约15
袖口宽	14		

JXNJW004　女装　文物原编号：NJM:72

骨朵云丝布单衣

衣长	58	下摆宽	57
通袖长	211	领宽	10.5
袖宽	31	侧开衩	16.5

JXNJW005　女装　文物原编号：NJM:43

八宝团凤纹缎地妆金
凤纹云肩通袖夹袄

衣长	59	下摆宽	58
通袖长	208	领宽	9
袖宽	35	开叉长	14.5
袖口宽	16		

JXNJW006　女装　文物原编号：NJM:32

龟背卍字纹绢夹袄

衣长	57	下摆宽	58
通袖长	202	领宽	9
袖口宽	11		

JXNJW007　女装　文物原编号：NJM:44

八宝团凤纹缎地妆金
凤纹云肩通袖夹袄

衣长	59	袖口宽	16
通袖长	208	下摆宽	58
袖宽	35	领宽	9

JXNJW008　女装　文物原编号：NJM:58

团窠双龙戏珠纹
暗花缎裙

裙长	86	裙片宽	228
腰高	7.4	马面宽	27
系带长	42		

JXNJW009　女装　文物原编号：NJM:50

八宝团凤云膝襕裙

| 裙长 | 87 | 裙片宽 | 202 |

JXNJW010　女装

折枝花卉纹缎地织金
云凤纹裙（局部）

| 裙长 | 85 |

JXNJW011　女装　文物原编号：NJM:25

压金彩绣凤纹霞帔

| 长 | 245 | 宽 | 13 |

JXNJW012　女装　文物原编号：NJM:31

黄绮折枝花卉女单衣

| 身长 | 96 | 袖口宽 | 37.5 |
| 通袖长 | 196 | 下摆宽 | 69 |

JXWHS001　女装

右衽夏布圆领衫

不详

JXXY001　男装

黄缎绣花长夹袍

身长	125	腰宽	60
通袖长	192	下摆宽	120
袖宽	45		

JXYXW001　男装　文物原编号：8653

黄锦绣花夹袍

身长	122	腰宽	55
通袖长	230	下摆宽	95
袖宽	50		

JXYXW002　男装　文物原编号：8654

黄锦团龙补服

身长	122	袖宽	50
通袖长	230	腰宽	60
领缘宽	4	下摆宽	120

JXYXW003　男装　文物原编号：8655

四爪团龙袍

身长	127	腰宽	55
袖宽	50	下摆宽	92
袖口宽	18		

JXYXW004　男装　文物原编号：8754

黄锦绣花夹袍

身长	116	腰宽	56
肩通袖长	230	领宽	10
袖口宽	15		

JXYXW005　　男装　　文物原编号：8656

黄锦绣通袖袍

身长　125

JXYXW006　　男装　　文物原编号：K2122

黄锦右衽衫

衣长	69	领宽	16
通袖长	230	袖宽	36
领口深	10	侧开衩长	20

JXYXW007　　女装　　文物原编号：8664

黄织锦裙

裙长	87
腰围	109

JXYXW008　　女装　　文物原编号：8665

黄锦绣花对襟夹短衫

衣长	72	袖口宽	15
通袖长	210	领襟宽	4

JXYXW009　　女装　　文物原编号：8669

黄锦对襟夹短衫

衣长	73	袖口宽	15.6
通袖长	240	领高	7
袖宽	36	侧开衩长	15

JXYXW010　　女装　　文物原编号：8670

黄锦对襟夹短衫

衣长	70	袖口宽	14
通袖长	186	腰宽	56
袖宽	33		

JXYXW011　　女装　　文物原编号：8671

黄锦对襟夹短衫

衣长	66	袖口宽	15
通袖长	220	领高	6
袖宽	32	衣襟镶边宽	4

JXYXW012　　女装　　文物原编号：8672

绮纱云凤纹霞帔

长	460	宽	13

JXYXW013　　女装　　文物原编号：8674

黄锦绒绣裙

裙长	90
腰高	8

JXYXW014　　女装　　文物原编号：8675

直领对襟大袖夹衣

身长	140	领缘宽	13
通袖长	180		

JXZYM001　　男装

注 文献来源：

①江西省博物馆，南城县博物馆，新建县博物馆，南昌市博物馆．江西明代藩王墓［M］．北京：文物出版社，2010．
②江西省文物工作队．江西南城明益宣王朱翊鈏夫妇合葬墓［J］．文物，1982（8）：16-30．
③江西省文物考古研究所．南昌明代宁靖王夫人吴氏墓发掘简报［J］．文物，2003（2）：19-34．
④赵丰．纺织品考古新发现［M］．香港：艺纱堂，2002．
⑤丁培利．四合如意暗花云纹云布女衫的保护修复与研究［D］．北京服装学院，2014．
⑥秦光杰，薛尧，李家和．江西广丰发掘明郑云梅墓［J］．考古，1965（6）：317-318．
⑦金琳．云想衣裳——六位女子的衣橱故事［M］．香港：艺纱堂，2007．
⑧章国任．江西新余明墓出土服饰的保护与保管［C］//中国文物保护技术学会．中国文物保护技术协会第四次学术年会论文集．北京：科学出版社，2007：344-348．
⑨高丹丹，王亚蓉．浅谈明宁靖王夫人吴氏墓出土"妆金团凤纹补鞠衣"［J］．南方文物，2018（3）：285-291．

山东省明墓出土服装

已知出土有明代服装的山东明墓是：鲁荒王墓（SDLW），墓主朱檀是明代开国皇帝朱元璋的第十子，生于洪武三年（1370），生两月而封，洪武十八年（1385）就藩于兖州，卒于洪武二十二年（1389），谥号"荒"，葬于山东邹城市九龙山麓。鲁王一系自朱檀始封，至末代鲁王朱以海去世（1662），共传十世十三王，共历293年，是明代藩王传世最久的一系。鲁荒王墓是明代第一例亲王墓葬，出土的服饰对研究明初服饰有重要实证价值。出土丝绸材质服装包括交领长袖袍7件、盘领袍3件、半袖袍5件，另有12件麻质服装及衣料等表2-14。

福建省明墓出土服装

已知福建省出土有明代服装的墓葬是福州马森墓（FJMS），墓主马森生于正德元年（1506），卒于万历八年（1580），官至户部尚书。据相关论文，马森墓出土有衣物丝织品23件，织物品种有纱、罗、绸、绫、缎、锦等，服装有仙鹤云纹金织锦补服、素绢丝绵裤、素绢丝绵内衣、金丝织花绫褶裙、波浪葫芦花结褶裙、青龙卍字寿纹绫霞帔、深青色吉祥如意云纹缎褙子等，但遗憾的是未有相关出土服饰实物图片发布。

表 2-14　山东明鲁荒王墓出土服装样本表　单位：cm

妆金柿蒂窠盘龙纹
通袖龙襕缎辫线袍

身长	125	袖口宽	15
通袖长	218	腰宽	48
领宽	8.5		

SDLW001　　男装　文物原编号：13.332

妆金四团龙纹缎袍

身长	134	袖口宽	14
通袖长	210	腰宽	50
领宽	2		

SDLW002　　男装　文物原编号：13.333

妆金四团龙纹缎袍

身长	126.5	袖口宽	14
通袖长	210	腰宽	50

SDLW003　　男装　文物原编号：13.334

盘金绣四团龙纹黄缎袍

身长	135	袖宽	28
通袖长	210	袖口宽	14.5

SDLW004　　男装　文物原编号：13.335

交领窄袖黄缎袍

身长	122	领长	107.5
通袖长	210	袖口宽	15

SDLW005　　男装　文物原编号：13.336

交领短袖黄绫袍

身长	120.5	袖宽	24
通袖长	90	腰宽	45
领长	94		

SDLW006　　男装　文物原编号：13.337

交领短袖黄绫袍

身长	122	袖口宽	23.5
通袖长	98	腰宽	45

SDLW007　　男装　文物原编号：13.338

交领短袖黄缎袍

身长	125	袖口宽	26.5
通袖长	84	腰宽	50
袖宽	31		

SDLW008　　男装　文物原编号：13.339

交领短袖黄缎袍

身长	130	领宽	8.5
通袖长	82.5	袖口宽	28

SDLW009　　男装　文物原编号：13.340

交领短袖黄缎袍

身长	125	袖口宽	26
通袖长	84	腰宽	42
领宽	8		

SDLW010　　男装　文物原编号：13.341

云纹暗花缎袍

身长	123	领长	107
通袖长	210	袖口宽	15

SDLW011　　男装　文物原编号：13.342

云纹暗花缎袍

身长	120	领长	108
通袖长	212	袖口宽	14

SDLW012　　男装　文物原编号：13.343

缠枝花龙纹暗花缎袍

身长	125	袖宽	26.5
通袖长	210	袖口宽	15

SDLW013　　男装　文物原编号：13.344

纳波皱纹紫绫袍

身长	120	袖口宽	15
通袖长	192	腰宽	44

SDLW014　　男装　文物原编号：13.345

白纱窄袖袍

身长	125	袖口宽	16.5
通袖长	225	腰宽	42
袖宽	28	领宽	6.5

SDLW015　　男装　文物原编号：13.347

白纱短袖袍

身长	128	腰宽	43
通袖长	95	领宽	8
袖口宽	24		

SDLW016　　男装　文物原编号：13.348

白纱短袍

身长	89	袖口宽	17.5
通袖长	200	腰宽	40
袖宽	24	领宽	6

SDLW017　　男装　文物原编号：13.349

白纱裤

裤长	97.5	裤口宽	20
腰围	92	立档	33

SDLW018　　男装　文物原编号：13.357

白纱裤

裤长	95	裤口宽	21.5
腰围	120	立档	30

SDLW019　　男装　文物原编号：13.358

注　文献来源：
①山东博物馆，山东省文物考古研究所. 鲁荒王墓（上下册）[M]. 北京：文物出版社，2014.
②山东省博物馆. 发掘明朱檀墓纪实 [J]. 文物，1972（5）：25-32.

中南地区所辖与明时湖广省、广东省地域有重合。其中湖广省辖湖南、湖北和河南小部分，明人李釜源在《地图综要》中如此形容湖广之富足"楚故泽国，耕稔甚饶。一岁再获柴桑，吴越多仰给焉。谚曰：湖广熟，天下足。"这一地区出土有明代服装文物的有湖北省、河南省、广东省。

湖北省明墓出土服装

已知出土有明代服装的湖北明墓有两处：

（1）石首市杨溥墓（HBYP），墓主杨溥湖北石首人，生于洪武五年（1372），卒于正统十一年（1446），曾任礼部尚书兼武英殿大学士，该墓出土有服装数件，包括织金麒麟补服、圆领衫、袍、短袖袍服、背心、袴等，虽无清晰配图，但服装均有尺寸记录，可供后续参考。

（2）张懋夫妇合葬墓（HBZM），张懋湖北广济人，曾做过教书先生，因其乐善好施，弘治皇帝敕封其为"义宰"，生于正统二年（1437），卒于正德十四年（1519），其棺内出土随葬服装18件，形制有袍、裙、袄、裤等，本书选取13件作为研究样本_{表2-15}。

河南省明墓出土服装

已知出土有服装的河南明墓有杞县高高山明墓，据《杞县高高山明墓清理简报》[1]报告记载，墓葬年代为嘉靖时期，墓主张希义曾任三品兵马指挥，出土有其服装6件，皆为丝质，"夹衣斜领、大衿、长袖，衣下部多有折，如裙子，少数无褶折皱，则张出很大。一般身长1.1米，宽0.63米，袖长0.75米，宽0.4米。单衣式样相同，唯有无袖。颜色有黄、绿等色"。从此段记述可对该墓出土服饰有大致了解，但受图像材料所限，在此仅作文字综述。

广东省明墓出土服装

已知出土有服装的广东明墓有戴缙夫妇墓，墓主戴缙生于宣德二年（1427），卒于正德五年（1510），曾任监察御史，后居都察院，历官至南京工部尚书。其妻周氏封孺人，生于永乐二十一年（1423），卒于弘治十五年（1502）。出土服装有袍、裙等，为丝质与棉质。本书选用研究样本1件_{表2-16}。

❶
赵世纲. 杞县高高山明墓清理简报[J]. 文物参考资料，1957（8）：67-70.

表 2-15 湖北张懋夫妇合葬墓出土明代服装样本表 单位：cm

云纹卐字格锦缎长袍

身长　　120～130
通袖长　206～236
袖宽　　35～40

HBZM001　男装

云纹锦缎长袍

身长　　120～130
通袖长　206～236
袖宽　　35～40

HBZM002　男装

素缎百褶裙服

身长　128　袖宽　36
通袖长　230　袖口宽　19

HBZM003　男装

云纹锦缎长袍

身长　　120～130
通袖长　206～236
袖宽　　35～40

HBZM004　男装

梅花纹锦缎长袍

身长　　120～130
通袖长　206～236
袖宽　　35～40

HBZM005　男装

素缎长袍

身长　　120～130
通袖长　206～236
袖宽　　35～40

HBZM006　男装

素缎长袍

身长　　120～130
通袖长　206～236
袖宽　　35～40

HBZM007　男装

罩袍

身长　142　通袖长　248
缘边宽　9～10　袖宽　62

HBZM008　男装

素缎百褶裙服

身长　128　袖宽　36
下裳长　56　袖口宽　19
通袖长　230

HBZM009　男装

花草云纹锦缎裙服

身长　128　袖宽　36
下裳长　56　袖口宽　19
通袖长　230

HBZM010　男装

黄褐色腰裙

裙长　55.5　腰围　101
腰高　8.5

HBZM011　男装

平纹绢单衣

衣长　70　通袖长　202

HBZM012　男装

平纹绢夹裤

裤长　96　裤脚宽　31

HBZM013　男装

注：
笔者对词表报告中记载的文物原名称准确性存疑，如上下连属的"袍"被称为"裙服"等。但从文献原始特性角度，使用原名称并在此加注。

文献来源：
①王善才，湖北省文物考古研究所．张懋夫妇合葬墓［M］．北京：科学出版社，2007．
②荆州地区博物馆，石首市博物馆．湖北石首市杨溥墓［J］．江汉考古，1997（3）：45-51．

表 2-16 广东出土明代服装样本表 单位：cm

白棉布袍

身长　132

GDDJ001　男装

注 文献来源：
广州市文物管理委员会：黄文宽．戴缙夫妇墓清理报告［J］．考古学报，1957（3）：109-118，155-160．

西南地区辖重庆、四川、贵州、云南、西藏五省、市、自治区。这一地区出土有明代文物的有四川省、贵州省。

已知出土有服装的四川明墓有两处：

（1）巴中明墓，墓主为男性，推断墓葬年代不早于嘉靖，出土服装有大袖衫等。

（2）赵炳然夫妇合葬墓，墓葬年代为万历十二年（1584），墓主赵炳然生前曾任兵部尚书，考古报告对其服饰记载极简，只提及其身穿衣九层。因材料所限，在此四川明墓仅作文字综述。

已知出土有服装的贵州明墓有三处：

（1）惠水明墓（GZHS），出土服装藏于贵州博物馆。

（2）思南张守宗夫妇墓（GZSN），张守宗卒于万历三十一年（1603），曾任户部山西司员外郎，该墓出土有丝质品37件，棉质服装十余件。服装品类有交领单衣、半袖袄、裙等，选择研究样本6件。

（3）玉屏曾凤彩墓（GZYP），曾凤彩生于万历六年（1578），卒于天启六年（1626），曾任四川长宁县令等职，其墓出土有七八件服装。本书选用贵州地区研究样本9件。

表 2-17　贵州出土明代服装样本表　单位：cm

绸面丝绵短袄
衣长 79
通袖长 188
腰宽 54
GZHS001

松竹梅花缎右衽交领单衣
衣长 98　腰宽 59
通袖长 208　下摆宽 90
GZSN001　女装

蟒虎方胜纹锦面对襟合领夹衣
衣长 74　腰宽 50
通袖长 180　下摆宽 61
GZSN002　女装

回云纹缎女裙
裙长 90
腰围 106
腰高 7.5
GZSN003　女装

麒麟芝草莲塘鹭鸶纹缎女裙
裙长 78　腰高 5.7
腰围 105
GZSN004　女装

驼色素缎对襟半袖袄
不详
GZSN005

浅褐流云天鹅纹绢对襟半袖单衣
不详
GZSN006

如意流云纹纱罗补服
腰宽 55　带长 160
袖口宽 58　带宽 10
GZYP001　男装

牡丹纹黄缎右衽交领袍服
身长 138　腰宽 80
通袖长 232　下摆宽 102
袖口宽 56
GZYP002　男装

注 文献来源：
① 常沙娜. 中国织绣服饰全集4：历代服饰卷（下）[M]. 天津：天津人民美术出版社，2004.
② 贵州省博物馆；刘恩元. 贵州思南明代张守宗夫妇墓清理简报 [J]. 文物，1982（8）：29-36.
③ 陈定荣，张定福. 明代曾凤彩缎补官服 [J]. 贵州社会科学，1980（2）：96-97.

西北地区出土明代服装情况

西北地区辖新疆、甘肃、宁夏、青海、陕西五省、自治区。这一地区出土有明代服装的有宁夏自治区盐池县。已知出土有服装的宁夏明墓有：盐池冯记圈杨氏家族墓三座（NXYC），M1的年代考古发掘者推测在万历（1573—1619）前后，该墓出土有服装10件，有圆领袍、半袖袍、衣、裙、裤等；M2墓主杨钏，葬于嘉靖三十三年（1554），墓主生前为昭毅大将军，该墓出土有服装数件，有袍、裙等；M3墓主为万历年间敕封的骠骑将军杨某及诰封淑人吴氏，该墓出土有服装8件及残片数件，形制较为特别的是对襟立领衫。本书选取研究样本服装12件 表2-18。

表 2-18 宁夏盐池明墓出土明代服装样本表 单位：cm

串枝牡丹纹绫长袖衫

身长	104	胸宽	54
通袖长	222	下摆宽	92

NXYCM1001　　文物原编号：M1:S3

缠枝牡丹纹绫纳绣方补圆领袍

身长约	118	下摆宽	112
通袖长约	228	袖根宽	39
胸宽	94		

NXYCM1002　男装　文物原编号：M1:S5

如意云纹绫交领半袖袍

身长	139	袖根宽	35
通袖长	110	袖口宽	42
领高	15	侧摆长	69

NXYCM1003　男装　文物原编号：M1:S7

缠枝牡丹纹绫袍

身长	140	胸宽	62
通袖长	236	领高	13.5
袖根宽	35		

NXYCM1004　男装　文物原编号：M1:S8

如意云纹绫交领上衣

衣长	94	下摆横宽	80
通袖长	143	领宽	14
胸宽	64		

NXYCM1005　　文物原编号：M1:S9

缠枝牡丹纹绫裤

裤长	93	裆长	50
腰围	124	裤口宽	31

NXYCM1006　　文物原编号：M1:S10

杂宝云纹绫织金麒麟胸背圆领袍

身长	128.5	袖根宽	36
胸宽	66	袖口宽	22
领宽	4.5	侧摆长	78

NXYCM2001　男装　文物原编号：M2:S11

缠枝牡丹纹绫对襟单衫

衣长约	79	袖根宽	25
下摆宽	70		

NXYCM3001　女装　文物原编号：M3:S5

串枝牡丹纹绫对襟立领衫

身长约	117	下摆残宽	64
肩袖残宽	85	领高约	3.2

NXYCM3002　女装　文物原编号：M3:S13

四合云纹缎地刺绣獬豸补服

身长	154	领宽	4
通袖长	246		

NXYCM3003　男装　文物原编号：M3:S32

曲水如意庆寿纹绫交领衫

衣残长	92.5	通袖长	222

NXYCM3004　男装　文物原编号：M3:S34

曲水如意庆寿纹绫裤

裤长	82	裤裆长	35.5
腰围	122		

NXYCM3005　男装　文物原编号：M3:S31

注　文献来源：
盐池县博物馆，中国丝绸博物馆，宁夏文物考古研究所. 盐池冯记圈明墓［M］. 北京：科学出版社，2010.

明 浙江嘉兴王店李家坟明墓出土圆领袍（复制品）（中国丝绸博物馆藏）

明代袍衫的形制

袍衫的界定

关于"袍"的字义，有多种解释。西汉《礼记》[1] 有："袍必有表，不禅。衣必有裳，谓之一称"，强调袍的组成是两层，即有表有里。郑玄曾注"袍，襃衣"，指出袍作为内衣穿用的可能。东汉，许慎《说文解字·衣部》[2] 有："袍，襺也。""襺"为填充有丝绵的衣服，更加说明此时的袍当为有表有里双层之服，并有填充物，为御寒之服。东汉末年刘熙的《释名·释衣服》有："袍，丈夫著下至跗者也。袍，苞也。苞，内衣也。妇人以绛作衣裳，上下连，四起施缘，亦曰袍，义亦然也。"不仅从声训角度进一步阐明"袍"从苞声会意，更勾勒出其"上下衣裳连属，长度至跗（脚面）"的特征。综上对袍的词义训诂，大体可以将具有如下特征的长款服装称为"袍"：服装长度至跗（脚面），或至少过膝。若为长袖，无论袖肥多宽，在祛（袖口）处均收紧或留有"出手"[3]（不排除有短袖之袍，如明代褡护）。衣料一般为双层，也有单层之袍。

文献中对长款服装的统称命名，除了用"袍"，还常用"衫"。《释名·释衣服》有："衫，芟也，芟末，无袖端也。"我们可以将"衫"理解为衣身宽松、袖口不受衣祛的限制的服装。后又有清人毕沅疏证曰："盖短袖无祛之衣，故曰芟"[4]，也就是说长款的短袖或无袖的服装也可以称为衫。唐末马缟《中华古今注》有："古妇人衣裳相连。始皇元年，诏宫人及近侍皆服衫子，便于侍奉"，可知"衫"应是比上下连属的古制袍服更为方便的服装。另外，"衫"在明代小说中也指短的单层上衣。顾炎武《日知录·冠服》[5] 中这样描述女子衣衫的变化："弘治间，妇女衣衫仅掩裙腰；……正德间，衣衫渐大，

裙褶渐多……嘉靖初，衣衫大至膝"。根据书中描述，更是难以区分衣衫、袍衫之别。然而，我们虽然无法为"衫"明确定义，但可以明确几项关于"长衫"的通用特征：长度大体比袍要短，但至少在膝下。袖子若为长袖，袖口大小是不受限制且完全敞开的，也可为短袖或无袖。衣料一般为单层。

然而，明代的袍衫有长短肥瘦之分，有通裁与断腰连属之异，有男女穿着对象之别，无法再用某种单一的古义来界定。在进行具体的分类时，受限于对已知服装实物的近距离考察，无法确定衣料的单双层与否、衣祛部位特征，以及具体的长度尺寸，再加之一些约定俗成对"袍"与"衫"的通用表述方式，如"团衫"也可称"圆领袍"；"襕衫"与"襕袍"具有同样形制而只有单夹之分；"披风""褶子"均属长款服装，但又很难归入具体哪一大类……鉴于此，本书对"袍"与"长衫"不加以明确的界限划分，将长款的服装（长度过膝）均称为"袍衫"。

明代袍衫"类→型→式"，通过对已知明代袍衫类实物的归类分析，共计4类10型19式 表3-1。

以领部特征作为"袍衫"的划分依据，计有圆领袍衫、交领袍衫、竖领衫、直领袍衫四类。所谓圆领袍衫，即袍的领部附加有圆形领圈，并在颈部右侧呈闭合之态；交领袍，即袍的领部为由左向右交叉的条状领型，呈右衽之势；竖领衫，即袍的领型竖立于领圈，在颈部前正中闭合；直领袍衫的衣襟为对襟，衣襟前中为并列的两条直领。这四类袍衫的基础形制示意如图3-1 所示。

[1]《礼记》，卷二十，丧大记。

[2]（东汉）许慎.《说文》，卷八，衣部。

[3] 出手，位于袖口处，无论袂肥多宽，在手部伸出的位置收紧并留有出口，这个出口称为"出手"。

[4]（清）毕沅.《释名疏证》。

[5]（清）顾炎武.《日知录》。

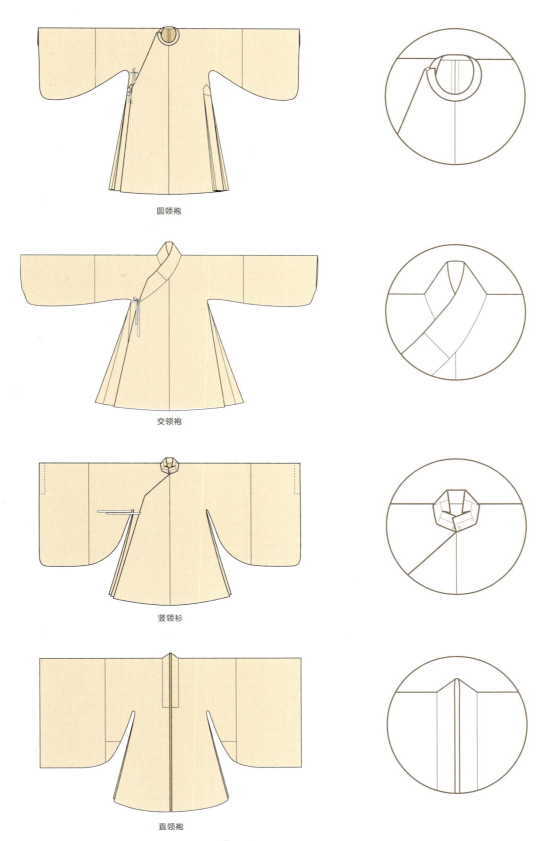

圆领袍

交领袍

竖领衫

直领袍

图
3-1 / 袍衫基础形制示意图

圆领袍衫形制

归纳已知圆领袍衫实物，将"摆（襬）"的特征作为各"型"的划分依据，将圆领袍衫分为3型：出摆型、褶摆型、无摆型。《正字通》[1] 对"襬"的解释为："今衣腋下幅有襞积者皆曰襬"。明代袍服的"摆"位于左右开衩两侧，或向外出摆，或折叠为襞积固定于袍两侧为褶摆，或无摆。文献中的圆领袍衫类服装称谓有：盘领袍、团衫、团领衫、圆领袍、员领、襕衫、襕袍、蟒衣等。

出摆型圆领袍

出摆型圆领袍样本的典型共性特征是圆领右衽、长袖有垂胡、袖口留有出手，衣身通裁，在前后衣身的两侧各有两个出摆。通过对已知实物的分析，将"摆形"作为"式"的划分依据，这一型的圆领袍又可以分为2式：Ⅰ式袍的出摆为直形摆，Ⅱ式袍的出摆为尖形摆。

▼ 出摆型圆领袍Ⅰ式

出摆型圆领袍Ⅰ式的出摆式样为直摆 图3-2，这一类型的实物较多，其样本年代自明早期的鲁荒王墓至明晚期的万历皇帝陵均有涉及 表3-2，来源地涉及山东、江苏、浙江、江西、宁夏等地。

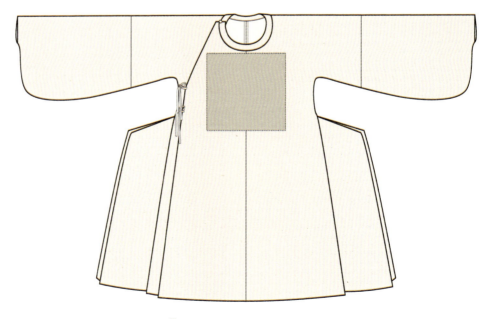

图3-2／出摆型圆领袍Ⅰ式基础形制示意图

1
（明）张自烈.《正字通》，卷九，清康熙二十四年清畏堂刻本。

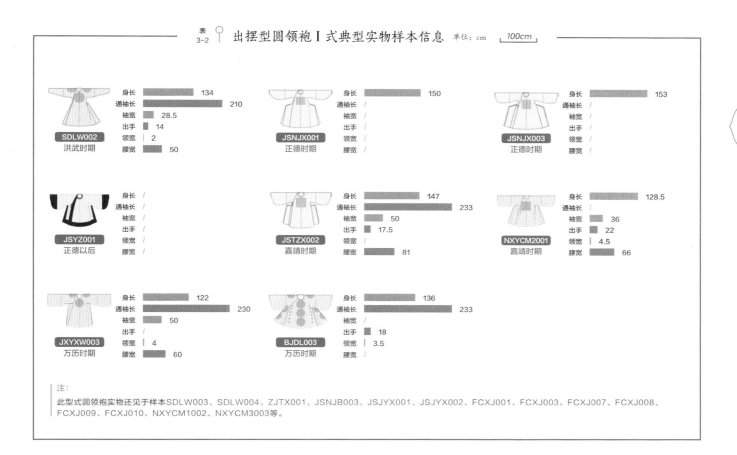

表
3-2　出摆型圆领袍 I 式典型实物样本信息　单位：cm　｜100cm

样本	身长	通袖长	袖宽	出手	领宽	腰宽
SDLW002 洪武时期	134	210	28.5	14	2	50
JSNJX001 正德时期	150	/	/	/	/	/
JSNJX003 正德时期	153	/	/	/	/	/
JSYZ001 正德以后	/	/	/	/	/	/
JSTZX002 嘉靖时期	147	233	50	17.5	/	81
NXYCM2001 嘉靖时期	128.5	/	36	22	4.5	66
JXYXW003 万历时期	122	230	50	/	4	60
BJDL003 万历时期	136	233	/	18	3.5	/

注：
此型式圆领袍实物还见于样本SDLW003、SDLW004、ZJTX001、JSNJB003、JSJYX001、JSJYX002、FCXJ001、FCXJ003、FCXJ007、FCXJ008、
FCXJ009、FCXJ010、NXYCM1002、NXYCM3003等。

这些样本在形制上最明显的变化是袖肥由窄变宽。明早期时，圆领袍的衣身及袖子较紧窄，如洪武年间的样本SDLW002袖宽仅为28.5cm，为鲁荒王朱檀的常服，《明会典》中明确记录了亲王常服袍之制"（亲王）常服冠袍带靴俱与东宫同"，"（东宫）常服袍赤色盘领窄袖，前后及两肩各金织蟠龙一"|❶，比对《明宫冠服仪仗图》|❷所绘永乐三年（1405）亲王常服图 图/₃-₃ 与鲁荒王朱檀墓|❸出土实物 图/₃-₄、图/₃-₅，可明确判定窄袖之袍是典型的明初圆领袍服形制。样本JSNJX001和JSNJX003出土于南京徐俌墓，年代为正德（1506—1521），明显可见袖有变宽的趋势。嘉靖、万历（1522—1619）年

间，出摆型圆领袍的袖宽最甚，如江苏江阴薛氏家族墓出土的样本JSJYX002的袖宽为52cm，江西益宣王墓出土的样本JXYXW003的袖宽为50cm。

分析如上出摆型圆领袍 I 式样本的其他部位尺寸信息，袍长最短为122cm，最长为154cm，通袖长最短为210cm，最长为250cm。身长与袖长这两项尺寸除了受穿着者自身形体的影响之外，还与其身份等级密切相关，明代《七修类稿》卷九·国事类·衣服制一篇有："洪武二十三年三月，上见朝臣衣服多取便易，日至短窄，有乖古制，命礼部尚书李源名等参酌时宜，俾有古义，议凡官员衣敢，宽窄随身，文官自领至裔，去

❶
（明）申时行等.《明会典》
（万历朝重修本），卷六〇，
亲王冠服。

❷
北京市文物局图书资料中心.
明宫冠服仪仗图（1函6册）
[M]．北京：北京燕山出版
社，2015：235.

❸
鲁荒王朱檀，朱元璋第十子，
生于洪武三年（1370），洪武
十八年（1385）奉诏之国兖
州府，洪武二十二年（1389）
因"服金石药致毒伤目，至是
疾作而薨"。朱檀是明代第一
位去世的就藩亲王。

地一寸，袖长过手，复回至肘，袖桩广一尺，袖口九寸；公侯驸马与文职同，着民生员亦同；惟袖过手复回，不及肘三寸；庶民身长去地五寸；武职官去地五寸，袖长过手七寸，袖桩广一尺，袖口仅出拳；军人去地七寸，袖长过手五寸，袖桩七寸，袖口仅出拳。"|❶。按照这一制度规定，同一时期同一身高的官员常服，武官常服的身长与袖长应比文官要短，袖口出手的尺寸也更小。这

一规律也可以在明代图像中找到佐证，图3-6是绘于永乐十六年（1418）的《马与驯马师》，这是典型的武官形象，他们身着织金狮子胸背圆领袍，袍服窄袖，袖口仅出拳。其中穿红袍的人物，其袍前身底缘掖于腰带两侧，袍后身底缘自然下垂，其长度至小腿中部，与洪武二十四年定制"武职官身长去地五寸"的制度记载相符。

图
3-3 ／《明宫冠服仪仗图》中的亲王常服图

图
3-4 明鲁荒王墓出土常服（SDLW002）
（实物来源：山东博物馆）

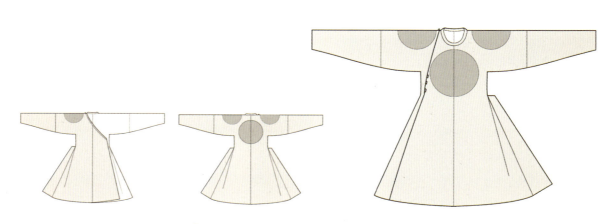

图
3-5 ／样本 SDLW002 形制图（内襟图、背视图、正视图）

❶
郎瑛. 七修类稿（全两册）
[M]. 安越，点校. 北京：文
化艺术出版社，1998：109.

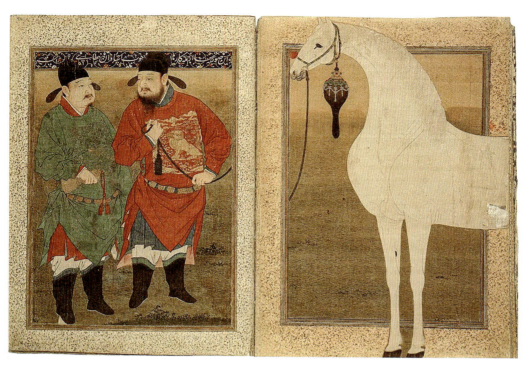

图
3-6 ／ 穿圆领袍的明代官员画像（伊斯坦布尔托普卡帕宫博物馆收藏）

图3-7是绘于正统二年（1437）的《杏园雅集图》[1]大都会藏本，描绘了内阁大臣"三杨"——杨士奇、杨荣、杨溥及"二王"——王英、王直等十人在杨荣府上杏园雅聚的情景。图3-8是绘于弘治十六年（1503）的《甲申十同年会图》故宫博物院藏本，描绘了大臣李东阳、闵珪等十位甲申进士同年的雅集群像。两幅图中人物的身份为文职官员，其袍长几乎及地，袖管宽肥，与洪武二十四年（1391）定制"文职官员身长自领至裔去地一寸"的文官常服记载相符。

在如上服装实物样本中，出土于江苏扬州的样本JSYZ001图3-9，其形制虽然具备出摆型圆领袍I式的各项特征，但其领缘、摆缘、袖缘等处均施以宽阔的深色缘边，式样较为独特图3-10。比对明代图像图3-11、图3-12，画中男子所着之长衫与文物样本的式样相同。再看明代相关文献记载，如《明史·舆服志》有："生员襴衫，用玉色布绢为之，宽袖皂缘，皂绦软巾垂带。贡举入监者，不变所服。"[2]《正字通》卷九解释"襴"字为："裳之用横幅者谓之襴……明制，生员襴衫用蓝绢，裾、袖缘以青，谓有襴缘也，俗作褴衫。因色蓝，又改为蓝衫，皆非本义。"[3]《七修类稿》有："生员之服，自宋至我国初，皆白衣也，至洪武壬午二十四年，方命易此玉色。"[4]《菽园杂记》有："新举人朝见，著青衫，不著襴衫者，闻始于宣宗有命，欲其异于岁贡生耳。及其下第，送国子监，仍著襴衫。盖国学自有成规也。"[5]虽然样本JSYZ001的墓主身份不详，衣身颜色失真，但据文物特征、文献记载、图像分析，可以确定这类袍的称谓为襴衫，其色有玉色、蓝色等，其穿着者身份应为生员、监生等。此型式圆领袍样本实物还见有江西新余明墓出土JXXY001，材质为麻。

❶
《杏园雅集图》现有三个版本，包括两本设色绢本手卷和一幅版画作品。两幅设色手卷分别藏于美国大都会艺术博物馆与我国江苏省镇江博物馆。两幅画构图接近，但所绘细节有差异，本文所用这幅为大都会藏本。

❷
《明史》，志第四十三，舆服三。

❸
张自烈. 正字通 [M]. 刻本. 清畏堂, 1685（清康熙二十四年）.

❹
郎瑛. 七修类稿（全两册）[M]. 安越, 点校. 北京: 文化艺术出版社, 1998:327.

❺
陆容. 菽园杂记 [M] // 上海古籍出版社. 明代笔记小说大观（一）. 上海: 上海古籍出版社, 2005:377.

图
3-7 ／ 明代谢环《杏园雅集图》（局部）（美国大都会艺术博物馆藏）

图
3-8 ／《甲申十同年会图》（局部）（故宫博物院藏）

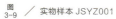

图
3-9 ／ 实物样本 JSYZ001

图
3-10 ／ 样本 JSYZ001 形制图

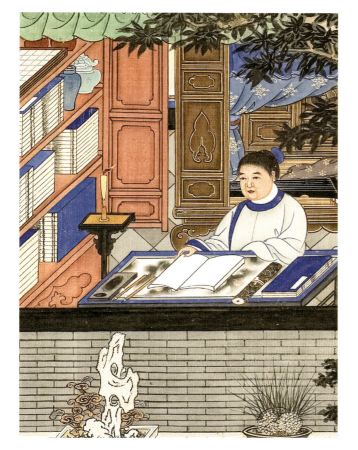

图
3-11 ／ 明《王琼事迹图册》之芸窗肄业 ❶ （国家博物馆藏）

图
3-12 ／ 夫妇像轴（故宫博物院藏）

赞曰

嗟嗟仲子有斐

其文赋性灵异

器宇非凡永桃

有托科第足传

蜚腾艺苑诰後

先前悠悠蒸天

谓之何哉尔年

尔才胡牵尔丰

毋未送终于未

成立家誊方振

名新未完既富

谓之何哉悠悠

苍天

万历乙卯季秋

宏古题

❶

王琼，字德华，成化二十年（1484）进士，卒于嘉靖十一年（1532），历任户部右侍郎、兵部尚书等职。《王琼事迹图册》共四十九开，其中四十六开设色绘画，描绘了王琼一生的经历，本文所用图像为图册中的"芸窗肄业"，是王琼科考取功名之前的生员打扮，所穿之服为褴衫。

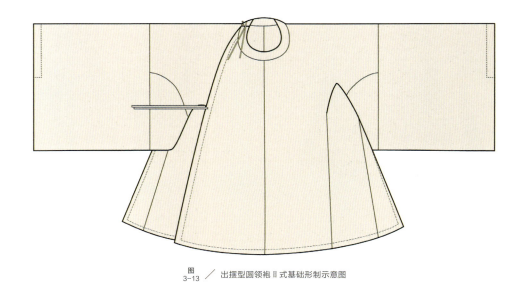

图
3-13 ／ 出摆型圆领袍Ⅱ式基础形制示意图

▼ 出摆型圆领袍Ⅱ式

出摆型圆领袍式的实物样本SDKF004、SDKF009、SDKF012、SDKF019、SDKF065均为山东曲阜孔府旧藏 表 3-3，这5件服装特征与出摆型圆领袍Ⅰ式的不同之处在于其出摆的上端呈斜尖形，袖部宽大，袖口平直，留有出手，袍服或为素织、或缀有方补、或绣以柿蒂形过肩蟒纹，身长118～137.5cm，通袖长为213～249cm 图 3-13。

表 3-3 ♀ 出摆型圆领袍Ⅱ式典型实物样本信息 单位：cm 100cm

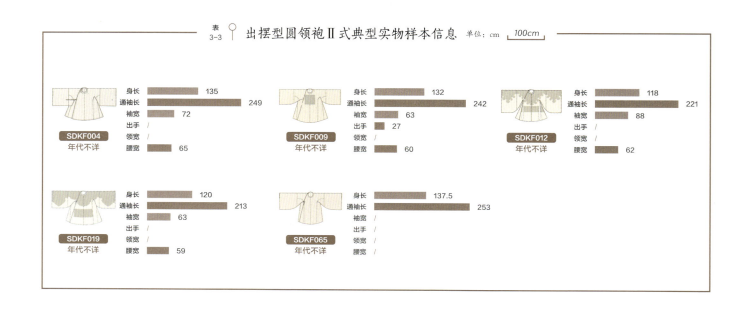

SDKF004 年代不详	身长 135 ／ 通袖长 249 ／ 袖宽 72 ／ 出手 ／ 领宽 ／ 腰宽 65
SDKF009 年代不详	身长 132 ／ 通袖长 242 ／ 袖宽 63 ／ 出手 27 ／ 领宽 ／ 腰宽 60
SDKF012 年代不详	身长 118 ／ 通袖长 221 ／ 袖宽 88 ／ 出手 ／ 领宽 ／ 腰宽 62
SDKF019 年代不详	身长 120 ／ 通袖长 213 ／ 袖宽 63 ／ 出手 ／ 领宽 ／ 腰宽 59
SDKF065 年代不详	身长 137.5 ／ 通袖长 253 ／ 袖宽 ／ 出手 ／ 领宽 ／ 腰宽 ／

图 / 样本 SDKF012 实物（山东博物馆藏）
3-14

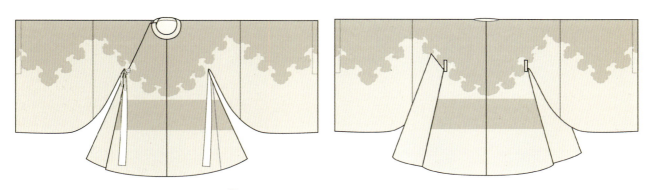

图 / 样本 SDKF012 形制图（正视图、背视图）
3-15

从尺寸信息及装饰特征来看，样本
SDKF012和SDKF019应为女装。样本
SDKF012在蓝色罗料上刺绣柿蒂窠二盘蟒
纹，间饰以花卉、蝴蝶、杂宝纹等，左右腋
下各垂一条白色飘带，绣有花鸟纹，其实
物及形制见 图 、 图 所示。样本SDKF019
3-14 3-15
在红色底料上彩绣柿蒂窠二盘斗牛纹，左右
袖饰有鸾凤纹，间饰花草纹，这件实物与
六十五代衍圣公侧室陶夫人衣冠像中的外袍
类似 图 。而山东曲阜第六十五代衍圣公孔
3-16
胤植所处时代正值由明入清之际，因此这件
服装可以视为晚明的末世女装。

图 / 明 第六十五代衍圣公孔胤植夫人陶氏衣冠像（孔子博物馆藏）
3-16

褶摆型圆领衫

▼ 褶摆型圆领衫 I 式

褶摆型圆领衫 I 式的基础形制特征是圆领右衽、长袖有垂胡、袖口留有出手，衣身通裁，在前后衣身的侧缝各有四组褶摆，每个褶摆为两个襞积，其上端与衣身固定图 3-17。

褶摆型圆领衫 I 式典型实物样本有4件表 3-4，年代均为嘉靖、万历时期，出土地为江浙地区，穿着者均为女性，其丈夫身份或为品官，或为处士。袍服装饰有胸背，或织或绣缀有方补，为命妇常服，《明会典》有："洪武二十四年定，命妇常服用颜色圆领衫。"[1]在明人肖像中常见有命妇着圆领衫的形象，如图 3-18、图 3-19 所示。

褶摆与衣身固定处造型有3种，分别为圆弧形、尖角形、平直形。其中上端为圆弧形褶摆参见江苏泰州徐蕃夫妇墓出土样本JSTZX012，尖角形褶摆参见江苏泰州刘湘夫妇墓出土样本JSTZLX002，平直形褶摆参见浙江嘉兴李家坟明墓出土ZJJX015图 3-20。

❶
（明）申时行等修，《明会典》（万历朝重修本），卷六一，文武官冠服。

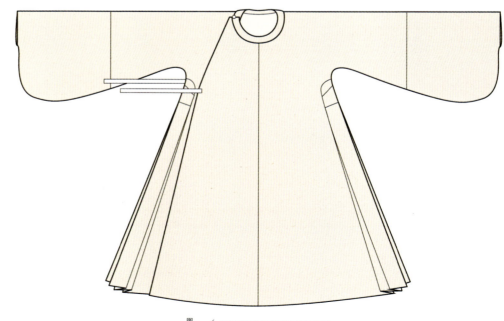

图 3-17 / 褶摆型圆领衫基础形制示意图

表 3-4 褶摆型圆领衫Ⅰ式典型实物样本信息 单位：cm 100cm

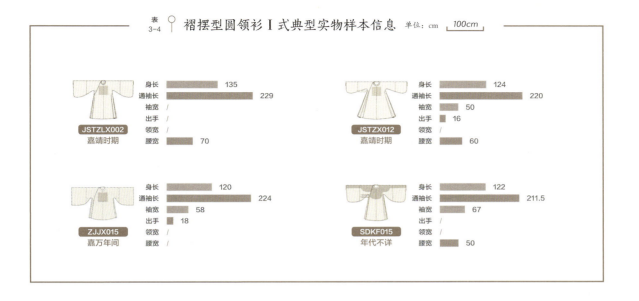

JSTZLX002 嘉靖时期	
身长	135
通袖长	229
袖宽	/
出手	/
领宽	/
腰宽	70

JSTZX012 嘉靖时期	
身长	124
通袖长	220
袖宽	50
出手	16
领宽	/
腰宽	60

ZJJX015 嘉万年间	
身长	120
通袖长	224
袖宽	58
出手	18
领宽	/
腰宽	/

SDKF015 年代不详	
身长	122
通袖长	211.5
袖宽	67
出手	/
领宽	/
腰宽	50

图 3-18 / 明 秦锡章夫人画像（中国国家博物馆藏）

图 3-19 / 明 女像轴（故宫博物院藏）

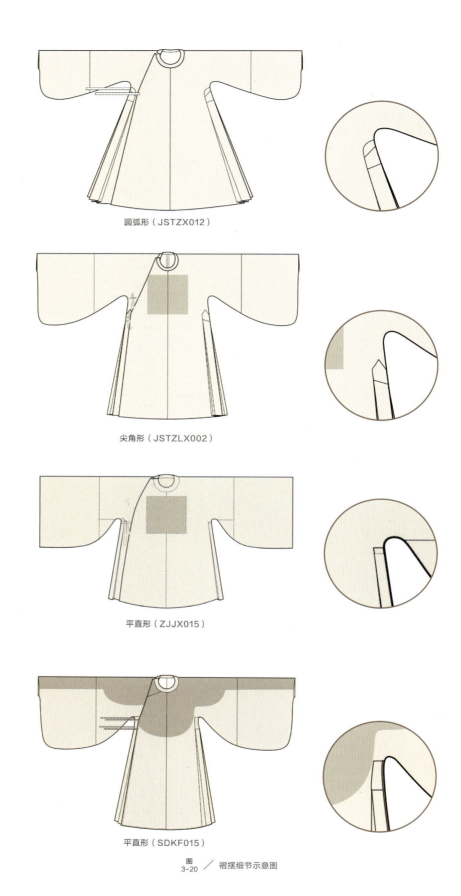

圆弧形（JSTZX012）

尖角形（JSTZLX002）

平直形（ZJJX015）

平直形（SDKF015）

图 / 褶摆细节示意图
3-20

▼ 褶摆型圆领衫Ⅱ式

褶摆型圆领衫Ⅱ式的基础形制特征是圆领右衽、长袖有垂胡、袖口留有出手，衣身通裁，在前后衣身的侧缝各有褶摆。相对于Ⅰ式的这些共性特征，Ⅱ式的衣身偏窄，两侧胸腰位置见有纵向褶裥，褶裥上部开合，向下缝合封闭。

这种形制见于山东孔府旧藏的SDKF005、SDKF010、SDKF018三件样本^表₃₋₅°。其中样

本SDKF005袍服衣片前短后长，后身长达147cm，且底缘镶有黄色衣料，缘正中有布纽头一颗，圆形胸背为弯凤纹，其制应为礼服之属。样本SDKF010为素面绿罗材质，其形制因胸腰部的纵向捏褶，使得袍服通袖一改平直而成明显的下弯合抱之势。样本SDKF018织有柿蒂窠肩袖通襕与膝襕，柿蒂窠内图案为凤纹，腰、胸部位也明显可见纵向捏褶^图₃₋₂₁。

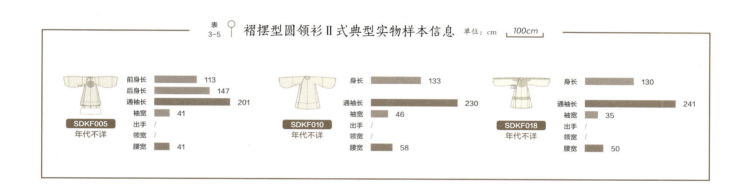

表 3-5　褶摆型圆领衫Ⅱ式典型实物样本信息　　单位：cm　|100cm|

SDKF005 年代不详		SDKF010 年代不详		SDKF018 年代不详	
前身长	113	身长	133	身长	130
后身长	147				
通袖长	201	通袖长	230	通袖长	241
袖宽	41	袖宽	46	袖宽	35
出手	/	出手	/	出手	/
领宽	/	领宽	/	领宽	/
腰宽	41	腰宽	58	腰宽	50

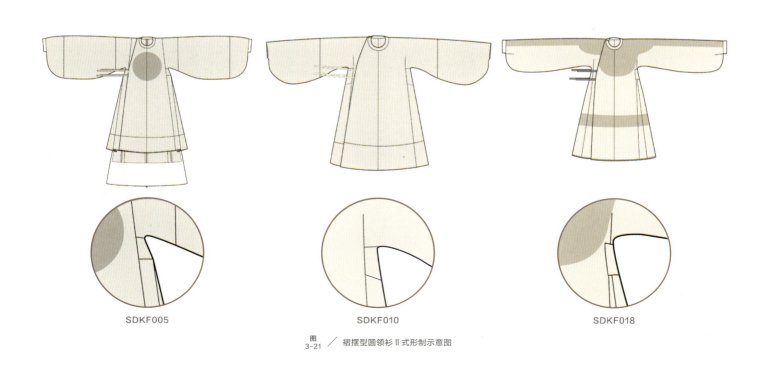

SDKF005　　　　　　SDKF010　　　　　　SDKF018

^图₃₋₂₁　／　褶摆型圆领衫Ⅱ式形制示意图

无摆型圆领袍

无摆型圆领袍，其形制特征是圆领右衽、长袖有垂胡、袖口留有出手，衣身上下分裁，上衣前后腰、胸位共捏有四个褶裥，褶自腰部向上缝合至胸部位置，下裳为十二幅梯形面料拼缝而成。前胸后背织成有鸾凤纹团窠补各一，其中前胸团窠为整织，后背有破缝故团窠为两片半圆织片拼合。正视图、背视图见 图3-22 所示。

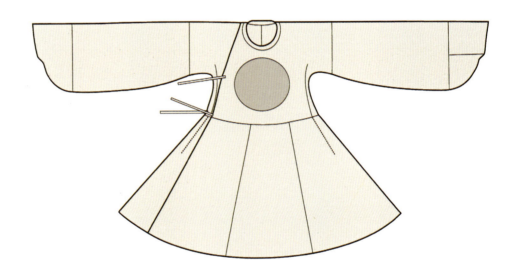

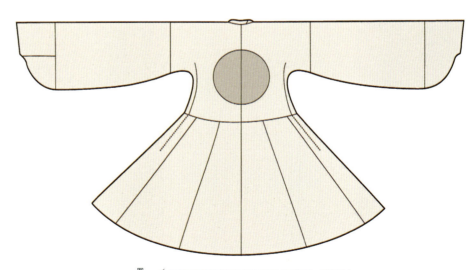

图3-22 / 无摆型圆领袍基础形制示意图（正视图、背视图）

这件袍服 ^表3-6 出土于江西南昌宁靖王夫人吴氏墓，经文献考证与后期整合研究，被认定为目前唯一一件明代鞠衣出土实物[1]。墓主生于正统四年（1439），殁于弘治十五年（1502），于弘治十七年（1504）下葬[2]。鞠衣，是明代皇后、皇妃、皇太子妃、亲王妃、郡王妃、郡主的礼服。《明会典》载永乐三年服饰定制：（皇后常服）鞠衣红色，胸背云龙纹。（皇妃礼服）餘或红或绿，各随鞠衣色。（皇嫔冠服）鞠衣如皇妃制。（内命妇冠服）鞠衣褙子为常服。（皇太子妃常服）鞠衣青色。（亲王妃礼服）鞠衣青色[3]。鞠衣形制图在《明宫冠服仪仗图》也有详细图文记录，见 ^图3-23、^图3-24 所示。

图
3-23 / 皇后鞠衣图

图
3-24 / 亲王妃鞠衣图

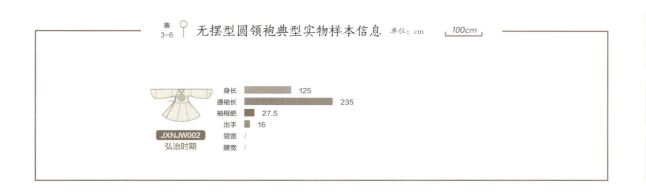

^表3-6 无摆型圆领袍典型实物样本信息 单位：cm 100cm

JXNJW002 弘治时期		
身长		125
通袖长		235
袖根肥		27.5
出手		16
领宽		/
腰宽		/

1

高丹丹、王亚蓉. 浅谈明宁靖王夫人吴氏墓出土"妆金团凤纹补鞠衣"[J]. 南方文物，2018（3）：285-291.

2

江西省文物考古研究所. 南昌明代宁靖王夫人吴氏墓发掘简报[J]. 文物，2003（2）.

3

（明）申时行等修，《明会典》（万历朝重修本），卷六十，冠服.

交领袍衫形制

归纳已知典型交领袍衫实物，将上下身连属的方式作为各"型"的划分依据，以袖、摆、褶等特征作为"式"的划分依据。将交领袍衫分为2型8式：通裁型（下分4式）、断腰型（下分4式）。文献中对交领袍衫的称谓有：道袍、直摆、直裰、直身、褡护、曳撒、帖里、褶子、褶儿、氅衣等。

通裁型交领袍

通裁型交领袍样本的典型共性特征是交领、右衽、前后袍身通裁。在这一型下，很难用单一的某项特征作为式的划分标准，在此以"袍侧的特征"与"袖的长短"作为划分依据，将通裁型交领袍分为4式，其典型形制特征分别是：Ⅰ式为长袖且袍身两侧有出摆、Ⅱ式为长袖且袍身两侧闭合、Ⅲ式为长袖且袍身两侧有插片、Ⅳ式为短袖（无袖）通裁交领袍。

▼ 通裁型交领袍Ⅰ式

通裁型交领袍Ⅰ式的典型形制特征是交领、右衽、衣身通裁、长袖、前后身片两侧有出摆图3-25。

通裁型交领袍Ⅰ式样本均为男性服装表3-7，穿着者身份不等。定陵出土有万历皇帝交领袍多件，以及织成交领袍料数匹，如样本BJDL001为定陵出土万历帝织成袍料复原图，其装饰纹样为肩袖柿蒂窠通襕与膝

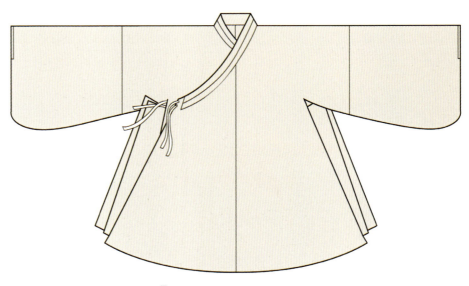

图3-25 ／ 通裁型交领袍Ⅰ式基础形制示意图

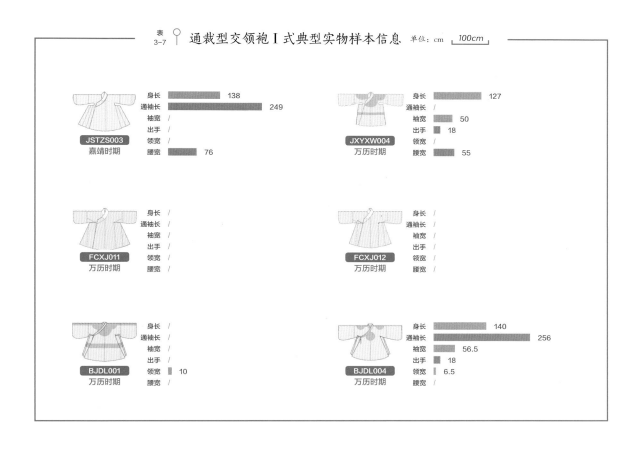

表 3-7 通裁型交领袍 I 式典型实物样本信息　单位：cm　100cm

JSTZS003 嘉靖时期
身长　138
通袖长　249
袖宽　/
出手　/
领宽　/
腰宽　76

JXYXW004 万历时期
身长　127
通袖长　/
袖宽　50
出手　18
领宽　/
腰宽　55

FCXJ011 万历时期
身长　/
通袖长　/
袖宽　/
出手　/
领宽　/
腰宽　/

FCXJ012 万历时期
身长　/
通袖长　/
袖宽　/
出手　/
领宽　/
腰宽　/

BJDL001 万历时期
身长　/
通袖长　/
袖宽　/
出手　/
领宽　10
腰宽　/

BJDL004 万历时期
身长　140
通袖长　256
袖宽　56.5
出手　18
领宽　6.5
腰宽　/

襕，类似的纹样成衣见于江西益宣王墓出土的JXYXW004样本。其称谓为"直身"，《酌中志》中有："直身制与道袍相同，惟有摆在外，缀本等补。圣上有大红直身袍。凡印公公若过司房，或秉笔私自下直房始穿此。凡见尊长则不穿。其色止有天青、黑绿、元青，不敢做大红者。或亦开摆如衬衣而束本等带者。"[1]

除了柿蒂窠的装饰纹样，这一型式的出摆袍装饰还有见于定陵的四团纹样（BJDL004）。此外，该型式亦有素料袍（JSTZS003）。定陵出土有多件该型式袍服，从样本尺寸信息来看，通袖长在250cm左右，袖宽50～56.5cm，这应是外穿之服，并具有常服功能。

样本JSJYY001年代为明早期，出土于江苏江阴叶家宕明墓，该墓同时出土有随葬衣物疏，称这件袍服为"青布大裯"。在考古报告中描述其服装形制为：出土时穿在墓主最外层，右衽交领……衣身左右两片均由2幅半的布料组成，未缝合。两腋下15厘米处裁出6厘米的台面，其下各打3个褶。在衣身右片和右暗摆的底部，墨书行书"周中房青"4字……根据墨书及衣物疏所载，此布袍即"青布大裯"[2]。根据报告绘制其形制，见图 3-26 所示。类似的形制还见有湖北张懋墓出土的几件样本HBZM004、HBZM005等。

明代图像中多有穿该型式袍服的男子形象，见图 3-27 所示。

[1]（明）刘若愚，《酌中志》，卷十九，内臣佩服纪略。

[2] 江阴博物馆. 江苏江阴叶家宕明墓发掘简报［J］. 文物，2009（8）：31.

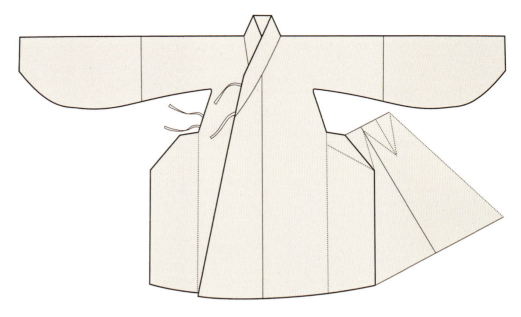

图
3-26 ／ 样本 JSJYY001 形制图

图
3-27 ／ 明 穿交领袍的男子像
（加拿大皇家安大略博物馆藏）

▼ 通裁型交领袍衫Ⅱ式

通裁型交领袍衫Ⅱ式样本的典型特征为交领、右衽、衣身通裁、长袖、两侧无出摆、左右身侧无开衩，呈闭合状态^图3-28。

这一型式的服装身长明显短于其他形式的袍衫，如样本JSTZS005的身长为120cm，它与前述通裁型交领袍Ⅰ式样本JSTZS003出土于同一墓葬，两件文物的污染痕迹相同，应为内外套穿的组合配伍中的内穿之服^表3-8。

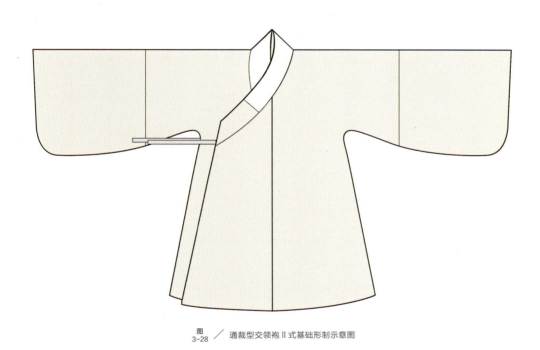

图
3-28 ／ 通裁型交领袍Ⅱ式基础形制示意图

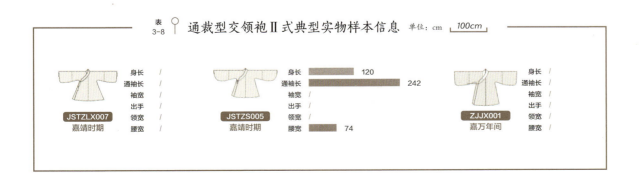

表
3-8 通裁型交领袍Ⅱ式典型实物样本信息　单位：cm　100cm

样本	身长	通袖长	袖宽	出手	领宽	腰宽
JSTZLX007 嘉靖时期	/	/	/	/	/	/
JSTZS005 嘉靖时期	120	242	/	/	/	74
ZJJX001 嘉万年间	/	/	/	/	/	/

▼ 通裁型交领袍Ⅲ式

通裁型交领袍Ⅲ式样本的基础形制特征为交领、右衽、衣身通裁、长袖、两侧无出摆且有插片 图3-29。这一形制的样本数量较多，为男子特有服装品类，称谓有道袍、直身、直裰等，穿着者身份有皇帝、贵族、官员等 表3-9。

除了素色衣料，袍服装饰还分为胸背型与柿蒂形肩袖通襕型。胸背型袍见于孔府旧藏样本SDKF054。柿蒂形肩袖通襕型袍见于孔府旧藏SDKF011、SDKF035、SDKF058三件，肩袖通襕及膝襕为蟒纹。这些样本的尺寸信息，身长123～140cm，通袖长232～253cm，袖宽35～67cm。在定陵共出

图3-29／通裁型交领袍Ⅲ式基础形制示意图

表3-9 ⚲ 通裁型交领袍Ⅲ式典型实物样本信息 单位：cm ⌊100cm⌋

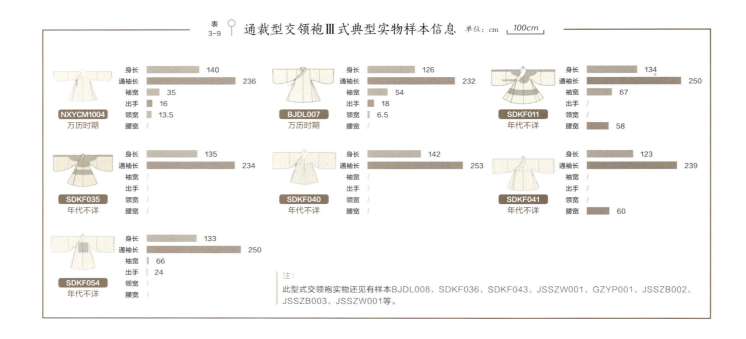

样本	身长	通袖长	袖宽	出手	领宽	腰宽
NXYCM1004 万历时期	140	236	35	16	13.5	
BJDL007 万历时期	126	232	54	18	6.5	
SDKF011 年代不详	134	250	67	/	/	58
SDKF035 年代不详	135	234	/	/	/	/
SDKF040 年代不详	142	253	/	/	/	/
SDKF041 年代不详	123	239	/	/	/	60
SDKF054 年代不详	133	250	66	24	/	/

注：
此型式交领袍实物还见有样本BJDL008、SDKF036、SDKF043、JSSZW001、GZYP001、JSSZB002、JSSZB003、JSSZW001等。

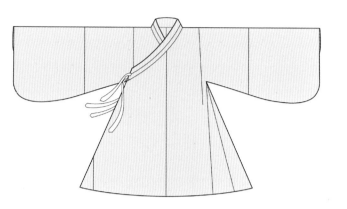
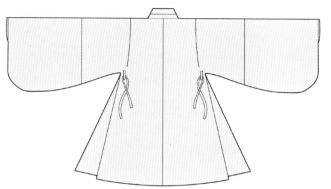

图 3-30 ／ 定陵出土 W351 大袖衬道袍（BJDL007）形制图（正视图、背视图）

土 8 件式样与样本 BJDL007 一致的服装，墨书标签称其为"大袖衬道袍"[1]。

关于如上样本的称谓，《定陵》[2] 中标号 W351（本书样本号 BJDL007）的服装留有墨书"道袍"，其式样及裁剪方法描述如下：面为素色绫，前后片及两袖为连在一起的整幅。前片左侧一幅在右边加一幅及一斜尖拼成大襟，左下部加一幅折到后面钉在后片上；右侧一片在左边加半幅拼成小襟，右下部加一幅折到后面钉在后片上；两袖接一幅……绢里裁剪拼合与面相同，在里与面之间需有薄丝绵一层。小襟里侧绣有文字"合万历四十七年十二月……"在小襟和后片之间夹一墨书纸标签，残存字迹有"本色素绫大袖衬道袍……袍身二尺一寸……"根据《定陵》中的图示，绘制其正视图、背视图见 图 3-30 所示。

文献中对道袍的相关记载，还见于《云间据目抄》："（男人衣服）隆、万以来皆用道袍，而古者皆用阳明衣，乃其心好异，非好古也。"[3] 这段记述说明道袍在明晚期最为流行，尤其是隆庆、万历以来。此外，王

世贞《觚不觚录》也提及："道袍，又曰直掇……燕居之常用也。"[4]《阅世编》有："其便服自职官大僚而下至于生员，俱戴四角方巾，服各色花素绸纱绫缎道袍。其华而雅重者，冬用大绒茧绸，夏用细葛，庶民莫敢效也。其朴素者，冬用紫花细布或白布为袍，隶人不敢拟也。"[5] 这两段记述说明道袍并非庶民之服，而是有一定身份的人燕居时的便服，它也可称为直裰，其衣料除了丝绸还可以用葛布或棉布。《酌中志》谈及内臣亦穿道袍，但有所区别"（内臣）道袍，如外廷道袍之制，惟加子领耳，间有缀补。然逆贤时，其袖有大至二尺七八寸者，可笑莫此为甚。氅衣，有如道袍袖者，近年陋制也。旧制原不缝袖，故名曰氅也。彩素不拘。"[6]

样本 JSSZW001 出土于苏州王锡爵 [7] 墓，形制为交领袍，领、袖缘边，胸背缀有方补，为文献所载的忠静冠服。忠静冠服是品官燕居法服，文、武官皆可穿用。《明会典》有"嘉靖七年定，忠静服即古玄端，服色该用深青，以纻丝纱罗为之。三品以上用云，四品以下用素。缘以蓝青，前后饰以本等花

❶
中国社会科学院考古研究所，定陵博物馆，北京市文物工作队. 定陵（上下册）[M]. 北京：文物出版社，1990：91.

❷
中国社会科学院考古研究所，定陵博物馆，北京市文物工作队. 定陵（上下册）[M]. 北京：文物出版社，1990：89-90.

❸
（明）范濂.《云间据目抄》，卷二，记风俗。

❹
（明）王世贞，《觚不觚录》，见王云五主编《丛书集成初编》。

❺
（清）叶梦珠，《阅世编》，卷八，冠服。

❻
（明）刘若愚，《酌中志》，卷十九，内臣佩服纪略。

❼
王锡爵，曾任明万历年间内阁首辅。

样补子"[1]。交领袍领、袖缘边，胸背缀补，腰间系带，这一忠静冠服形象可以参见陆文定公[2]像所绘图3-31。

样本SDKF054与GZYP001两件样本分别为孔府旧藏与贵州玉屏曾凤彩墓出土，服装形制为交领袍，胸背缀补，但领、袖并无缘边，其形制如图3-32所示。穿这类服装的人物图像见于《徐显卿宦迹图》（明代余士、吴

钺绘，故宫博物院藏）、《出警入跸图》（明朝皇帝出京谒陵的宫廷画卷，故宫博物院藏）、《祖先图》（加拿大皇家安大略博物馆藏）图3-33等，袍色多为青、绿、红色，着装者头戴深色巾，或侍于御前，或骑于马上，或于山林闲坐，可以为品官的常服、行服以及燕居服。

[1] 《明会典》冠服卷，忠靖冠服条。《明史·舆服志》载：阁臣张璁因言："品官燕居之服未有明制，诡异之徒，竟为奇服以乱典章。乞更法古玄端，别为简易之制，昭布天下，使贵贱有等。"帝因复制《忠静冠服图》颁礼部，敕谕之曰："祖宗稽古定制，品官朝祭之服，各有等差。第常人之情，多谨于明显，怠于幽独。古圣王慎之，制玄端以为燕居之服。比来衣服诡异，上下无辨，民志何由定。朕因酌古玄端之制，更名'忠静'，庶几乎进思尽忠，退思补过焉。朕已著为图说，如式织造，在京许七品以上官及八品以上翰林院、国子监、行人司，在外许方面官及各府堂官、州县正堂、儒学教官服之。武官止都督以上。其余不许滥服。"

[2] 陆文定公（陆树声），生于正德四年（1509），卒于万历三十三年（1605），嘉靖二十年（1541）中进士，官至正三品太常寺卿，职掌南京国子监祭酒。

图3-31　明 沈俊 穿忠静冠服的明陆文定公像
（美国普林斯顿大学艺术博物馆藏）

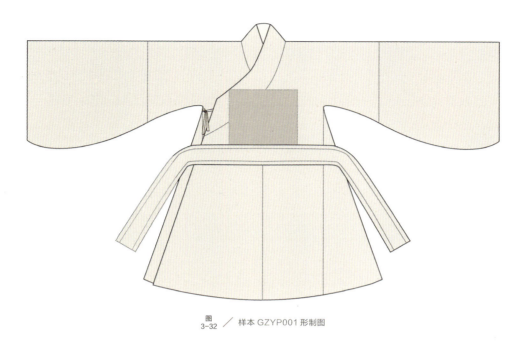

图
3-32 ／ 样本 GZYP001 形制图

图
3-33 ／ 穿交领胸背袍的男子形象（局部）（加拿大皇家安大略博物馆藏）

▼ 通裁型交领袍Ⅳ式

通裁型交领袍Ⅳ式的基础形制特征是交领、右衽、衣身通裁、短袖（或无袖）、侧身有摆褶 ^图。已知这一型式的实物样本自明初至明末皆有，数量较多，为男子特有服装 ^表。这种服装的穿着者身份有皇帝、贵族、官员。

自洪武至万历时期，通裁型交领袍Ⅳ式的形制变化有从衣身紧窄至宽松的趋势，如

洪武时期的鲁荒王墓样本腰宽42～50cm，至嘉靖时期，服装样本的腰宽一般为75～80cm。此外，袖子由窄及宽也是这一形制服装的年代变化特征，洪武时期样本袖宽26～28cm，而嘉靖时期则达42cm以上，袖子由窄及宽，使得服装形制自腋下至出摆台面的距离由长变短，至万历时期这一部分的尺寸为最小。

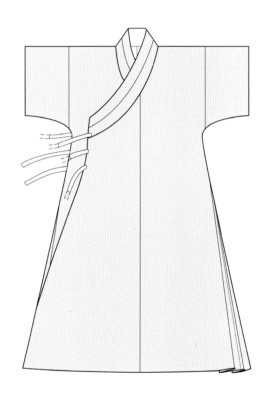
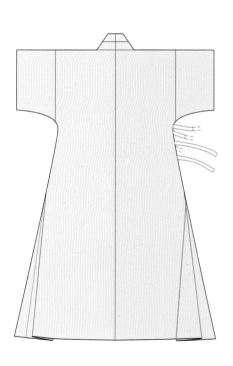

图 3-34 ／ 通裁型交领袍Ⅳ式基础形制示意图

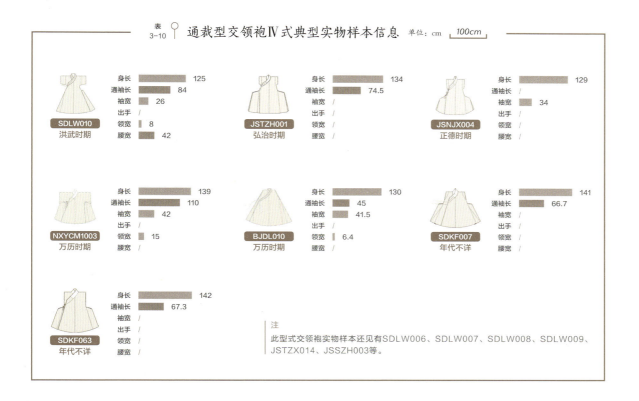

表 3-10　通裁型交领袍Ⅳ式典型实物样本信息　单位：cm　100cm

样本	身长	通袖长	袖宽	出手	领宽	腰宽
SDLW010 洪武时期	125	84	26	/	8	42
JSTZH001 弘治时期	134	74.5	/	/	/	/
JSNJX004 正德时期	129	/	34	/	/	/
NXYCM1003 万历时期	139	110	42	/	15	/
BJDL010 万历时期	130	45	41.5	/	6.4	/
SDKF007 年代不详	141	66.7	/	/	/	/
SDKF063 年代不详	142	67.3	/	/	/	/

注
此型式交领袍实物样本还见有SDLW006、SDLW007、SDLW008、SDLW009、JSTZX014、JSSZH003等。

关于这一类型服装的称谓，考古报告往往用半袖袍、无袖衫、中单等命名。在明代文献中，这类服装形制应称为"褡护""搭护"等名，其制为元代流俗，最典型的特征为短袖或无袖。《通雅》有："褡护，秃袖衫。"[1]褡护可外穿，也可内穿，并与圆领、贴里作为男装一袭配伍（图3-35）。

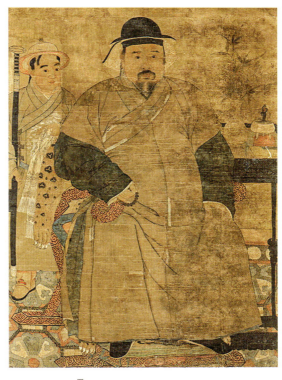

图3-35　穿褡护的男子像（徽州容像）

[1]（明）方以智，《通雅》，衣服。

断腰型交领袍

这一类型的交领袍样本的典型特征是交领、右衽、前衣身并非通裁而分成上衣下裳再连属。在这一型下，很难用单一的某项特征作为式的划分标准，在此以"下裳""摆""袖"等综合特征作为划分依据，将断腰型交领袍分为4式，其典型形制特征分别是：Ⅰ式的下裳仅两侧有褶并出摆、Ⅱ式的下裳为满褶且袍为长袖、Ⅲ式的下裳为满褶且袍为短袖、Ⅳ式的下裳无褶但有多片分割。

▼ 断腰型交领袍Ⅰ式

断腰型交领袍Ⅰ式的基础形制为交领、右衽、衣身前视为断腰、长袖、下裳中部有马面，仅两侧有褶，大部分袍下裳两侧有出摆 图 3-36。文物样本自明中期至万历时期皆有出现 表 3-11。这一形制的交领袍装饰纹样除了样本JSNJW001为暗花外，其余皆有柿蒂窠肩袖通襕与膝襕。

关于断腰型交领袍Ⅰ式的称谓，明代文献之中有裑襈、一撒、曳撒等称，应为音

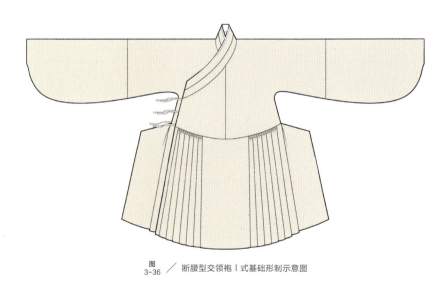

图
3-36 ／ 断腰型交领袍Ⅰ式基础形制示意图

表
3-11 断腰型交领袍Ⅰ式典型实物样本信息 单位：cm ⌐100cm

	BJNY001 正德时期		BJNY006 正德时期	
身长	132	身长	141	
通袖长	266	通袖长	266	
袖宽	/	袖宽	/	
出手	/	出手	/	
领宽	/	领宽	/	
腰宽	/	腰宽	/	

	JSNJW001 年代不详		JXYXW005 万历时期	
身长	140	身长	116	
通袖长	/	通袖长	230	
袖宽	/	袖宽	45	
出手	/	出手	15	
领宽	/	领宽	/	
腰宽	/	腰宽	56	

注
此型式交领袍实物还见有样本BJNY003、BJNY004、BJNY005、JSNJB005等。

译，为元朝质孙服[1]之遗俗。《酌中志》有："曳撒，其制后襟不断，而两旁有摆。前襟两截，而下有马面褶，往两旁起。惟自司礼监写字以至提督止，并各衙门总理、管理，方敢服之。红者缀本等补，青者否。"[2]王世贞《觚不觚录》有："迩年以来，忽谓程子衣道袍，皆过简。而士大夫宴会，必衣曳撒。是以戎服为盛，而雅服为轻，吾未之从也。"[3]从如上记载中，可以得知曳撒是有一定身份的人外穿之服，原本应为戎服，但明晚期流行于士大夫群体，其形制下裳之褶称马面褶，并往两旁起褶，值得注意的是，文献中提及的"其制后襟不断"应指后身为通裁形式，但限于已知文物的可见性，难以确定实物是否如此。图像中的曳撒形象见图3-37、图3-38所示，明宪宗及侍臣均服曳撒。

图3-37 / 《明宪宗调禽图》（局部）（中国国家博物馆藏）

图3-38 / 明 佚名《御花园赏玩图》（局部）[4]

[1] 质孙，为蒙语音译，汉语意思为"一色衣"，一般认为"曳撒"等称是"一色"的谐音。

[2] （明）刘若愚，《酌中志》，卷十九，内臣佩服纪略。

[3] （明）王世贞，《觚不觚录》，见于王云五主编《丛书集成初编》。

[4] 图片来源：李雪松主编，《日近清光——明代宫廷院体绘画展》（2014）图录。著录：关冕钧《三秋阁书画录》卷上，第31页，1928年苍梧关氏印行。

▼ 断腰型交领袍Ⅱ式

断腰型交领袍Ⅱ式的典型特征是交领、右衽、衣身断腰、长袖、下裳腰部满褶 图3-39。其穿着者身份上至皇帝、贵族，下至民间处士，衣料的纹样装饰体现出对应的身份等级，如定陵出土的样本BJDL006、鲁荒王墓出土样本SDLW001、苏州丝绸博物馆藏样本JSSZB001，以及孔府旧藏样本均有织成肩袖通襕与膝襕。该类型袍服的典型特征在于腰间褶裥，褶有大小、疏密之别。

断腰型交领袍Ⅱ式文物样本较多表3-12，其形制上的典型变化是上衣下裳的比例，明显可见，明初断腰袍的下裳长度比上衣要长，如洪武年间的样本SDLW001，上身长

图3-39／断腰型交领袍Ⅱ式基础形制示意图

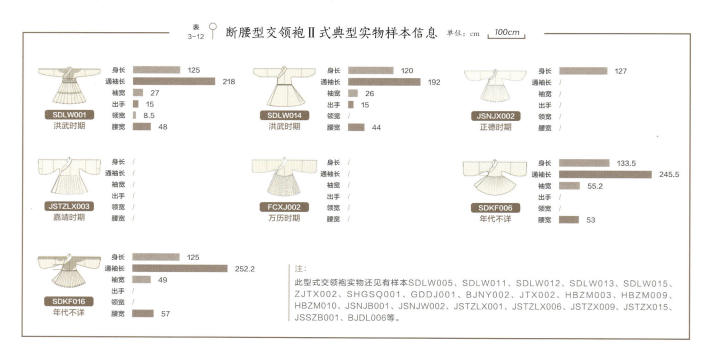

表3-12 🕯 **断腰型交领袍Ⅱ式典型实物样本信息** 单位：cm ⊢100cm⊣

样本	身长	通袖长	袖宽	出手	领宽	腰宽
SDLW001 洪武时期	125	218	27	15	8.5	48
SDLW014 洪武时期	120	192	26	15		44
JSNJX002 正德时期	127					
JSTZLX003 嘉靖时期	/	/	/	/	/	/
FCXJ002 万历时期	/	/	/	/	/	/
SDKF006 年代不详	133.5	245.5	55.2			53
SDKF016 年代不详	125	252.2	49			57

注：
此型式交领袍实物还见有样本SDLW005、SDLW011、SDLW012、SDLW013、SDLW015、ZJTX002、SHGSQ001、GDDJ001、BJNY002、JTX002、HBZM003、HBZM009、HBZM010、JSNJB001、JSNJW002、JSTZLX001、JSTZLX006、JSTZX009、JSTZX015、JSSZB001、BJDL006等。

为50cm，下裳长为75cm，上下比例为2：3。这个格局自正德后渐渐改变，变为下裳短，上身长，正德年间湖北张懋墓出土的样本HBZM003充分反映了这一特征；另见万历皇帝的断腰袍BJDL006，上身长66cm，下裳长68cm，上下比例几乎为1：1。袍服的材质多为丝绸，也有棉质和麻质，如山东鲁王墓出土多件白纱窄袖袍及袍料，质地为麻。

关于断腰型交领袍Ⅱ式的称谓，明代文献中有贴里、摺子、褶儿、顺褶、襊褶、襊子、程子衣等名，记述颇多，其材质既有丝绸也有苎麻等。《天水冰山录》中记录有各类衣料的褶子数十件，如"蓝罗褶子、绿绢褶子、沉香云绢褶子"等。江西玉山夏浚墓的衣物疏墨书清单："□□□□褶一件，□□□□云绢摺一件……□□□苎褶一件"[1]。《金瓶梅词话》第二回有："妇人手擎不牢，不端不正却打在那人（西门庆）头上。妇人便慌忙陪笑，把眼看那人，也有二十五六年纪，生得十分浮浪。头上戴着缨子帽儿，金铃珑簪儿，金井玉栏杆圈儿；长腰身穿绿罗褶儿；脚下细结底陈桥鞋儿，清水布袜儿，腿上勒着两扇玄色挑丝护膝儿；手里摇着洒金川扇儿，越显出张生般庞儿，潘安的貌儿。"[2]

《云间据目抄》有："男人衣服，予弱冠时皆用细练褶，老者上长下短，少者上短下长。自后渐易两平其式，即皂隶所穿冬暖夏凉之服，盖胡制也。"[3]其中的记载可以印证前述对这一型式的袍服上衣下裳比例的规律，并还受年龄的影响，老者上长下短，少者上短下长。王世贞《觚不觚录》中有："而衣中断，其下有横摺，而下复竖摺之，若袖长则为曳撒，腰中断以一线道横之，则谓程

子衣。"[4]"程子衣"是一种物带人号的称谓方式，从王世贞的描述中可知程子衣也属于这一类型。《太康县志》有："国初时，衣衫褶前七后八。弘治间，上长下短，褶多。正德初，上短，下长三分之一，士夫多中停"。[5]

《酌中志》中载："大褶，前后或三十六、三十八不等，间有缀本等补。顺褶，如贴里之制，而褶之上不穿细纹，俗为马牙褶，如外廷之襕褶也。间有缀本等补。"[6]从其中记载，不难看出，褶有多寡与宽窄之别。腰间细褶纹的数量，多达数百个，如出土于江苏淮安的样本JSHA001，年代为弘治，其考古报告记载"白布连衣百摺裙。身长138，领高11，通袖长252.5，袖宽42.7，袖口宽18，腰围120，下摆前襟长260，后襟长293.5。距下摆53厘米处有碎褶，前边244个褶，后边232个褶，右腋下有长17.5～22、宽0.75的系带5组10根"[7]。由此可见该型式服装的褶裥之多与用料之奢。

不同的特征也有特定的对应称谓——如腰间褶上穿有细纹，称为贴里；如褶上无细纹，称为马牙褶；褶数为36、38则称为大褶。选取如上实物样本FCXJ002、JSTZLX003，分析并绘制其细节见图3-40、图3-41所示。

[1] 江西省博物馆. 江西玉山、临川和永修县明墓 [J]. 考古，1973（9）：286. 夏浚，曾任广西参政，葬于嘉靖四十年（1561年）。

[2] 兰陵笑笑生. 金瓶梅词话（全两册）[M]. 北京：人民文学出版社，2000：23.

[3]（明）范濂，《云间据目抄》，卷二，记风俗。

[4] 王世贞. 觚不觚录[M]// 王云五. 丛书集成初编，上海：商务印书馆，1936（中华民国26年）：17.

[5]（嘉靖）《太康县志》，卷四。

[6]（明）刘若愚，《酌中志》，卷十九，内臣佩服纪略。

[7] 江苏省淮安县博物馆. 淮安县明代王镇夫妇合葬墓清理简报 [J]. 文物，1987（3）：4.

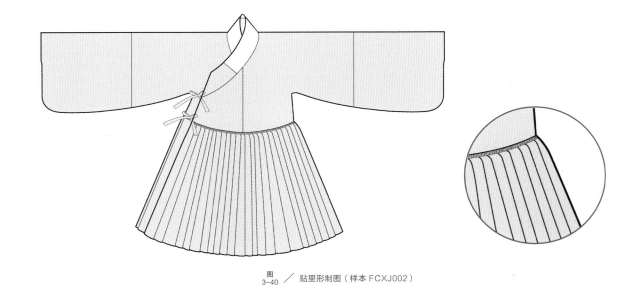

图
3-40 ／ 贴里形制图（样本 FCXJ002）

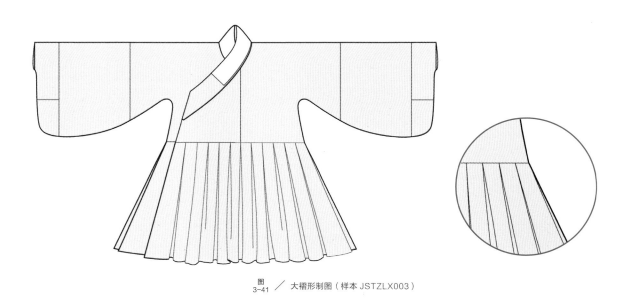

图
3-41 ／ 大褶形制图（样本 JSTZLX003）

▼ 断腰型交领袍Ⅲ式

断腰型交领袍Ⅲ式的典型特征是交领、右衽、短袖、衣身断腰、下裳满褶，自正中向两侧顺次排出数对大褶，大褶上部腰线位置又有细褶裥，右侧襟有系带 图/3-42。

断腰型交领袍Ⅲ式的实物样本见于山东鲁荒王朱檀墓，材质有丝绸和麻两类 表/3-13。从考古报告 ❶ 给出的细节来看，下裳的构成形式分为两片，左右交叠，并分别与上衣大襟、小襟和后身内外相连，组成前后相搭的两部分 图/3-43。

图
3-42 ／ 断腰型交领袍Ⅲ式基础形制示意图

图
3-43 ／ SDKF007下裳拼片示意图（左：背视图；右：搭片示意图）

| 表 3-13 | 断腰型交领袍Ⅲ式典型实物样本信息 | 单位：cm | 100cm |

	身长	122			身长	128
	通袖长	98			通袖长	95
	袖口宽	23.5			袖口宽	24
	领宽	/			领宽	
	腰宽	45			腰宽	43

SDLW007
洪武时期

SDLW016
洪武时期

注：
该型式交领袍还见有样本SDLW006。

❶
山东博物馆，山东省文物考古研究所. 鲁荒王墓（上下册）[M]. 北京：文物出版社，2014：39.

▼ 断腰型交领袍Ⅳ式

断腰型交领袍Ⅳ式的典型特征是交领、右衽、长袖、袖口平直无封口、领袖衽等处有缘边，衣身分上衣下裳，下裳中缝与上衣中缝相连，无褶，多由数片拼合，袍侧缝合，无出摆无开衩 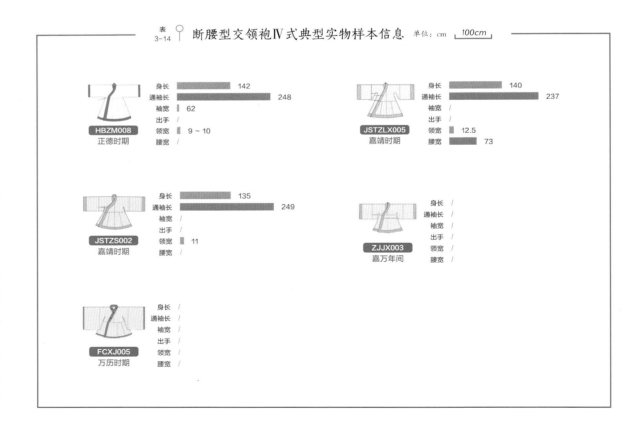₃₋₄₄。

典型断腰型交领袍Ⅳ式实物样本有5件 表₃₋₁₄。年代最早的样本HBZM008年代为正德时期，出土于湖北鄂东武穴市，墓主张懋被尊称"义宰"|❶。考古报告中记载这件服装"出土时穿在第一层……白布做成，领袖下摆缘为青色"。这件袍服，并有同质腰带一条出土，带的形制为环绕腰部一圈，于前中系有双结，结下垂绅，绅带两侧缘边与袍服缘边同色 图₃₋₄₅。虽受图像限制，其形制与深衣形制相符。宋代以前，深衣的概念很宽泛，自宋代以后深衣成为一种文人贤士所穿的特定款式服装，袍身上下分裁，袼方袂圆，下裳由十二片梯形布幅拼合，以象征一年十二月。深衣、大带、幅巾，正是明代文士通服的一套配伍 图₃₋₄₆。《三才图会》绘有"新拟深衣图"图₃₋₄₇，并释有"衣身用布六幅，袖用两幅，别用一幅，裁领又用一幅，交解裁两片为内外襟，缀连衣身，则衣为六幅矣。裳用布六幅裁十二片，后六片如旧式，前四片缀连外襟，二片连内襟上衣"|❷。《金瓶梅词话》第十八回有"厅上垂着珠帘，蔡攸深衣软巾坐于堂前，问道：是那里来的？"|❸。另有江西玉山夏浚墓出土衣物疏记载有"深衣"条|❹，但未见实物。

另有江苏泰州、浙江嘉兴出土其他三件该型式袍服，年代为嘉万时期，袍服也为上

❶
义宰，对社稷稳定做出贡献而享有崇高威望的非正式官吏。

❷
（明）王圻，王思义，《三才图会》，衣服三卷。

❸
兰陵笑笑生. 金瓶梅词话（全两册）[M]. 北京：人民文学出版社，2000；195，第十六回.

❹
江西省博物馆. 江西玉山、临川和永修县明墓 [J]. 考古，1973（9）；286."江西广信府玉山县招善乡吴田里良田社，恭惟近故会稽郡贵廿五广西参政存名夏浚所有，存曰衣裳开具□后：一上穿贴身白袖衫一件，白绵□棉袄一件，□□□□褶一件，□□□□云绢褶一件，□□□芢袄一件，青芢褶一件，□□□深衣一件。一下穿白绵绵绵裤一腰，葱云绢裙一腰……"

表₃₋₁₄ 断腰型交领袍Ⅳ式典型实物样本信息　单位：cm ⌐100cm⌐

样本	身长	通袖长	袖宽	出手	领宽	腰宽
HBZM008 正德时期	142	248	62	/	9~10	/
JSTZLX005 嘉靖时期	140	237	/	/	12.5	73
JSTZS002 嘉靖时期	135	249	/	/	11	/
ZJJX003 嘉万年间	/	/	/	/	/	/
FCXJ005 万历时期	/	/	/	/	/	/

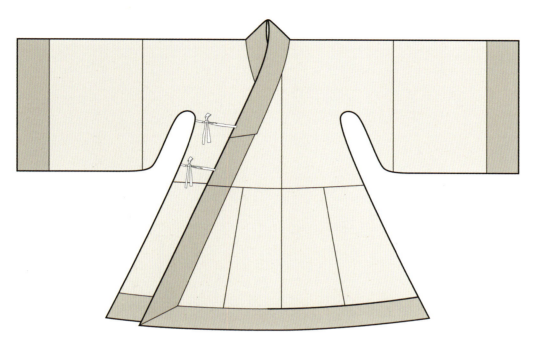

图
3-44 ／ 断腰型交领袍Ⅳ式基础形制示意图

图
3-45 ／ 湖北张懋墓出土深衣（HBZM008）与大带

图 3-46 ／身着深衣、头戴幅巾的士人像

图 3-47 ／《三才图会》中的"新拟深衣图"

下分裁，相比样本HBZM008，其领、袖及底缘镶边更宽，尺寸为11～12.5cm不等，袖为大袖，但袖根部位收紧，袖端平直并敞口。较为特别的是样本ZJJX003，其腰部上衣下裳相连处有一宽腰装饰，前身下裳仅见两片拼接。样本JSTZS002出土时，附有一条长丝绦，两端有穗，长484cm [1]。这种穿交领右衽宽缘袍，并以丝绦作为袍衫的系缚方式，在明代图像中极为常见。有学者将这种形制的袍装称为"缝掖" [2]。"缝掖"，也为"逢掖"，对其最早的阐述见于《礼记》[3]，鲁哀公问孔子："夫子之服，其儒服欤？"孔子对曰："丘少居鲁，衣逢掖之衣。长居宋，冠章甫之冠。丘闻之也，君子之学也

博，其服也乡。丘不知儒服。"郑玄注："逢犹大也。大掖之衣，大袂单衣也。"《说文》对"掖"解释为："从手，夜声，一曰臂下也……俗亦作腋。"这款断腰型交领袍Ⅳ式服装符合"大袂""单衣"的特征，不无"缝掖"古制。

样本FCXJ005为日本丰臣秀吉赐服 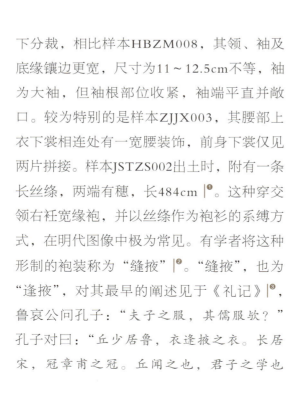 图3-48，也属于这一型式，其名称为中单，在《丰公遗宝图略》中绘有其形制图 图3-49，并记载"薄枔色无纹纱，襟赤，有两弓相被之文，长四尺四寸，袖长三尺二寸五分，自领中至袖口四尺一寸"。这件中单与样本FCXJ004为配伍，FCXJ004为皮弁服，形制是上下通裁。

❶
泰州市博物馆．江苏泰州森森庄明墓发掘简报［J］．文物，2013（11）：37．

❷
解立新．泰州出土明代服饰样式漫谈［J］．东方收藏，2012（1）：23．

❸
《礼记》，儒行第四十一．

图
3-48 ／ 样本FCXJ005（日本妙法院藏）

同衣

薄拐色無紋

紗襟亦有兩

已相聳之文

其四尺四寸

袖長三尺二寸

五分

自領中至袖口

四尺一寸

图
3-49 ／ 《丰公遗宝图略》载绘的形制图

归纳已知竖领衫实物，为女装。将衣襟开合特征作为竖领衫各"型"的划分依据，分为大襟、对襟两型，再把领部细节特征作为"式"的划分依据。竖领衫分为2型3式：大襟型（下分2式）、对襟型（1式）。文献中对竖领衫的称谓有：大袖衫、长袄、长衫等。

大襟型竖领衫

▼ 大襟型竖领衫Ⅰ式

大襟型竖领衫Ⅰ式的典型特征是：竖领、右衽大襟、衣身通裁、有收腰、两侧开衩至腋下，一般为大袖或平袖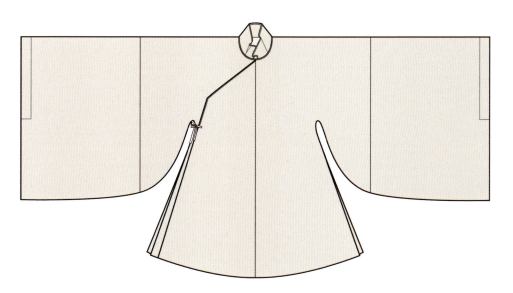。

已知大襟型竖领衫Ⅰ式样本，除ZJJX016外，均来自山东孔府旧藏。服装的尺寸身长在101～128.8cm不等，腰宽尺寸58～64cm，通袖长最短为197cm、最长为247.5cm。其衣料或为素织，或为织金胸背（ZJJX016），或为织彩柿蒂窠（SDKF017），或为彩色画缋（SDKF014）。

长袄衫是女性正式的外穿之服，其下与裙搭配。《日知录》有："弘治间，妇女衣衫仅掩裙腰，富者用罗缎纱绢织金彩通袖，裙用金彩膝襕，髻高寸余。正德间，衣衫渐大，裙褶渐多，衫唯用金彩补子，髻渐高。嘉靖初，衣衫大至膝，裙短褶少，髻高如官帽。"[1] 从这段描述中可知女衣的长度自弘治至嘉靖有日渐增大之势，解读"衣衫大至膝"，女衫实物中SDKF031身长为128.8cm，其长应过膝，当称长衫。

图
3-50 ／ 大襟型竖领衫Ⅰ式基础形制示意图

图
3-51 / 女像轴（故宫博物院藏）

图
3-52 / 明 六十五代衍圣公孔胤植夫人陶氏
画像轴（孔子博物馆藏）

表
3-15 ♀ **大襟型竖领衫 I 式典型实物样本信息** 单位：cm 100cm

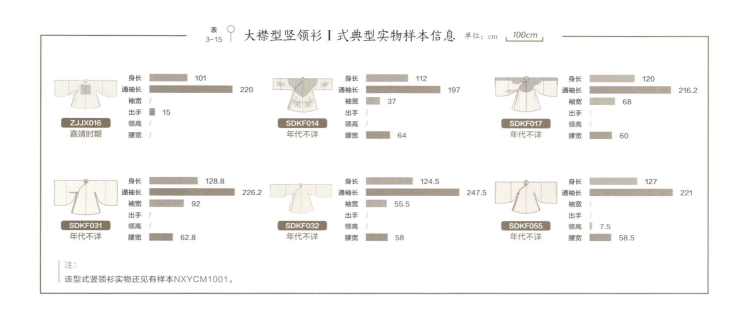

ZJJX016 嘉靖时期	身长 101	通袖长 220	袖宽 /	出手 15	领高 /	腰宽 /
SDKF014 年代不详	身长 112	通袖长 197	袖宽 37	出手	领高	腰宽 64
SDKF017 年代不详	身长 120	通袖长 216.2	袖宽 68	出手	领高	腰宽 60
SDKF031 年代不详	身长 128.8	通袖长 226.2	袖宽 92	出手 /	领高 /	腰宽 62.8
SDKF032 年代不详	身长 124.5	通袖长 247.5	袖宽 55.5	出手 /	领高 /	腰宽 58
SDKF055 年代不详	身长 127	通袖长 221	袖宽 /	出手 /	领高 7.5	腰宽 58.5

注：
该型式竖领衫实物还见有样本NXYCM1001。

▼ 大襟型竖领衫Ⅱ式

大襟型竖领衫Ⅱ式的典型特征是竖领、右衽大襟、衣身通裁、两侧开衩 ^图₃₋₅₃。山东曲阜孔府旧藏有大襟型竖领衫Ⅱ式实物样本两件 ^表₃₋₁₆，身长分别为120cm、126.5cm，通袖长在220cm左右。

两件样本领式较为特别，为双重领，内层为竖领，外层为圆领。其细节见 ^图₃₋₅₄ 所示。

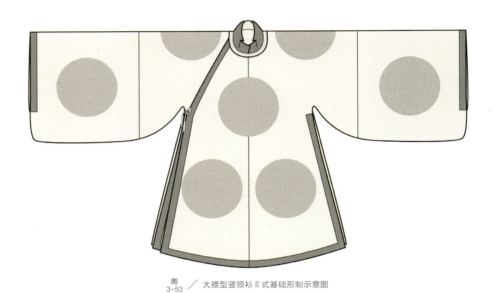

图 ╱ 大襟型竖领衫Ⅱ式基础形制示意图
3-53

图 ╱ 样本 SDKF013、SDKF022 领部细节
3-54

表 3-16 ♀ 大襟型竖领衫Ⅱ式典型实物样本信息　单位：cm ⌐100cm⌐

SDKF013 年代不详		SDKF022 年代不详	
身长	126.5	身长	120
通袖长	220.5	通袖长	219.5
袖宽	91.5	袖宽	57
出手	/	出手	/
领高	/	领高	/
腰宽	64	腰宽	67

对襟型竖领衫

已知对襟型竖领衫典型实物见样本 SDKF023，为山东孔府旧藏，形制特征为竖领、对襟，领、袖、缘均有镶边，袖为敞口，衣身两侧开衩至腋下 ^图3-55。

图 / 对襟型竖领衫形制示意图
3-55

这件服装的身长为122cm ^表3-17，其穿着效果应长及脚面，类似竖领对襟衫穿着形象图见 ^图3-56 所示。关于其称谓，《斯文在兹：孔府旧藏服饰》[1] 图册将其称为"蟹青绸女长衫"，《曲阜孔府档案史料选编》[2] 中称之为"蟹青大领裡衣"。

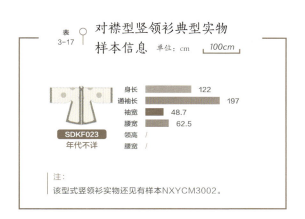

表 对襟型竖领衫典型实物
3-17
样本信息 单位：cm |100cm

身长	122
通袖长	197
袖宽	48.7
腰宽	62.5
领高	/
腰宽	/

SDKF023
年代不详

注：
该型式竖领衫实物还见有样本NXYCM3002。

图 / 明 六十五代衍圣公孔胤植夫人陶氏
3-56   画像轴（孔子博物馆藏）

❶
《斯文在兹：孔府旧藏服饰》
为2012年山东博物馆同名展览图册。

❷
中国社会科学院历史研究所.
曲阜孔府档案史料选编（第二编）：明代档案史料（全一册）[M] 济南：齐鲁书社，1980：115.

归纳已知典型直领袍衫实物，将直领的连通方式作为"型"的划分依据，可分为3型：尺通型（领襟分离，直领自上而下仅长度一尺左右）、直通型（领襟一体，直领自上而下，贯穿对襟，直通至底缘）、复合型（直领自上向下直通底边，自领口下又有长一尺的镶领），下不再分式。文献中对直领袍衫的称谓有：大衫、披风、褙子等。

尺通型直领袍衫

尺通型直领袍衫的典型特征是直领、对襟，领长度一般在一尺左右，衣身通裁，长袖敞口，衣身两侧开衩至腋下，前身左、右片于正中可相对合圈 3-57。

几件典型实物样本男女服皆有，分别见于江西益宣王墓、江西郑云梅墓、上海诸纯臣夫妇墓、贵州思南明墓、江苏虎丘明墓。实物身长119～140cm，领宽6.2～13cm，腰宽59～77.3cm，袖长158.5～192cm，见表 3-18，衣料或为素色，或饰有方形胸背，或为柿蒂形肩袖通襕，或刺绣有花鸟纹。

这一型式实物样本多为平袖，但SDKF066较为特别，为山东孔府旧藏传世服装，《山东省文物志》中称这件服装为"水红花绸绣花对披"，《中国织绣服饰全集》称其为"桃红纱地彩绣花鸟纹褙子"，《衣冠大成》称其为"桃红纱地彩绣花鸟纹披风"。究竟是"披风"还是"褙子"？《三才图会》中有："褙子，即今之披风，实录曰秦二世诏朝服上加褙子，其制短于衫，身与衫齐而大袖，宋又长与裙齐，而袖绕宽于衫。[1]"圈 3-58 描述了褙子在前朝的形制，称"褙子"即明时的披风，可以说明至迟在1607年（《三才图会》成书之时）褙子与披风可通称，但多以"披风"称，笔者认为两者仍有一定差异，后文详述。《朱氏舜水谈绮》中绘有披风图圈 3-59，

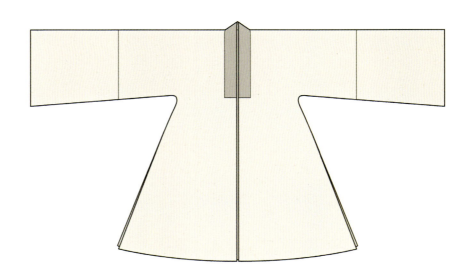

图 3-57 ／ 尺通型直领袍衫基础形制示意图

1 （明）王圻，王思义，《三才图会》，衣服三卷。

表 3-18 尺通型直领袍衫典型实物样本信息 单位：cm ┃100cm┃

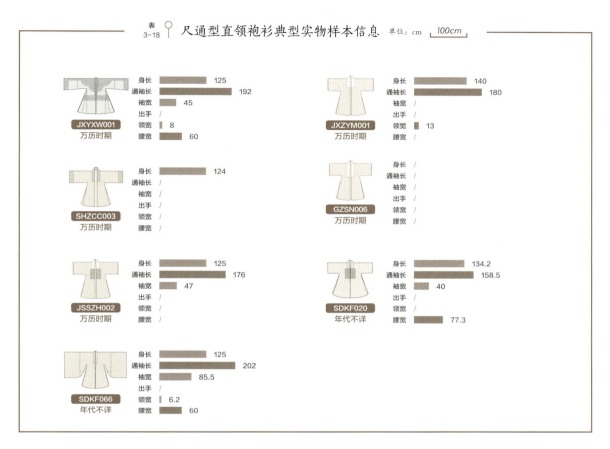

JXYXW001 万历时期
- 身长 125
- 通袖长 192
- 袖宽 45
- 出手 /
- 领宽 8
- 腰宽 60

JXZYM001 万历时期
- 身长 140
- 通袖长 180
- 袖宽 /
- 出手 /
- 领宽 13
- 腰宽 /

SHZCC003 万历时期
- 身长 124
- 通袖长 /
- 袖宽 /
- 出手 /
- 领宽 /
- 腰宽 /

GZSN006 万历时期
- 身长 /
- 通袖长 /
- 袖宽 /
- 出手 /
- 领宽 /
- 腰宽 /

JSSZH002 万历时期
- 身长 125
- 通袖长 176
- 袖宽 47
- 出手 /
- 领宽 /
- 腰宽 /

SDKF020 年代不详
- 身长 134.2
- 通袖长 158.5
- 袖宽 40
- 出手 /
- 领宽 /
- 腰宽 77.3

SDKF066 年代不详
- 身长 125
- 通袖长 202
- 袖宽 85.5
- 出手 /
- 领宽 6.2
- 腰宽 60

图 3-58 《三才图会》中的褶子图

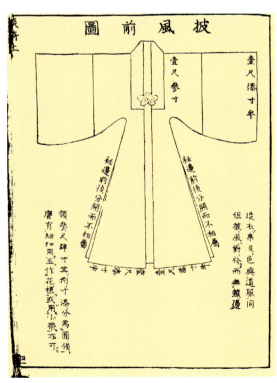

图 3-59 《朱氏舜水谈绮》中的披风图

并标注有：（披风）造衣帛也，色与道服同。但披风对衿，而无镶边。衽边前后分开而不相属。应有组扣用"玉花"作花样，或用小带亦可 [1]。朱之瑜对披风形制做了详细图解说明，而样本SDKF066与其形制一致。披风男女均服，其着装效果见图3-60、图3-61。

图 3-60 ／ 穿披风的李流芳 [2] 像（故宫博物院藏）

图 3-61 ／ 穿披风的妇人像（安徽省博物馆藏）

❶
上海文献丛书编委会. 朱氏舜水谈绮 [M]. 上海：华东师范大学出版社，1988：91-92.

❷
李流芳，生于万历三年（1575），卒于崇祯二年（1629）。明代诗人、画家，徽州府歙县（今安徽歙县人，侨居嘉定（今上海嘉定）。

直通型直领袍衫

直通型直领袍衫的典型特征是直领、对襟，直领自领口直通至底缘，衣身通裁、长袖敞口。领、袖、底缘有宽镶边，直领的左、右两条领缘在前身正中相对合 _图3-62。这种直通型直领袍衫见样本JSTZS004，出土于江苏泰州森森庄明墓，为女装，年代为嘉靖时期。

关于披风与褙子的区别，学者陈芳在《明代女子"披风"考释》[1] 一文有过详细讨论：从形制上看，"披风"与"褙子"比较接近。相同之处在于都是对襟，两边开衩。不同之处在于"褙子"的长度既可及地，又可及膝，"披风"的长度一般及膝……"披风"与"褙子"最大的区别在于领子，

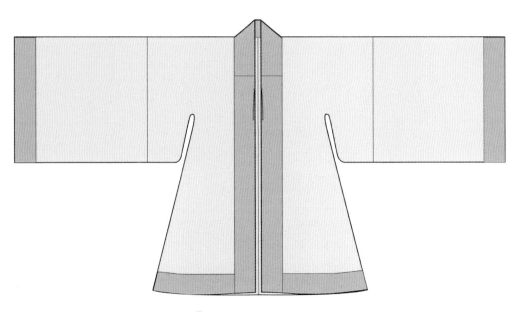

_{图 3-62}／直通型直领袍衫形制示意图

❶
陈芳. 明代女子"披风"考释［J］. 艺术设计研究，2013（2）：25-34.

"褙子"是合领，从上到下一直通下来，"披风"是重新�的瓦领。从《江苏泰州森森庄明墓发掘简报》的记载来看，身长为140cm，袖宽达80cm，腋下有开衩，左右两襟胸口处各缝有一根系带。[1]尺寸透露出这是一件非常宽松肥大的衣服，比对前述分析，这件女装称为"褙子"更为准确。褙子男女皆可服，其着装效果见图3-63、图3-64所示。

图 3-63 ／ 穿褙子的男子像（故宫博物院藏）

图 3-64 ／ 穿褙子的妇人像

❶ 泰州市博物馆. 江苏泰州森森庄明墓发掘简报［J］. 文物，2013（11）：36-49.

复合型直领袍衫

复合型直领衫的已知样本仅一件，JXNJW001出土于江西宁靖王夫人吴氏墓，从《纺织品考古新发现》[1]公布的图片来看，其明显形制特征为两层领，即先有自上而下直通至底摆的合领，其上又叠加有长度为尺的撺领 图3-65。赵丰先生在论文《大衫与霞帔》中对这件服装描述为：吴氏墓所出大衫的基本形制是对襟、直领、宽摆、大袖。通袖长204厘米、袖口宽91厘米、袖根宽，前后衣身长短不等，前身长123厘米、前下摆宽152厘米，后身长138厘米、后下摆宽206厘米。前后身侧开衩一直到腋下，左右腋下各有纽襻一，领子两侧也各有纽襻一，前身直领下有纽扣两对，后身底部中间也有纽子一。背后缀三角形衣料一片，其底边长104厘米，与后身缝死，高59厘米，两条斜边处留有空隙[2] 图3-66。

《明会典》载有大衫霞帔是宗室女性的礼服，永乐三年定亲王妃冠服："大衫霞帔用大红纻丝，纱罗随用。霞帔以深青为质，金绣云凤纹，纻丝纱罗随用。"《明宫冠服仪仗图》[3]绘有永乐年亲王妃的大衫霞帔彩图 图3-67，将实物与大衫图像做比对，其直领、大袖、开衩、后置兜子等特征均与大衫的典型特征相符。再考吴氏身份为宁靖王朱奠培[4]的夫人，生于正统四年（1439），逝于弘治十五年（1502）[5]，此时距永乐年所定大衫之制约一百年之久，虽身份仅为藩王夫人，但从大衫的形制可知其实际身份却等同于郡王妃。

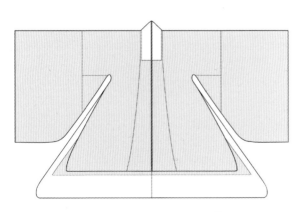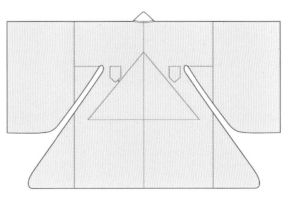

图3-65 ／ 江西宁靖王夫人吴氏墓出土大衫形制图

❶
赵丰. 纺织品考古新发现 [M]. 香港：艺纱堂，2002：175-177.

❷
赵丰. 大衫与霞帔 [J]. 文物，2005（2）：75-85.

❸
北京市文物局图书资料中心. 明宫冠服仪仗图（1函6册）[M]. 北京：北京燕山出版社，2015：241-242.

❹
宁藩的分封始于永乐元年（1403），第一代宁王为朱权，其孙朱奠培，生于永乐十六年（1418），于正统十四年（1449）袭封，弘治四年（1491）薨。

❺
江西省文物考古研究所. 南昌明代宁靖王夫人吴氏墓发掘简报 [J]. 文物，2003（2）：19-34.

图
3-66 ╱ 江西宁靖王夫人吴氏墓出土大衫

图
3-67 ╱ 《明宫冠服仪仗图》中永乐年间郡王妃大衫霞帔图

此外命妇礼服也有用这一形制，在《明会典》中称为"大袖衫"，洪武二十四年定其制为："（命妇冠服）大袖衫，领阔三寸，两领直下一尺，间缀纽子三，前身长四尺一寸二分，后身长五尺一寸，内九寸八分，行则摺起。末缀纽子二，纽在掩纽之下，拜则放之。袖长三尺二寸二分，根阔一尺，口阔三尺五分，落摺一尺一寸五分。掩纽二，就用衫料，连尖长二寸七分，阔二寸五分，各于领下一尺六寸九分处缀之。于掩下各缀纽门一，以纽住摺起后身之余者。兜子，亦用衫料两块斜裁，上尖下平，连尖长一尺六寸三分，每块下平处各阔一尺五分，缝合于一尺七分处缀之，上缀尖皆缝合，以藏霞帔后垂之末者。"|❶ 命妇大袖衫形制的记载详细至纽子的位置、后身兜子的缝合方式与使用方法等。

江西宁靖王夫人吴氏墓还出土有压金彩绣凤纹霞帔一件JXNJW012，为大衫的配伍，霞帔由两条罗带构成，每条各长245cm，宽13cm |❷。《明会典》在命妇冠服中记录了霞帔的披挂方法："霞帔两条，各长五尺七寸，阔三寸二分，各绣禽七，随品级用，前四后三，各绣，临末左右取尖长二寸七分，前后分垂，横缀青罗襻子，牵联并之。前垂三尺三寸五分，尖缀坠子一，后垂二尺三寸五分，临末插兜子内藏之，坠子中钑花禽一，四面云霞纹，禽如霞帔，随品级用。"关于这条霞帔的色彩，高丹丹、王亚蓉于《明宁靖王夫人吴氏墓出土素缎大衫与霞帔之再考》一文中提及："吴氏墓霞帔原始色彩基本褪尽，庆幸的是经过中国社会科学院纺织考古部专业人员进行清理与修复，霞帔罗地及刺绣纹饰丝线局部残留的些许深青色得以显现，证实此霞帔的原始罗料近青色，纹饰色彩含深青，与典籍记载中'霞帔以深青为质'的内容相符"|❸。除了宁靖王吴氏墓，北京定陵与南苑苇子坑明墓也出土有霞帔。

❶
（明）申时行等修，《明会典》（万历朝重修本），卷六一，命妇冠服。

❷
霞帔实物还见有样本
BJNY018、JXYXW013。

❸
高丹丹，王亚蓉. 明宁靖王夫人吴氏墓出土素缎大衫与霞帔之再考［J］. 南方文物，2019（2）：255.

关于"织成"的概念

关于"织成"的概念，故宫博物院陈娟娟老师的研究认为"在明代高级纺织品中，有一种按衣服款式设计的服料，只要按照服料上面织出的裁缝暗线边标记剪裁缝接，就能做成成衣，每一匹可以制成一件或两件成衣，称为织成料。"[1] 阙碧芬在其博士论文中对"织成"的观点是"织成是妆花品种中完全没有循环的独幅设计，经常用在高级华丽的装饰用途及尊贵的袍服。织成最早出现约在汉代，在历代丝绸发展的过程中其定义可能稍有出入。"[2] 织成料根据不同的纹样有很多品类，赵丰曾就"补缎"解释为："补缎即在前胸后背部位织出补子纹样或留出补子部位的成件服装用料，古时称'织成'。这类按衣服结构裁片布置花纹的'织成'匹料，到明清时大为流行。"[3]

织成服装的独特之处在于"织成料"与"服装形制"的匹配，织成的"前设计"尤为重要，因为"前设计"建立在对人体尺寸的规律性认知之上，设计者既要充分了解裁片的结构与制作的流程，同时也要具备通达的织造技术，才能将"成衣"分解在有限的"料"之上，在"料"上体现"成衣"之形。大量的织成服装实物以及明代图像中的人物服饰形象，呈现出明代织成衣料应用之盛。

以织成服装用料的主体纹样构成形式 图3-68 作为分类依据，织成袍衫的形制可以分为3种型式：柿蒂窠织成袍衫、团窠织成袍衫、方形胸背织成袍衫 表3-19。

❶
陈娟娟. 中国织绣服饰论集
[M]. 北京：紫禁城出版社，
2005：216.

❷
阙碧芬. 明代提花丝织物研
究（1368-1644）[D]. 上
海：东华大学，2005：133.

❸
赵丰，屈志仁. 中国丝绸艺
术 [M]. 北京：中国外文出
版社，2012：384.

表 3-19 织成袍衫形制类型表

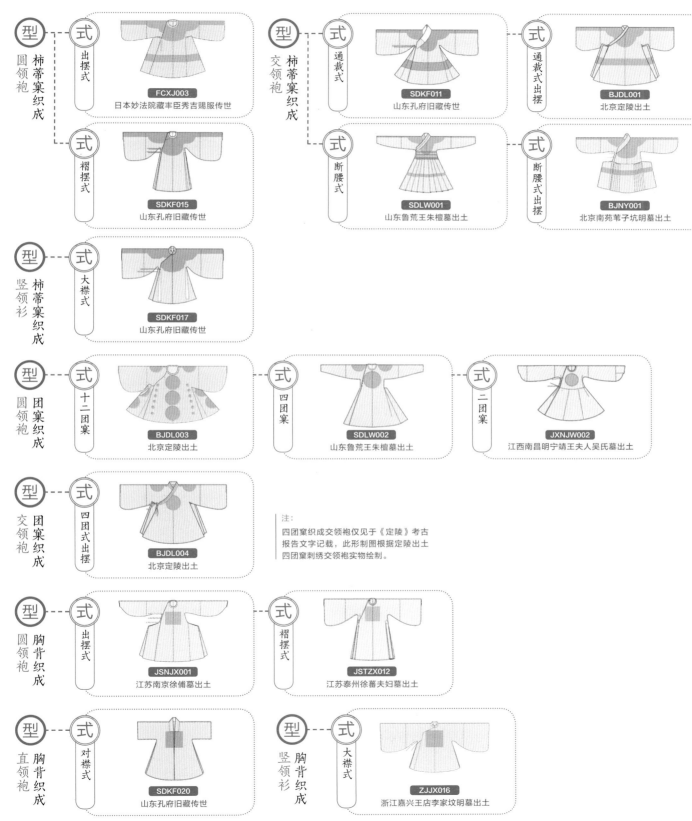

型 圆领袍 柿蒂窠织成

式 出摆式
FCXJ003
日本妙法院藏丰臣秀吉赐服传世

式 褶摆式
SDKF015
山东孔府旧藏传世

型 交领袍 柿蒂窠织成

式 通裁式
SDKF011
山东孔府旧藏传世

式 通裁式出摆
BJDL001
北京定陵出土

式 断腰式
SDLW001
山东鲁荒王朱檀墓出土

式 断腰式出摆
BJNY001
北京南苑苇子坑明墓出土

型 竖领衫 柿蒂窠织成

式 大襟式
SDKF017
山东孔府旧藏传世

型 圆领袍 团窠织成

式 十二团窠
BJDL003
北京定陵出土

式 四团窠
SDLW002
山东鲁荒王朱檀墓出土

式 二团窠
JXNJW002
江西南昌明宁靖王夫人吴氏墓出土

型 交领袍 团窠织成

式 四团式出摆
BJDL004
北京定陵出土

注:
四团窠织成交领袍仅见于《定陵》考古
报告文字记载,此形制图根据定陵出土
四团窠刺绣交领袍实物绘制。

型 圆领袍 胸背织成

式 出摆式
JSNJX001
江苏南京徐俌墓出土

式 褶摆式
JSTZX012
江苏泰州徐蕃夫妇墓出土

型 直领袍 胸背织成

式 对襟式
SDKF020
山东孔府旧藏传世

型 竖领衫 胸背织成

式 大襟式
ZJJX016
浙江嘉兴王店李家坟明墓出土

柿蒂窠织成袍衫

柿蒂窠织成，是指织成料的装饰纹样在服装的前胸、后背及两肩围绕领口的位置形成柿蒂形装饰区。明代织成料常见柿蒂窠廓形有A、B两种样式，其中A见于明初。窠内主体图案常见有：龙、蟒、飞鱼、斗牛、四兽、凤等。从已知柿蒂窠织成袍衫实物来源看，分别见于山东鲁荒王墓（洪武）、北京南苑苇子坑夏儒夫妇墓（正德）、江西益宣王朱翊鈏夫妇墓（万历）、日本丰臣秀吉赐服（万历）、北京定陵（万历）、山东孔府旧藏传世等。从时间性来看，柿蒂窠织成服装见于明代早、中、晚各时期；从等级性来看，柿蒂窠织成服装穿着者身份为皇帝、王、公、国戚，或者是重要的受赐人。如

《万历野获编》记有：赐可汗……红粉皮圈金云肩膝襕通衲衣一……至八年，又赐可汗纻丝盛金四爪蟒龙单缠身膝襕暗花八宝骨朵云一匹 |[1]。

柿蒂窠织成袍的装饰部位除了肩胸处的柿蒂窠，从肩部至袖还织有通袖织襕，在膝部位置有膝襕。明代图像中多有穿柿蒂窠织成袍的男女形象。以领部特征作为分类依据，柿蒂窠织成袍的形制可分为圆领袍、交领袍、竖领衫3型。根据衣摆的特征，又可以将圆领袍分为出摆式圆领袍和褶摆式圆领袍。根据交领袍的上下身连属关系，又可以分为通裁式交领袍和断腰式交领袍。

团窠织成袍

团窠织成，指织成料的装饰纹样外轮廓为圆形。常见团窠织成的图案内容为龙、蟒、凤纹等。从已知团窠织成服装实物来源看，分别见于山东鲁荒王朱檀墓（洪武）、定陵（万历）等。从时间性来看，团窠织成服装最早见于洪武时期；从等级性来看，团窠织成的服装具有明确的等级约束，十二团窠数级别最高，为皇帝专属，八团窠数的服装也只见于定陵出土，而四窠服装亲王可穿用，这充分体现了明代服饰制度中"上可以兼下，下不可以僭上"的等级之别。以领部特征作为分类依据，团窠织成袍的形制可分为圆领袍和交领袍两型。其中，圆领袍窠数有十二团、八团、四团、二团之分。交领袍

窠数有八团、四团之分。

十二团窠织成袍见于定陵出土，为十二团龙十二章衮服 |[2]。八团窠织成袍见于北京定陵出土，考古报告记载出土有八团龙补妆花缎袍料三匹，其图案布局为："前后身各三团龙，两袖各一……前后胸部团龙径41厘米，下部团龙径34.1～35.4厘米，袖团龙径33.1～36厘米。"山东鲁荒王墓出土有四团窠织成圆领袍两件，图案布局为胸、背及两肩织有四团云龙纹，皆为升龙，胸前龙首向右，后背向左，两肩龙头相对，朝向前胸。二团窠织成圆领袍实物仅见一件，为江西南昌明宁靖王夫人吴氏墓出土，为女子鞠衣 |[3]。

[1] （明）沈德符，《万历野获编》，"瓦剌厚赏"条。

[2] 中国社会科学院考古研究所，定陵博物馆，北京市文物工作队. 定陵（上下册）[M]. 北京：文物出版社，1990：82-83.

[3] 刺绣二团窠女袍见有实物BJNY008、SDKF005。

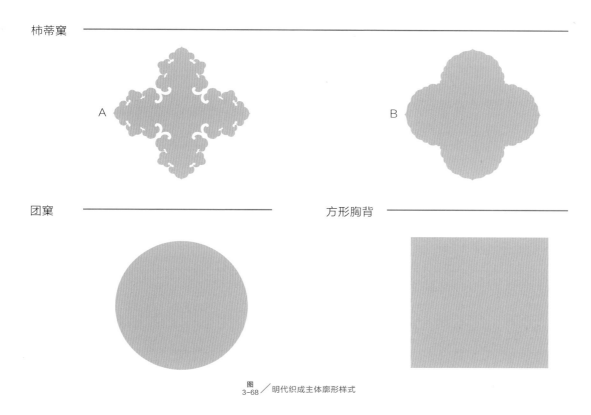

柿蒂窠

A

B

团窠

方形胸背

图
3-68／明代织成主体廓形样式

胸背织成袍衫

　　胸背织成袍衫，指织成服装用料的装饰纹样在前胸、后背部位各有一方形补子。胸背的主体图案可以分为品官花样与祥瑞花样两种。《明会典》记载明代品官服装的胸背花样几经更定，嘉靖十六年（1537）定制为：公、侯、驸马、伯，麒麟、白泽；文官一品仙鹤，二品锦鸡，三品孔雀，四品云雁，五品白鹇，六品鹭鸶，七品㶉𫛶，八品黄鹂，九品鹌鹑，杂职官练鹊，风宪官用獬豸；武官一品二品狮子，三品四品虎豹，五品熊罴，六品七品彪，八品犀牛，九品海马 图3-69。祥瑞花样包括鸾凤纹、凤穿花纹、神鹿纹、兔纹、人物纹、五毒纹、翼虎纹等。

　　从已知方形胸背织成袍衫实物来源看，

分别见于江苏南京徐俌墓（正德）、江苏泰州刘湘墓（嘉靖）、宁夏盐池冯记圈明墓（嘉靖）、日本丰臣秀吉赐服传世（万历）、山东孔府旧藏传世等。胸背实物尺寸最大的边长为41.5cm，最小的边长为27.5cm。从时间性来看，胸背织成服装贯穿于明代始终，早期的胸背内容带有元朝遗风，晚期胸背有僭越等级使用的情况；从等级性来看，穿着者身份为国公、品官、命妇等。

　　在已知的传世和出土胸背织成服装实物中，以领部特征作为分类依据，胸背织成袍衫的形制可分为圆领袍、直领袍、竖领衫3型。其中，根据衣摆的特征，又可以将圆领袍分为出摆式圆领袍和褶摆式圆领袍；前者为男袍，后者为女袍。

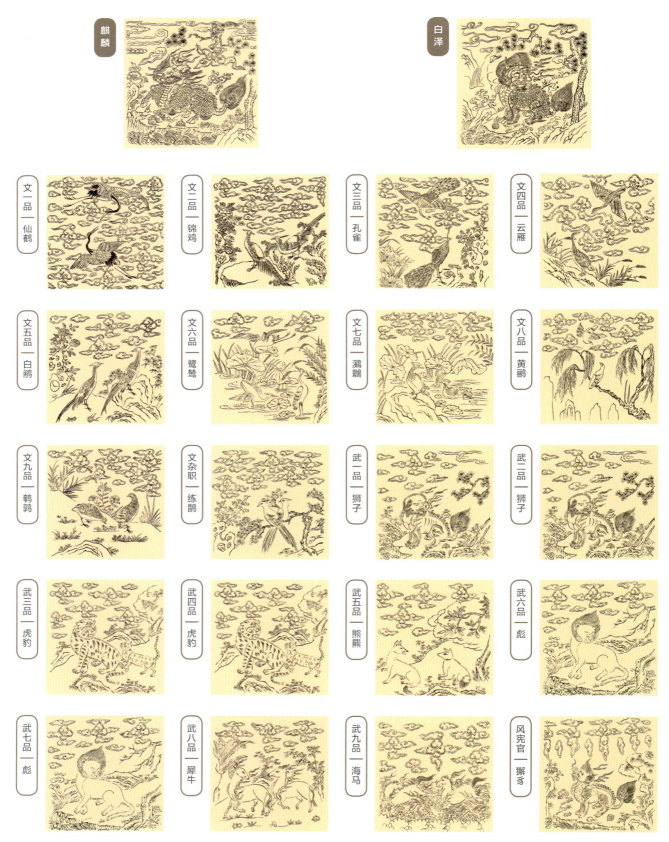

麒麟

白泽

文一品｜仙鹤

文二品｜锦鸡

文三品｜孔雀

文四品｜云雁

文五品｜白鹇

文六品｜鹭鸶

文七品｜鸂鶒

文八品｜黄鹂

文九品｜鹌鹑

文杂职｜练鹊

武一品｜狮子

武二品｜狮子

武三品｜虎豹

武四品｜虎豹

武五品｜熊罴

武六品｜彪

武七品｜彪

武八品｜犀牛

武九品｜海马

风宪官｜獬豸

图
3-69　／《明会典》品官花样图

以本文对"袍衫"的界定,《天水冰山录》清单命名中明确属于"袍衫"的衣名有圆领、女袍、直身、褶子、披风。如"青织金仙鹤绒圆领""墨绿缎麒麟女袍""蓝罗直身""蓝绢褶子""宋锦斗牛女披风"等。另外,值得探讨的是有一类服装虽然被称为"衣",但其形制可能是袍衫,如"大红织金过肩蟒缎衣""藕色过肩蟒绒衣""葱白纱过肩蟒衣"……它既有可能是狭义的"上衣",也有可能是被称为"蟒衣"的"蟒袍",并

且"过肩"之说应为"柿蒂窠"织成衣料。图3-70所列清单摘录于《天水冰山录》中形制明确为袍衫的服装条目摘录。从记录中可知这一时期的袍衫颜色有:大红、青、绿、墨绿、油绿、蓝、沉香等色;衣料丝绸品类有:缎、罗、纱、绢、绸、绒、改机、宋锦、丝布;织绣衣料方式:或织金,或妆花,或刻丝(缂丝);纹样有:蟒、麒麟、飞鱼、斗牛、獬豸、仙鹤、锦鸡、孔雀、云雁、白鹇、鹭鸶、狮子等。

图 3-70 /《天水冰山录》织成袍衫摘录

明　江西宁靖王夫人吴氏墓出土交领衣（形制复原件）

肆

明代衣的形制

衣的界定

《易经》有："黄帝、尧、舜垂衣裳而天下治，盖取诸乾坤"[1]。衣，以阳而在上，取乾之象；裳，以阴而在下，取坤之象。《说文解字·衣部》有："衣，依也。上曰衣，下曰裳。"《释名·释衣服》云："凡服，上曰衣。衣，依也，人之所依以庇寒暑也。"很明显，这两部早期文献对"衣"的解释，建立在"上衣下裳制"的基础之上。后世对"衣"的所指不断扩大，泛指为一切可以蔽体、遮寒、保暖的服饰，如足衣、胫衣、头衣等。虽然"衣"有广义与狭义之别，本文将所用"衣"为狭义，特指"上衣"。"上衣"有长短之别，短可及腰、中可及臀、长可及膝，女衣不同长度示意图见 图4-1 所示，男衣不同长度示意图见 图4-2 所示。

前述袍衫一章曾对衣衫的长度进行过讨论，如嘉靖时衣衫日渐宽大，上衣长可至膝，甚至及脚面，若仅从实物样本的衣长来看，很难将其进行准确归类。《日知录》记载有："弘治间，妇女衣衫仅掩裙腰，富者用罗缎纱绢织金彩通袖，裙用金彩膝襕，髻高寸余。正德间，衣衫渐大，裙褶渐多，衫唯用金彩补子，髻渐高。嘉靖初，衣衫大至膝，裙短褶少，髻高如官帽"[2]。本书对衣的界定，长度及腰的为短身型衣，长度及臀为中长身型衣，长度及膝的为长身型衣。

明代衣"类→型→式"，通过对已知明代衣类服装实物归类分析，共计5类11型15式，见 表4-1。

---

[1]（宋）朱熹，《周易本义》，《周易·系辞下》传第六。

[2]（清）顾炎武，《日知录》，卷二十八。

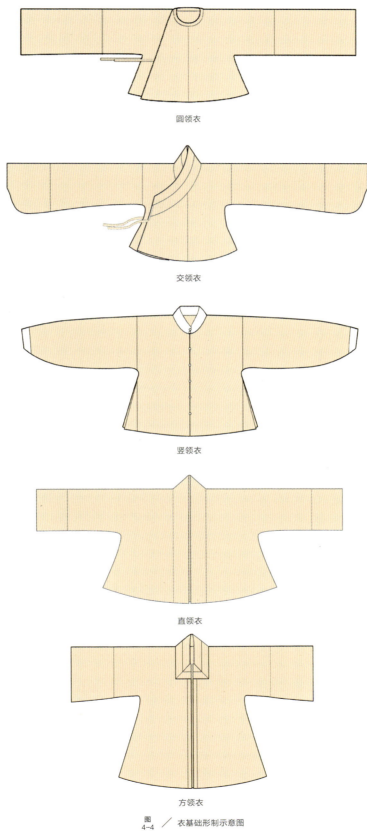

圆领衣

交领衣

竖领衣

直领衣

方领衣

图
4-4 ╱ 衣基础形制示意图

归纳已知圆领衣样本，将衣襟的开合方式作为各"型"的划分依据，再以袖的特征作为各"式"的划分依据，将圆领衣分为2型3式：大襟型圆领衣（1式）、对襟型圆领衣（下分2式）。这一类型的衣称谓有圆领衣、对襟衣等。

大襟型圆领衣

大襟型圆领衣样本的典型特征是圆领、右衽大襟、长袖，袖有大袖和平袖之分，均为女装，其基础形制图见图4-5所示。

平袖圆领上衣仅见实物一件，样本JXYXW007出土于江西益宣王继妃孙氏墓，

文物原编号8664，墓葬年代为万历。根据其考古报告描述"黄锦右衽单衫……两侧开衩20cm，衣料幅宽60cm，衣身的前后及两肩织有圆形补四章，图案为海涛云凤纹，袖肩上有一条宽16cm的云凤纹织绣带"[1]。

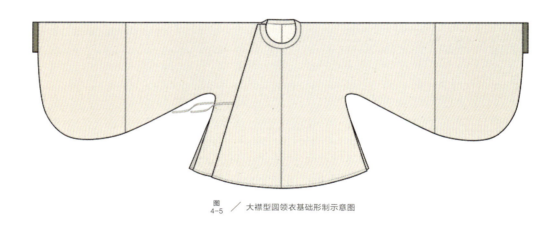

图
4-5 ／ 大襟型圆领衣基础形制示意图

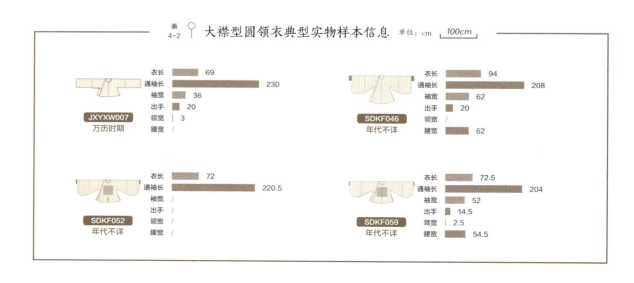

表
4-2 大襟型圆领衣典型实物样本信息 单位：cm ⌐100cm⌐

JXYXW007 万历时期		SDKF046 年代不详	
衣长	69	衣长	94
通袖长	230	通袖长	208
袖宽	36	袖宽	62
出手	20	出手	20
领宽	3	领宽	/
腰宽	/	腰宽	62

SDKF052 年代不详		SDKF059 年代不详	
衣长	72	衣长	72.5
通袖长	220.5	通袖长	204
袖宽	/	袖宽	52
出手	/	出手	14.5
领宽	/	领宽	2.5
腰宽	/	腰宽	54.5

❶
江西省博物馆，南城县博物馆，新建县博物馆，南昌市博物馆．江西明代藩王墓[M]．北京：文物出版社，2010：142.

大袖圆领衣的典型形制特征是大袖有垂胡、袖口束紧 图4-5。已知三件大袖圆领衣均来自孔府旧藏 表4-2，其中样本SDKF052与SDKF059两件服装式样相似，尺寸接近，且衣料均有织成胸背。样本SDKF046的衣长略长，穿着效果应过臀，其衣料华丽，为遍地金缠枝莲纹。《云间据目抄》载有："妇人头髻，在隆庆初年，皆尚圆褊，顶用宝花，谓之挑心，两边用捧鬓，后用满冠倒插，两耳用宝嵌大镮，……身穿裙袄，袄用大袖员领，裙有销金拖。"大袖圆领衣的着装效果如 图4-6 所示。

图 4-6 穿大襟型圆领衣的唐白云夫人像（安徽省博物馆藏）

对襟型圆领衣

对襟型圆领衣样本的典型特征是圆挖领、对襟。通过对已知实物的分析，将"袖"的有无作为"式"的划分依据，这一型的圆领衣又可以分为长袖、无袖2式。

▼ 对襟型圆领衣 I 式

对襟型圆领衣 I 式的基础形制特征是圆领、对襟、长袖 ^图4-7。实物样本又有宽袖、窄袖，长身、短身之分 ^表4-3。

已知对襟型圆领衣 I 式实物样本见于定陵和泰州刘湘墓出土以及孔府旧藏，定陵出土这一形制的上衣有12件，衣料有绸、

绫、改机等，样本BJDL012为男装，鱼肚窄袖，报告中称之为"中单"，衣长为109cm，长度应及膝。样本JSTZLX013、BJDL018、BJDL019为女装，衣襟分别以系带和纽结作为系缚固定。

《金瓶梅词话》中有多处对襟上衣的描写，如第二十一回："西门庆把月娘一手拖进房来。灯前看见他家常穿着大红潞绸对衿袄儿，软黄裙子，头上戴着貂鼠卧兔儿，金满池娇分心，越显出他粉妆玉琢银盆脸，蝉鬓鸦鬟楚岫云" [1]。

❶

兰陵笑笑生. 金瓶梅词话（全两册）[M]. 北京：人民文学出版社，2000：236.

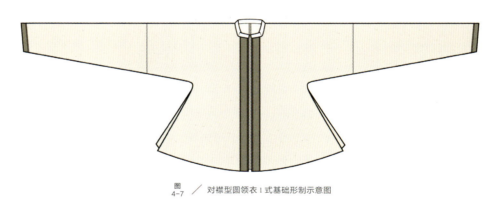

图 4-7 / 对襟型圆领衣 I 式基础形制示意图

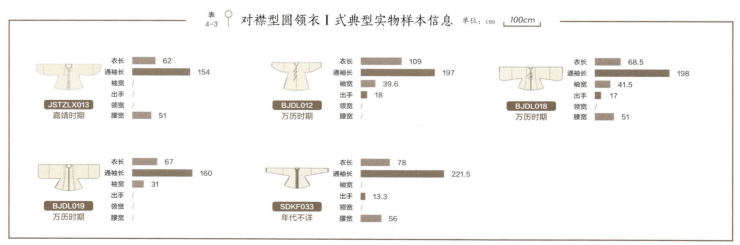

表 4-3 对襟型圆领衣 I 式典型实物样本信息 单位：cm ⊢100cm⊣

样本	衣长	通袖长	袖宽	出手	领宽	腰宽
JSTZLX013 嘉靖时期	62	154	/		/	51
BJDL012 万历时期	109	197	39.6	18	/	
BJDL018 万历时期	68.5	198	41.5	17	/	51
BJDL019 万历时期	67	160	31	/	/	
SDKF033 年代不详	78	221.5		13.3		56

▼ 对襟型圆领衣 II 式

对襟型圆领衣 II 式的典型特征是圆领、对襟、无袖 图 4-8。这类型服装的称谓为背心、比甲。

这一类型的典型实物样本有3件 表 4-4，衣长有长短之别，最短的样本JSTZLX009出土于江苏泰州刘湘之妻墓，为短款，衣长仅49cm。最长的BJDL011出土于定陵，为万历帝"中单"，衣长达106.5cm。样本SDKF061为孔府旧藏，两侧有开衩，衣长74cm，穿着效果应及臀。两件对襟长款圆领衣形制图见 图 4-9、图 4-10 所示。《金瓶梅词话》第三回描写潘

金莲装扮："西门庆睁眼看着那妇人：云鬟叠翠，粉面生春；上穿白夏布衫儿，桃红裙子，蓝比甲"[1]。

图
4-8　对襟型圆领衣 II 式基础形制示意图

图
4-9　BJDL011 形制示意图

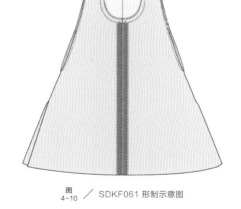

图
4-10　SDKF061 形制示意图

表
4-4　无袖型挖领上衣典型实物样本信息　单位：cm　100cm

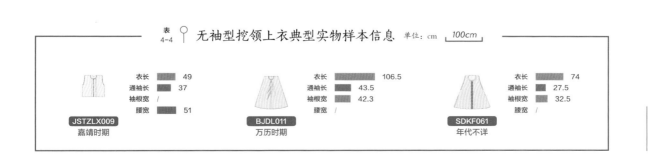

	衣长	通袖长	袖根宽	腰宽
JSTZLX009 嘉靖时期	49	37	/	51
BJDL011 万历时期	106.5	43.5	42.3	/
SDKF061 年代不详	74	27.5	32.5	/

[1]
兰陵笑笑生. 金瓶梅词话（全两册）[M]. 北京：人民文学出版社，2000：37.

　　交领衣以交领右衽为主要特征，分别以衣长、褶裥与袖型作为"型"与"式"的划分依据，分为短身型（下分2式）、中长身型、长身型3型。

短身型交领衣

　　短身型交领衣的共性特征是交领、右衽、长袖，且均为窄袖。通过对短身型交领衣样本的分析，将"裥"（类似今日的省道）的有无作为"式"的划分依据，这一型的交领衣又可以分为无裥和有裥两式。

▼ 短身型交领衣Ⅰ式

　　短身型交领衣Ⅰ式的典型特征是交领、右衽、衣长及腰、长袖 图4-11。

　　已知短身型交领衣Ⅰ式的四件样本均来自江西宁靖王夫人吴氏墓 表4-5，其衣长尺寸为55.5～62cm，袖宽为25.5～32cm，通袖长为202～211cm，领宽9～10cm，其衣料分别为缨络云肩织金妆花缎、骨朵云丝布（丝与棉交织的面料）、龟背卐字花绢、折枝团花纹缎。值得一提的是，这几件上衣用料的剪裁拼合方式皆不同，体现了巧妙的惜物排料方式，详见样本JXNJW003、JXNJW004形制图所示 图4-12、图4-13。

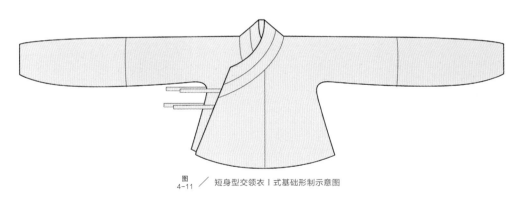

图4-11 ╱ 短身型交领衣Ⅰ式基础形制示意图

表4-5 ♀ 短身型交领衣Ⅰ式典型实物样本信息　单位：cm　100cm

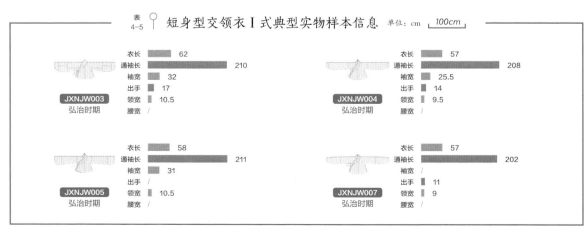

JXNJW003 弘治时期			JXNJW004 弘治时期		
衣长	62		衣长	57	
通袖长	210		通袖长	208	
袖宽	32		袖宽	25.5	
出手	17		出手	14	
领宽	10.5		领宽	9.5	
腰宽	/		腰宽	/	
JXNJW005 弘治时期			JXNJW007 弘治时期		
衣长	58		衣长	57	
通袖长	211		通袖长	202	
袖宽	31		袖宽	/	
出手	/		出手	11	
领宽	10.5		领宽	9	
腰宽	/		腰宽	/	

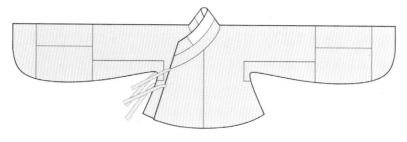

图
4-12 / 样本 JXNJW003 形制示意图

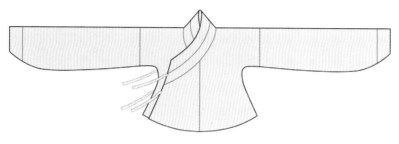

图
4-13 / 样本 JXNJW004 形制示意图

▼ 短身型交领衣Ⅱ式

短身型交领衣Ⅱ式的典型特征是交领、右衽、长袖，衣身两侧有"裾"，袖束口处打褶 图
4-14。

这一型式的5件样本见于北京618厂明墓和山东孔府旧藏 表
4-6。《北京文物精粹大系——织绣卷》[1]对样本BJ618003"驼色暗花缎织金团凤方补女上衣"的细节有如下记述：背后两侧和前襟左侧各缝一个长41cm的衣裾。受图片和展览陈列所限，很难确定两侧"省道"的大小，但通过BJ618003与SDKF050图像中通袖微弧的形状可以肯定的是，"省道"改变了普通上衣"二维平面"的基础造型，开始有趋于"适体"的设计意识。考古报告对样本BJ618002"酱色方格纹暗花缎斜襟夹袄"的记述为：袖口用4cm宽的五枚缎紧束，袖口下侧打褶两对。袖口的"褶"，从功能上来看有其道理，"长袖+束口+褶裾"，可以让袖端于出手处更为立体。

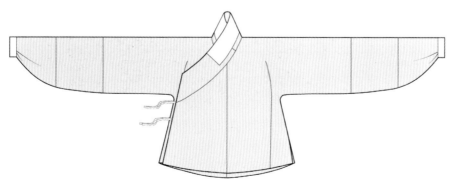

图
4-14 / 短身型交领衣Ⅱ式基础形制示意图

❶
《北京文物精粹大系》编委会，北京市文物局. 北京文物精粹大系——织绣卷[M]. 北京：北京出版社，2001：图版说明第3页.

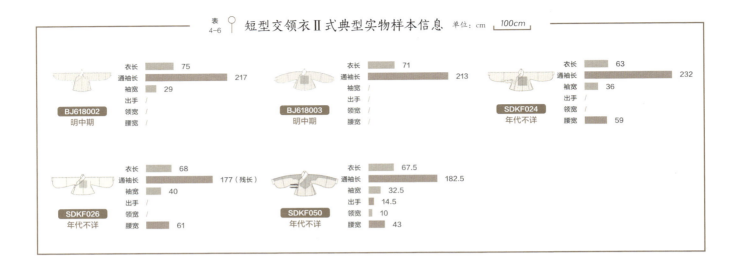

表4-6	短型交领衣Ⅱ式典型实物样本信息 单位：cm 100cm

样本	衣长	通袖长	袖宽	出手	领宽	腰宽
BJ618002 明中期	75	217	29	/	/	/
BJ618003 明中期	71	213	/	/	/	/
SDKF024 年代不详	63	232	36	/	/	59
SDKF026 年代不详	68	177（残长）	40	/	/	61
SDKF050 年代不详	67.5	182.5	32.5	14.5	10	43

这一类型的衣袖中，笔者将袖型命名为"鱼肚袖"与"琵琶袖"，两者在形状上有些类似，均为袖根宽略窄，袂微有垂胡，袖口收紧。不同之处在于"鱼肚袖"袖端呈向上收之势，形如鱼肚；而"琵琶袖"袖端饱满，形如琵琶图4-15。

在衣料装饰风格上，三件样本（BJ618-003、SDKF024、SDKF026）为织成胸背，一件样本（SDKF050）为柿蒂窠肩袖通襕，其形制如图4-16所示。从《明宪宗元宵行乐图》中的女子着装形象来看，柿蒂窠肩袖通襕上衣与长裙是一套典型的女装配伍图4-17。《金瓶梅词话》第十回中有对这种类型上衣的描述："桌上铺着毡条，取出剪尺来，先裁月娘的：一件大红遍地锦五彩妆花通袖袄，兽朝麒麟补子段袍儿；一件玄色五彩金遍边葫芦样鸾凤穿花罗袍；一套大红段子遍地金通麒麟补子袄儿，翠蓝宽拖遍地金裙"❶。

图4-15 鱼肚袖与琵琶袖示意图

❶ 兰陵笑笑生. 金瓶梅词话（全两册）[M]. 北京：人民文学出版社，2000：481.

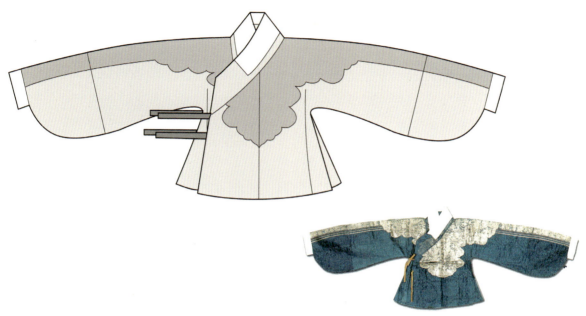

图
4-16 ／ 样本 SDKF050 实物及形制图（山东曲阜文物管理委员会藏）

图
4-17 ／《明宪宗元宵行乐图》（局部）（中国国家博物馆藏）

中长身型交领衣

中长身型交领衣的典型特征是交领右衽、衣长及臀、袖为大袖且有垂胡，袖口留有出手（图4-18）。

已知中长身型交领衣实物样本自明中期至明晚期均有出现，男女装皆有。其着装效果如图4-19、图4-20所示。这些样本与大袖相匹配的是腰宽较肥，尺寸最大者为浙江嘉兴王店李家坟明墓出土的ZJJX007，腰宽达70cm，衣长为95cm。衣的面料或为匹料，或为织成料，样本BJ618001、JSTZLX015、JSTZS001、SDKF039织有方形胸背（表4-7）。

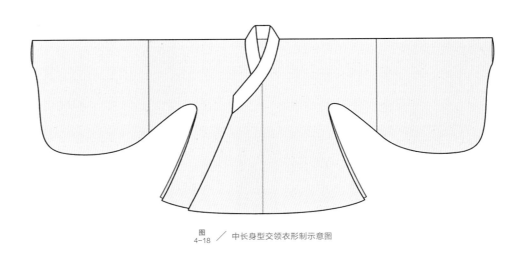

图4-18 中长身型交领衣形制示意图

表4-7 中长身型交领衣Ⅰ式典型实物样本信息　单位：cm　100cm

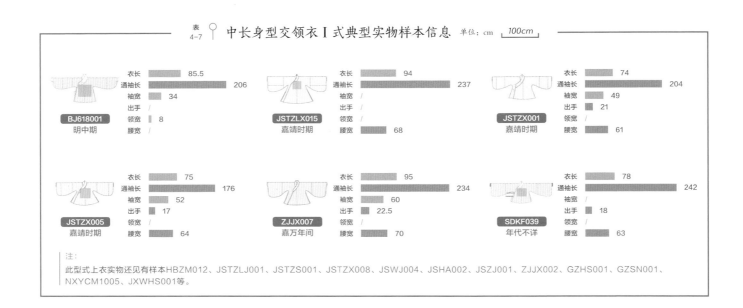

样本	年代	衣长	通袖长	袖宽	出手	领宽	腰宽
BJ618001	明中期	85.5	206	34	/	8	/
JSTZLX015	嘉靖时期	94	237	/	/	/	68
JSTZX001	嘉靖时期	74	204	49	21	/	61
JSTZX005	嘉靖时期	75	176	52	17	/	64
ZJJX007	嘉万年间	95	234	60	22.5	/	70
SDKF039	年代不详	78	242	/	18	/	63

注：
此型式上衣实物还见有样本HBZM012、JSTZLJ001、JSTZS001、JSTZX008、JSWJ004、JSHA002、JSZJ001、ZJJX002、GZHS001、GZSN001、NXYCM1005、JXWHS001等。

图
4-19　穿大袖交领衣的妇人像（中国国家博物馆藏）

图
4-20　明 穿大袖交领衣的妇人像（美国普林斯顿大学艺术博物馆藏）

长身型交领衣

长身型交领衣实物来自山东孔府旧藏^表₄₋₈，其中SDKF001与SDKF003里外套穿，衣长均为118cm，赤罗衣、赤罗裳、中单相搭配，是一套典型的明代朝服配伍。虽然两件服装样本外形类似，但在内部形制上有区别：赤

罗衣SDKF001的形制类似前述道袍，其衣领、袖、底缘均以青罗镶边，其形制结构虽然也为上下通裁，但在腰部两侧各有接片，接片上端在后身腰际缝缀固定^图₄₋₂₁。

表
4-8　**长身型交领衣典型实物样本信息**　单位：cm　⌐100cm

衣长	116	
通袖长	249	
袖宽	73	
出手	/	
领宽	/	
腰宽	62	
SDKF001　年代不详		

衣长	121	
通袖长	258	
袖宽	66	
出手	/	
领宽	/	
腰宽	65	
SDKF003　年代不详		

衣长	130.5	
通袖长	256	
袖宽	/	
出手	/	
领宽	/	
腰宽	/	
SDKF051　年代不详		

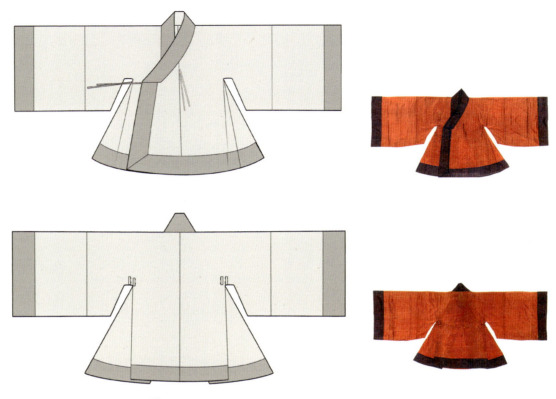

白纱中单SDKF003的结构为上下通裁，腰部两侧缝合 图4-22。相同的形制还见有样本SDKF051，均为中单。

《明宫冠服仪仗图》记载洪武时期"群臣朝服"定制"正旦、冬至、圣节、国家大庆会则用朝服。一品七梁冠，衣赤色，白纱中单，俱用皂领饰缘。赤罗裳，皂缘。赤罗蔽膝。大带用白赤二色。革带用玉钩𫈟。白袜。黑履。锦绶。上用绿、黄、赤、紫四色丝织成云凤四色花样。青丝网小绶二。用玉环二。若三公，并左右丞相，左右大都督，左右御史大夫，功臣一品，皆加笼中

貂蝉……"《明会典》记录有"凡大祀、庆成、正旦、冬至、圣节及颁降开读诏敕、进表、传制，则文武官各服朝服。其武官应直守卫者不拘此服。洪武二十六年（1393）定文武官朝服梁冠，赤罗衣，白纱中单，俱用青饰领缘，赤罗裳。"嘉靖八年（1529）又对朝服式样做了明确规定"（朝服）上衣用赤罗青缘，其长过腰七寸，不使掩下裳。中单白纱青缘"❶。这次调整明确了朝服上衣下裳的细节，如衣的长度尺寸因人而异，过腰七寸。然而实际执行的朝服衣形制往往"上衣掩裳"，如这两件样本的衣长均为

❶
（明）申时行等修，《明会典》，卷六十一，冠服二，文武官冠服。

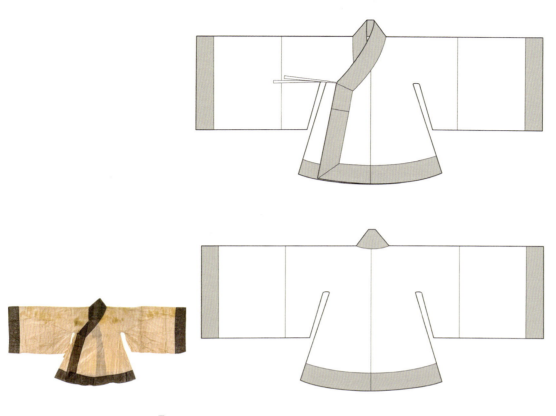

图
4-22 ／ 白纱中单（SDKF003）实物及形制示意图（山东博物馆藏）

118cm，其长度显然不仅过腰，而且已过膝。明代朝服像中赤罗衣的衣长也不尽相同，如 图4-23 所绘陆文定公身着朝服画像，其赤罗衣的长度符合腰下三寸的位置。

图
4-23 ／ 陆树声朝服像（美国普林斯顿大学艺术博物馆藏）

○

竖领衣以竖领对襟为主要特征，分别以衣长与褶裥的有无作为"型"与"式"的划分依据，分为短身型（下分2式）与中长身型2型。明代文献中有"对衿袄""对衿衫"等称谓。

短身型竖领衣

▼ 短身型竖领衣 I 式

短身型竖领衣 I 式的典型特征是竖领、对襟、长袖，袖口逐渐收紧为鱼肚形 图 4-24。

短身型竖领衣 I 式的4件样本均来自江西益宣王继妃孙氏墓 [1] 表 4-9，衣长为66～73cm，通袖长在186～240cm，领高4～7cm，袖宽

32～36cm，有束口，腰部两侧有开衩。衣的装饰纹样有两件为四团窠纹章（JXYXW010、JXYXW012），一件为柿蒂窠肩袖通襕（JXYXW009），形制图如 图 4-25、图 4-26 所示。竖领的领口位置有两颗金属扣固定，下又有五颗纽扣。

图 4-24 ／ 短身型竖领衣 I 式基础形制示意图

表 4-9 短身型竖领衣 I 式典型实物样本信息　单位：cm ├100cm┤

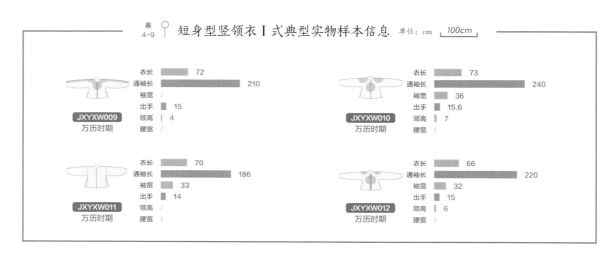

样本	衣长	通袖长	袖宽	出手	领高	腰宽
JXYXW009 万历时期	72	210		15	4	/
JXYXW010 万历时期	73	240	36	15.6	7	/
JXYXW011 万历时期	70	186	33	14		/
JXYXW012 万历时期	66	220	32	15	6	/

[1] 江西省博物馆，南城县博物馆，新建县博物馆，南昌市博物馆．江西明代藩王墓 [M]．北京：文物出版社，2010：142-143.

竖领对襟衣的着装配伍，在《金瓶梅词话》第十九回中有："因看见妇人（潘金莲）上穿沉香色水纬罗对衿衫儿，五色绉纱眉子，下着白碾光绢挑线裙儿，裙边大红光素段子白绫高底羊皮金云头鞋儿"[1]。

图
4-25／样本 JXYXW009 形制示意图

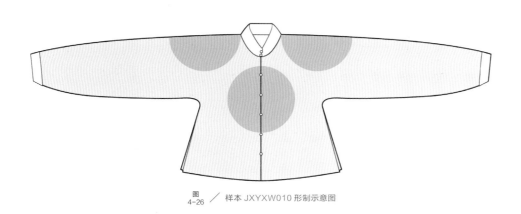

图
4-26／样本 JXYXW010 形制示意图

▼ 短身型竖领衣Ⅱ式

短身型竖领衣Ⅱ式的典型特征是竖领、对襟、衣身两侧肩胸位置缝有褶裥，均为女装 表
4-10。

正德年间的样本BJNY009，其衣料为四合如意连云纹亮地纱，织有柿蒂形肩袖通襕蟒纹，袖口有白色掏袖，形制图见 图
4-27 所示。从图像上清晰可见此前身两侧有两条始自底边的褶裥，至胸部位置渐渐打开成为"活褶"，类似形制的服装在同一墓葬中还有几件，但尺寸不详。

❶
兰陵笑笑生. 金瓶梅词话（全两册）[M]. 北京：人民文学出版社, 2000：158, 208.

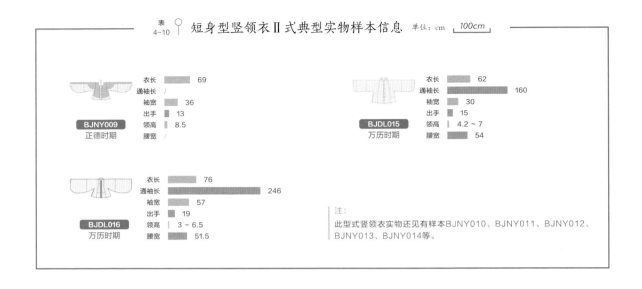

表 4-10　短身型竖领衣Ⅱ式典型实物样本信息　单位：cm　|100cm|

BJNY009 正德时期	衣长 69 通袖长 袖宽 36 出手 13 领高 8.5 腰宽 /	
BJDL015 万历时期	衣长 62 通袖长 160 袖宽 30 出手 15 领高 4.2～7 腰宽 54	
BJDL016 万历时期	衣长 76 通袖长 246 袖宽 57 出手 19 领高 3～6.5 腰宽 51.5	注： 此型式竖领衣实物还见有样本BJNY010、BJNY011、BJNY012、BJNY013、BJNY014等。

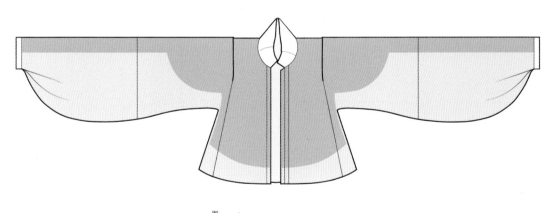

图 4-27 ／ 样本 BJNY009 形制示意图

❶
中国社会科学院考古研究所，定陵博物馆，北京市文物工作队. 定陵［M］. 北京：文物出版社，1990：98.

样本BJDL015（文物原标号J146）与BJDL016（文物原标号D39）出土于定陵。竖领领式后宽前窄 图4-28。考古报告中记述类似的竖领衣定陵出土多件，并有单、夹之分，或为素面，或织有花纹，或装饰有方补、柿蒂形肩袖通襕。关于衣身的"褶裥"，

《定陵》报告 ❶ 描述为：前后片各打两个褶，褶上部长16.5cm（BJDL015长16.5cm，BJDL016长19cm），下部缝死。根据《定陵》报告提供的服装结构图，再现两件竖领衣正反结构见 图4-29、图4-30 所示。

图
4-28　　定陵出土孝靖皇后
月白串枝山茶花罗女衣之竖领

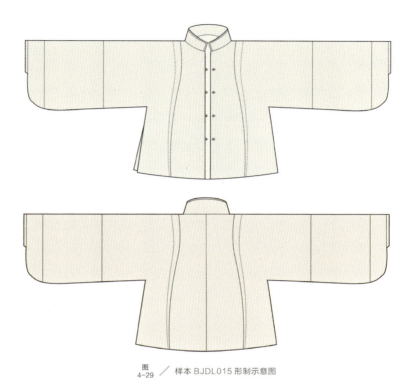

图
4-29　／　样本 BJDL015 形制示意图

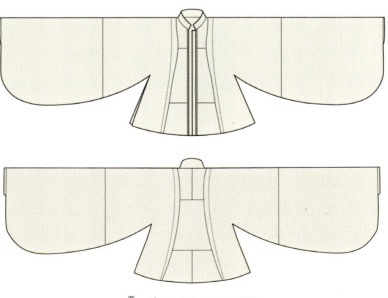

图
4-30　／　样本 BJDL016 形制示意图

中长身型竖领衣

中长身型竖领衣的典型特征是竖领、对襟、衣身较长、右身衣片有掩襟，以系带系缚两襟 图 4-31。

中长身型竖领衣样本见于浙江嘉兴王店李家坟明墓、宁夏盐池明墓、武进王洛家族墓出土 表 4-11。样本JSWJ002为江苏武进王洛家族墓出土，竖领、对襟，大袖有垂胡，袖口有出手，门襟两边各钉有三副系带，衣侧各

有开衩 [1] 图 4-32。李家坟明墓的三件样本为保护修复后的状态，服装衣长为85～92cm，着装后下摆位置应在臀与膝之间，衣袖有鱼肚袖和平袖之分。考古报告中记载盐池明墓的样本NXYCM3001领面高6cm，上缘处向下翻折2cm，实际领高为4cm，有双层领的叠加效果 [2]。

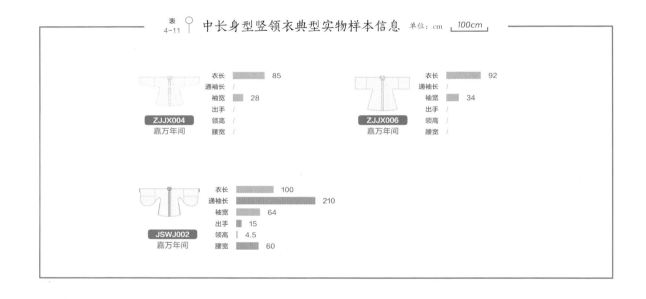

表 4-11 中长身型竖领衣典型实物样本信息 单位：cm 100cm

样本	衣长	通袖长	袖宽	出手	领高	腰宽
ZJJX004 嘉万年间	85	/	28	/	/	/
ZJJX006 嘉万年间	92	/	34	/	/	/
JSWJ002 嘉万年间	100	210	64	15	4.5	60

❶
华强，罗群，周璞. 天孙机杼——常州明代王洛家族墓出土纺织品研究 [M]. 北京：文物出版社，2017：69.

❷
盐池县博物馆，中国丝绸博物馆，宁夏文物考古研究所. 盐池冯记圈明墓 [M]. 北京：科学出版社，2010：95.

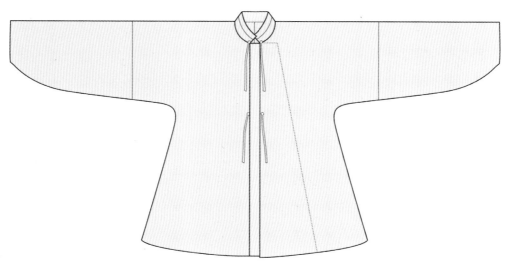

图
4-31 ／ 中长身型竖领衣基础形制示意图

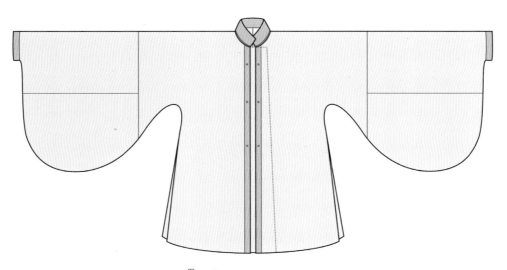

图
4-32 ／ 样本 JSWJ002 形制示意图

归纳已知直领衣实物，将直领的连通方式作为"型"的划分依据，可分为2型：尺通型（直领自上而下长度仅一尺左右，其下根据袖型特征再分2式）和直通型（直领自上而下，贯穿对襟，直通至底缘）。

尺通型直领衣

尺通型直领衣根据衣袖的长短可以分为长袖、短袖/无袖2式。

▼ 尺通型直领衣 I 式

尺通型直领衣 I 式的典型特征是直领、对襟，领的长度一般在一尺左右 ^{图 4-33}。

已知尺通型直领衣 I 式典型实物样本5件 ^{表 4-12}，其衣长74～106.5cm不等，通袖长为180～254cm，其长袖又有窄袖、大袖之分。样本SDKF028、SDKF037均为孔府旧藏，分

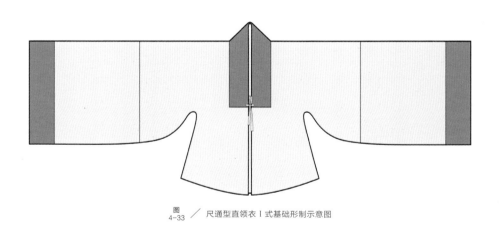

图
4-33 ／ 尺通型直领衣 I 式基础形制示意图

表
4-12 尺通型直领衣 I 式典型实物样本信息 单位：cm ∣__100cm__∣

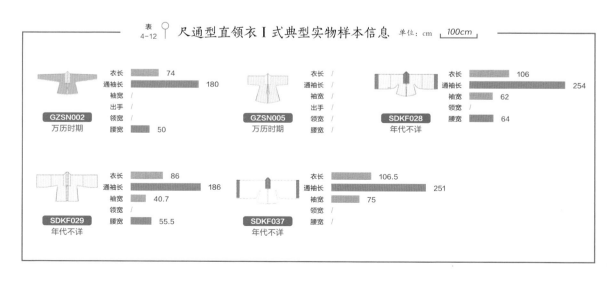

样本	衣长	通袖长	袖宽	出手	领宽	腰宽
GZSN002 万历时期	74	180		/	/	50
GZSN005 万历时期	/	/		/	/	/
SDKF028 年代不详	106	254	62		/	64
SDKF029 年代不详	86	186	40.7		/	55.5
SDKF037 年代不详	106.5	251	75		/	/

别收藏于山东博物馆与山东曲阜文物管理委员会，二者材质为丝绸，尺寸大小接近，领口为青色（皂色）缘，此外在袖口也镶有同样的缘边。样本SDKF029材质为褐麻。

▼ 尺通型直领衣Ⅱ式

尺通型直领衣Ⅱ式的典型特征是直领、对襟、袖型为半袖或无袖，男女均可穿，衣身或短或长 图4-34。

已知尺通型直领衣Ⅱ式实物样本3件，年代自永乐至万历皆有出现 表4-13。衣为短袖或无袖，衣身有长短之分，如样本ZJTX003衣长为62cm，而样本SHZCC001衣长达108cm 图4-35。

样本JSWXZ002年代为明初永乐，形制为短袖，通袖长120cm。赵丰先生在其论文

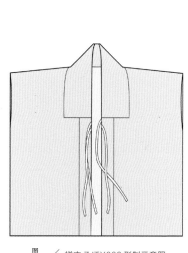

图4-34 ／ 样本 ZJTX003 形制示意图

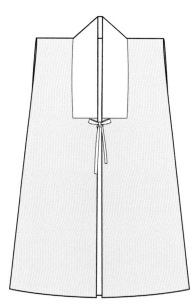

图4-35 ／ 样本 SHZCC001 形制示意图

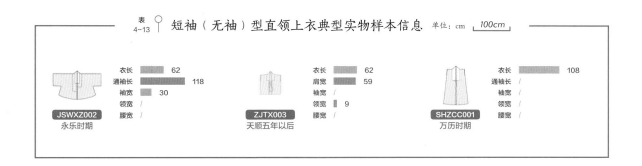

表4-13 短袖（无袖）型直领上衣典型实物样本信息　单位：cm　100cm

	JSWXZ002 永乐时期	ZJTX003 天顺五年以后	SHZCC001 万历时期
衣长	62	62	108
通袖长	118		
肩宽		59	
袖宽	30		
领宽		9	
腰宽			

图
4-36 ／ 样本 JSWXZ002 领型

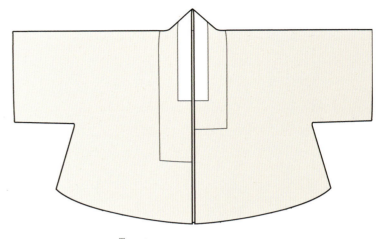

图
4-37 ／ 样本 JSWXZ002 形制示意图

❶
ZHAOFENG,Early Ming Women's Silks and Garments from the Lake Tai Regio,Orientations, Volume 45 Number 6, September, 2014.P.2-11. "The first long-sleeved jacket and the short-sleeved vest examined here both have a collar that opens vertically, but in each the lower portion of the back is narrower than the front, showing that these garments were tailored in the round. Another unusual feature of these jackets is that they open on the left."

❷
样本JSWXQ001、JSWX-Z001的衣领也有相同特征。

❸
（明）王圻，王思义《三才图会》，衣服三卷。

❹
（清）顾炎武，《日知录》，卷二十八。

图
4-38 ／ 穿尺通型直领衣的妇人像（安徽省博物馆藏）

Early Ming Women's Silks and Garments from the Lake Tai Region ｜❶ 中提及JSWXZ002的衣领虽为直领，但左右并不完全对称，衣身的系带也透露出"直领衣"有交领穿着的可能 ｜❷ 图/4-36，其形制图见 图/4-37 所示。

文献中对明代半袖衣的称谓有半臂之称。《三才图会》有："半臂，实录曰隋大业中内官多服半臂，除即长袖也。唐高祖减其袖谓之半臂，今背子也。江淮之间或曰绰子，士人竞服，隋始制之也，今俗名搭护，又名背心" ｜❸。《日知录》中有："赵宧光曰，半臂，衣也，武士谓之蔽甲，方俗谓之披袄，小者曰背子" ｜❹。从文献记述中可知半袖或无袖的半臂还有背子、绰子、披袄、蔽甲之称，其穿着方式是套穿在长袖衣之外 图/4-38。

直通型直领衣

直通型直领衣的典型特征是直领自上而下直通至底缘，长袖，袖型有平袖和鱼肚袖之分 图 4-39。

已知直领型衣典型实物样本3件，出土于江苏无锡、江阴，以及浙江嘉兴 表 4-14。样本JSJYB001衣长较短，仅为55cm。样本

ZJJX017四季蜂蝶绸对襟衣衣长较长，为94cm，其实物直领有两重贴边 图 4-40，右身衣片前襟有缝有掩襟，其形制如 图 4-41 所示。直领衣的横开领宽大小直接与脖颈宽窄相关，在前片左右襟对合的情况下，直领领条的宽度一般不会窄于6cm。

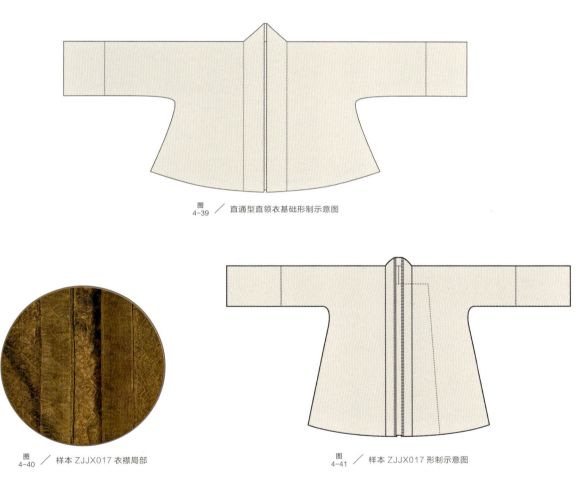

图 4-39 / 直通型直领衣基础形制示意图

图 4-40 / 样本 ZJJX017 衣襟局部

图 4-41 / 样本 ZJJX017 形制示意图

表 4-14 长袖型直领上衣 II 式典型实物样本信息　单位：cm　100cm

JSJYB001 年代不详		ZJJX017 嘉万年间	
衣长	55	衣长	94
通袖长	134	通袖长	174
袖宽	/	袖宽	21
出手	/	出手	21
领宽	/	领宽	/
腰宽	/	腰宽	/

注
此型式样本还包括
JSWXB001等。

①
实物拍摄于中国丝绸博物馆主办的"梅里云裳——嘉兴王店明墓出土服饰中韩合作修复与复原展"，2019年。

归纳已知典型方领衣实物，将袖的长短作为"型"的划分依据，可分为2型：无袖型和长袖型，两型之下均不再分式。

无袖型方领衣

无袖型方领上衣典型见于北京丰台618厂明墓出土 图4-42。样本BJ618004衣长86cm，袖略出肩，通长59.5cm，领口为规矩的方形，后领部位有浅色护领。前襟自方领至对襟下段共7粒扣，下摆左右开裾处各接有三角形插片，其形制如 图4-43 所示。

《北京文物精粹大系——织绣卷》[1] 图录称这件文物为"半臂"。半臂也称比甲，《万历野获编》"比甲质孙条"有："元世祖后察必宏吉剌氏，创制一衣，前有裳无襟，后长倍于前，亦无领袖，缀以两襻，名曰比甲，盖以便弓马也。流传至今，而北方妇女尚

图4-42 ／ 样本 BJ618004（北京 618 厂明墓出土）

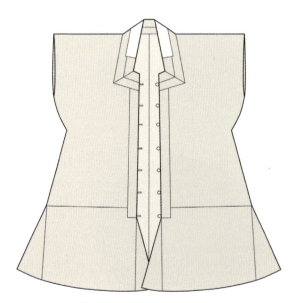

图4-43 ／ 样本 BJ618004 形制示意图

之，以为日常服，至织金组绣，加于衫袄之外，其名亦循旧称，而不知所起"[2]。

方领对襟的服装除了短款衣，还有长款，这件明代方领服装实物现收藏于美国亚洲艺术博物馆，衣长为139.7cm，下摆宽111.8cm，肩宽43.2cm 图4-44。《日知录》卷

三十八"对襟衣"条有："《大祖实录》：'洪武二十六年三月，禁官民步卒人等服对襟衣。惟骑马许服，以便于乘马故也。其不应服而服者罪之。'今之罩甲即对襟衣也……近日士大夫有服者"。图4-45《明宣宗行乐图》中明宣宗所穿长款服装即为罩甲。

❶
《北京文物精粹大系》编委会，北京市文物局. 北京文物精粹大系——织绣卷 [M].北京：北京出版社，2001：图版说明第4页。

❷
（明）沈德符，《万历野获编》，卷十四。

正面图　　　　　　　　　　　　　　　　背面图

图
4-44　　／　明 寿字纹方领衣（美国亚洲艺术博物馆藏）

图
4-45　　／　明 商喜《明宣宗行乐图》（局部）（故宫博物院藏）

长袖型方领衣

长袖型方领衣的典型特征是方领、对襟、长袖。已知长袖型方领上衣样本见于北京定陵与江苏泰州刘湘夫妇墓^表，均为女装。

样本JSTZLX008为处士刘湘妻的服装，衣长为88cm，腰宽为66cm，领部为方形^图。样本JSWJ005为江苏武进王洛家族墓出土，关于领襟的扣合方式，考古报告载"领口有鎏金扣绊一副，扣绊下方16厘米处有明显的扣绊痕迹，再往下16厘米，有一副长49厘米、宽3厘米的扎带"[1]，其形制图如^图所示。样本BJDL017（文物原编号J55:4）出自北京定陵[2]，考古报告中类似形制在孝靖与孝端皇后随葬品中共计有53件，有单、夹之分，多数缀有或刺绣或缂丝的方补，衣料既有匹料，亦有织成料，在结构上，方领衣的前、后片左右衣身各缝有一个"褶"，褶的上部打开，下部固定，形制图见^图所示。

图
4-46 ／ 长袖型方领衣基础形制示意图

❶ 华强，罗群，周璞. 天孙机杼——常州明代王洛家族墓出土纺织品研究［M］. 北京：文物出版社，2017：67-68.

❷ 中国社会科学院考古研究所，定陵博物馆，北京市文物工作队. 定陵（上下册）［M］. 北京：文物出版社，1990：96-103.

表
4-15 长袖型方领上衣典型实物样本信息 单位：cm 100cm

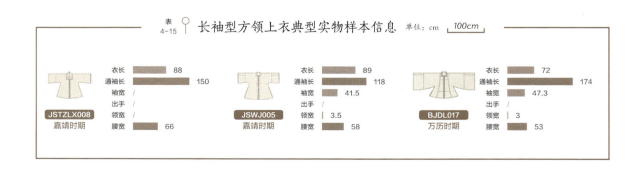

	衣长	88	
JSTZLX008 嘉靖时期	通袖长	150	
	袖宽	/	
	出手		
	领宽	/	
	腰宽	66	

	衣长	89	
JSWJ005 嘉靖时期	通袖长	118	
	袖宽	41.5	
	出手		
	领宽	3.5	
	腰宽	58	

	衣长	72	
BJDL017 万历时期	通袖长	174	
	袖宽	47.3	
	出手		
	领宽	3	
	腰宽	53	

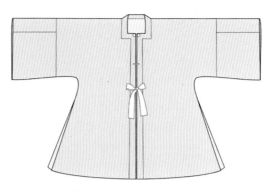

图
4-47 ／ 样本 JSWJ005 形制示意图

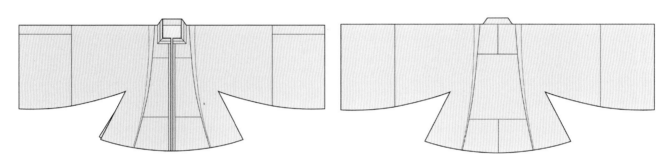

图
4-48 ／ 样本 BJDL017 形制示意图

　　明代的对襟衣，有竖领对襟，也有方领对襟等型式，在《金瓶梅词话》中称对襟衣为"对衿衫儿"或"对衿袄"，材质有纱、罗、绸、绫等。第十四回描写潘金莲"正说着，只见潘金莲上穿了沉香色潞紬雁衔芦花样对衿袄儿，白绫竖领，妆花眉子，溜金蜂赶菊纽扣儿，下着一尺宽海马潮云羊皮金沿边挑线裙子"。第二十回描述李瓶儿"良久，只见李瓶儿梳妆打扮，上穿大红遍地金对衿罗衫儿，翠盖拖泥妆花罗裙"|❶。对襟衣的左右衣襟多用系带或纽扣系缚，较为适体的对襟服装或衣衫为竖领等需合体的部位，更多使用金属纽扣开合 ❚₄₋₄₉。明代金属纽扣为一扣两件的子母结构，分为扣圈和扣子两部分，常组合成对称的图形，典型花样有蜂赶菊、蝶恋花、童子拜寿、如意云、银锭等形。

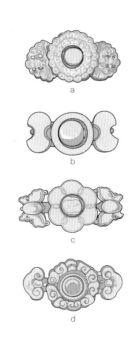

a

b

c

d

图
4-49 ／ 明代金属纽扣形制图
（a.蜂赶菊 b.银锭形 c.蝶恋花 d.如意云）

❶
兰陵笑笑生. 金瓶梅词话（全两册）[M]. 北京：人民文学出版社，2000：158，225.

以织成服装用料的主体纹样构成形式作为分类依据，织成衣的形制分为3种类型：柿蒂窠织成衣、团窠织成衣、胸背织成衣 _{表 4-16} 。

柿蒂窠织成衣

已知柿蒂窠织成衣的形制有两种型式：交领右衽式、竖领对襟式，均为女衣。其形制特点自领部柿蒂窠沿肩线至袖口均织有肩袖通襕。以柿蒂窠装饰上衣的方式除了织成，还有刺绣的方式，见于北京南苑苇子坑明墓出土的女上衣，以及江西益宣王朱翊鈏夫妇墓出土的继妃孙氏上衣。

团窠织成衣

团窠织成衣实物，除了织成还有刺绣等装饰方式。《明代藩王墓》记载江西益宣王墓继妃孙氏的三件上衣，衣服的前后及两肩有圆形纹饰，其中一件上衣的圆补记载为"补织"，另两件服装受限于文字表述及图像的品质，无法确定是织成还是先织后补。

表 4-16 织成衣形制类型表

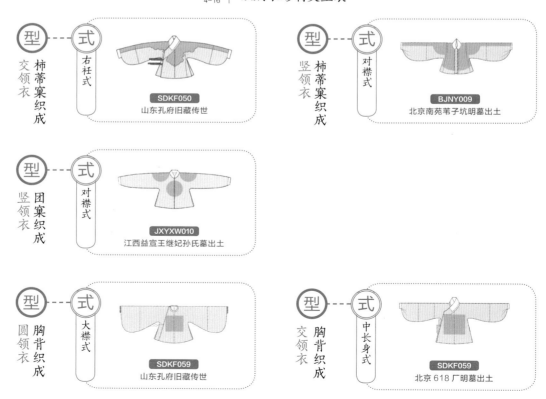

型 交领柿蒂窠织成衣 --- 式 右衽式 SDKF050 山东孔府旧藏传世

型 竖领柿蒂窠织成衣 --- 式 对襟式 BJNY009 北京南苑苇子坑明墓出土

型 竖领团窠织成衣 --- 式 对襟式 JXYXW010 江西益宣王继妃孙氏墓出土

型 圆领胸背织成衣 --- 式 大襟式 SDKF059 山东孔府旧藏传世

型 交领胸背织成衣 --- 式 中长身式 SDKF059 北京618厂明墓出土

胸背织成衣

以领部特征作为分类依据，胸背织成衣的形制可分为圆领衣、交领衣两种型式，均为女衣。胸背织造方式既有单色的织金，又有织彩。在几件明代织成胸背服装实物中，还出现有四角向内收为"倭角"的胸背式样，胸背主题为彩织，外轮廓为金织。

在《天水冰山录》图4-50 中衣类丝绸材料涉及有缎、绢、绸、罗、纱、绒、改机、丝布等种类，多为织成料。色彩有大红、青、油绿、绿、蓝、青、紫、沉香等色。

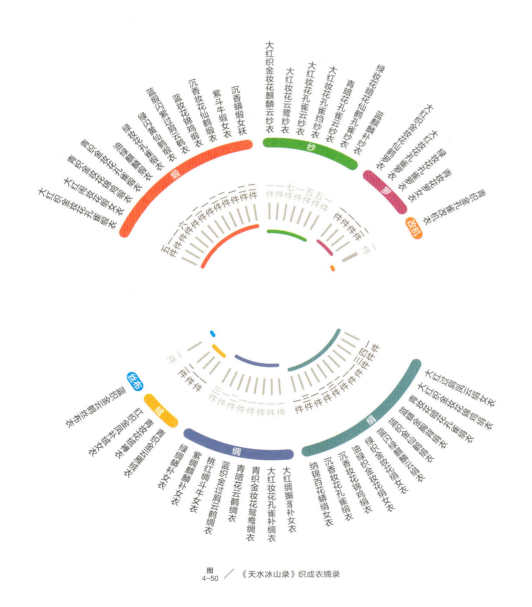

图4-50 ／ 《天水冰山录》织成衣摘录

明 孔府旧藏白色暗花纱花鸟纹裙（形制复原件）

伍 明代裳的形制

裳的界定

表 5-1

明代裳『类→型→式』形制表

类 | 型 | 1式

裳（2型） 满褶型（1式）

FCXJ006

裳，即下裳，与上衣相配。《易·系辞》："黄帝、尧、舜，垂衣裳而天下治"。屈原《九歌·东君》："青云衣兮白霓裳，举长矢兮射天狼。"《说文解字·衣部》有："衣，依也。上曰衣，下曰裳"。《释名·释衣服》："凡服，上曰衣……下曰裳。裳，障也，所以自障蔽也。"由此可知，"下裳"对应"上衣"，"上衣下裳"与"衣裳相连"的深衣袍衫组成了古代两种重要的服装形制。

裙，古作"帬"、"羣"（通"群"），《说文解字》将"帬"列入"巾"部，"帬，绕领也"。清人段玉裁《说文解字注》中认为"帬"意有二，一为帔（绕领），一为裳（下裙）。"绕领者，围绕于领，今男子、妇人之披肩，其遗意。""若常（裳），则曰下帬，言帬之在下者。"西汉史游《急就篇》云："袍襦表里曲领帬"。唐代颜师古《急就篇注》有："帬，即裳也。一名帔，一名摆。"《释名·释衣服》："裙，下羣也。连接裙幅也。"因此，裙有"裳"意。

明代之裳（裙），男女皆服，长短皆有，女子所穿多称为裙。裳为布料连幅裁制，其拼幅方法并非单一形式，五代《实录》记述有："古所贵衣裳连，下有裙随衣色而有缘；尧舜已降，有六破及直缝，皆去缘；商周以其太质，加花绣，上缀五色。盖自垂衣裳则有之，后世加文饰耳。"关于拼幅的方法，也有"帷裳"与"非帷裳"之别。《论语·乡党》："非帷裳，必杀之"。三国时期魏人何晏《集解》："衣必有杀缝，唯帷裳无杀也"。明书《三才图会》解释"帷裳"与"非帷裳"："帷裳是礼服，取其方正，故用正幅，如今之腰裙也。襞是摺，积是叠，即今之所谓裙杀。非帷裳，几裳前三幅，后四幅，象阴阳也。非帷裳则斜裁倒合，腰半下齐倍，腰无襞积二有杀缝也。"

从现有明代裳的实物样本来看，主要分为两种——满褶型裳和侧褶型裳。满褶型裳即裙片均匀打褶，侧褶型裳，即裳仅在左右腰侧打褶。

明代裳"类→型→式"，通过对已知明代裳类实物归类分析，共计2型4式，见表5-1。

型

侧褶型（3式）

I 式

II 式

III 式

伍 明代裳的形制

152
153

SDKF002

JSTZH002

HBZM011

JSTZLX010

JXNJW009

JSTZX013

BJDL023

SDKF021

SDKF025

SDKF030

SDKF034

满褶型裳

满褶型裳在已知明代实物中不多见。《丰公遗宝图略》中记录有：裳一件，其尺寸为长三尺三寸四分，横四尺三寸五分，襞二十八 [1] 图₅₋₁。样本FCXJ006 图₅₋₂，为日本妙法院藏传世丰臣秀吉赐服裳，素色，其形制特征为整幅裳片均匀打襞积。

另一件满褶型裳实物为样本BJDL025，《定陵》报告 [2] 中根据实物所绘的复原形制图，文物原编号为D10，名称"黄素绢大褶裙"，为孝端皇后裙。裙的形制分作两大片，每片三幅半，每片打褶15个 图₅₋₃，裙长87cm，腰宽100cm，下摆宽160cm，其他细节不详，推测有作为内穿裙的可能。

❶
［日］真静，《丰公遗宝图略》，日本国立国会图书馆版本。

❷
中国社会科学院考古研究所，定陵博物馆，北京市文物工作队. 定陵（上下册）[M]. 北京：文物出版社，1990；115-116. 报告中原文为"D10，黄素绢大褶裙。裙分片情况与D26相同""D26，织金八宝纹罗裙。裙分作两大片，每片三幅半"。

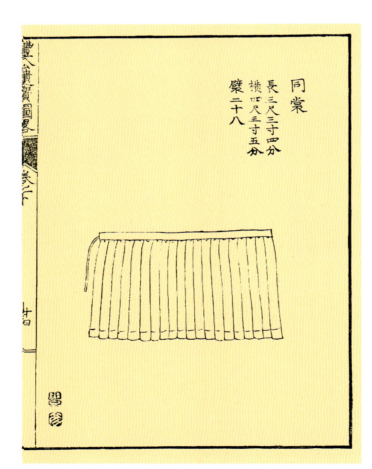

图
5-1 ／ 《丰公遗宝图略》所绘裳

图 5-2 ／ 样本 FCXJ006 实物及形制示意图（实物收藏于日本京都妙法院）

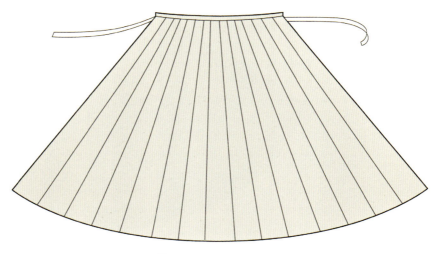

图 5-3 ／ 样本 BJDL025 形制示意图

侧褶型裳

侧褶型裳根据缘边的特征、裳的长短尺寸，又可分为3式。

侧褶型裳Ⅰ式

侧褶型裳Ⅰ式见样本SDKF002，为山东孔府旧藏图5-4，名为"赤罗裳"，与"赤罗衣"共同组成衍圣公朝服配伍。这件下裳的形制特征为两大片组成，每片的单侧、底边均镶有青色罗缘边，每片腰侧各有四组相对的褶裥，两片部分交搭共腰图5-5。

朝服定制最早定于洪武元年（1368），《明实录》载："今斟酌唐、宋，凡朝贺、辞

图 5-4 ／ 样本 SDKF002 实物（山东博物馆藏）

谢等礼服皆服朝服，用赤罗衣，白纱中单，俱用皂饰领缘，裳与衣通，皂缘，蔽膝同裳色……"|❶，后在洪武二十六年（1393）进行调整"其文武官朝服，自公、侯、驸马、伯，一品至九品，俱用赤罗衣，白纱中单，皆青饰领缘，赤罗为裳，亦用青缘，蔽膝同裳色……"，更改朝服衣裳缘边由原来的

"皂色"为"青色"|❷。在如上文字记载中对赤罗裳的具体形制没有更多描述，在《明宫冠服仪仗图》所配朝服彩图中 ▓ 5-6，可以明确看出洪武时期（1368—1398）赤罗裳的形制应为前后裳分离、不共腰的两片形制。嘉靖八年（1529）载朝服下裳形制为："（朝服）下裳七幅，前为三幅，后为四幅，每幅用三

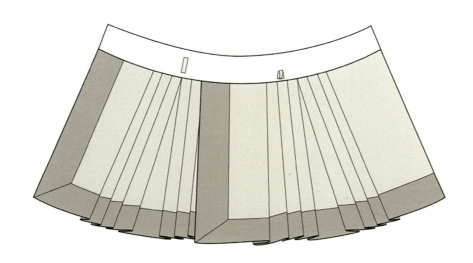

图
5-5 ／ 样本 SDKF002 形制示意图

图
5-6 ／《明宫冠服仪仗图》绘洪武时期群臣朝服之赤罗裳图

❶
《明太祖实录》，卷三十六（下），洪武元年十一月甲子条。

❷
《明太祖实录》，卷二〇九，洪武二十四年六月己未条。

襞积，赤罗青缘。"这次调整明确定裳为七幅，前三后四，且每幅有三襞积。

孔府旧藏赤罗裳SDKF002由两大片拼幅的罗料组成，从实物清晰可见构成每一裳片的对褶为四组 图5-7。通过比对可以发现，朝服赤罗裳对褶的数量为"四"与文献记载的襞积为"三"存有出入，数量的疑问，还需进一步考证。完整的明代朝服配伍形象可参见杨洪[1] 朝服像 图5-8。

图
5-7 ／ 样本 SDKF002 侧褶细节图 [2]

❶
杨洪（1381—1451），碑石有名，史书有传（《明史·列传》卷六十一），景泰年间因功封昌平伯，后追赠颍国公。

❷
实物拍摄于山东博物馆"斯文在兹 —— 孔府旧藏服饰展"，2012年。

图
5-8　／　颖国武襄公杨洪朝服像 ❶

样本BJDL013出土于定陵万历皇帝棺内，为衮服裳，残长82.5cm，下摆围残宽160cm，腰高8.2cm，样本BJDL014为其配伍黄素罗蔽膝。《定陵》考古报告记述有："W407……残破较甚。裙式，黄素罗制成。裳幅不辨。腰有四层，内两层为罗，外两层为纱，下摆有罗贴边，宽5.5厘米。在裳的前片下部钉有绒绣的六章，均为金线绞边，左右各两行：火、宗彝、藻为一行，米、黼、黻为另一行。"

遗憾的是这件现存唯一的明代皇帝衮服裳实物残损严重，《定陵》报告中曾尝试将其结构复原 _{图5-9}，南京云锦研究所曾对其进行织造复原 _{图5-10}，但实物的全貌、全制仍存疑。明世宗在嘉靖八年（1529）比对今夕典籍与服装实物时，对冕制提出自己的看法，认为"冕弁之制未合典制……且衣裳分上下服，而今衣通掩其裳。裳制如帷幔，而今两幅……今裳用纁，于义无取，当从古"，这次议礼，将冕服裳制定为"玄衣黄裳……裳为幅七，前三幅，后四幅，连属如帷。凡绣六章，分作四行：火、宗彝、藻为二行，米、黼、黻为二行" _{图5-11}，这件定陵出土的裳，如果原物与会典相符，应具备"色黄、帷裳、七幅（前三幅、后四幅）、前后彼此连属、有襞积"这些特征。

❶
（明）申时行等修，《明会典》，卷六十，皇帝冕服，衮冕条。

❷
中国社会科学院考古研究所，定陵博物馆，北京市文物工作队.定陵（上下册）[M].北京：文物出版社，1990:95，图一三九：黄素罗绣六章裳W407.

❸
实物拍摄于首都博物馆"走进大明万历朝"展览，2011年。

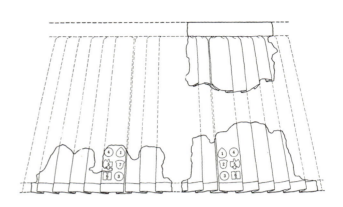

图 5-9 ／ 定陵出土万历皇帝裳形制复原图 ❷

图 5-10 ／ 样本BJDL014定陵出土绣六章黄素罗裳（复制品）❸

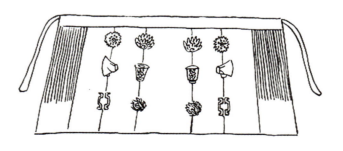

图 5-11 ／ 《明会典》中的衮服裳图

侧褶型裳Ⅱ式

侧褶型裳Ⅱ式，长度相对较短，尺寸约55.5~63cm，为男子裳。明代墓葬出土衣物疏中多称其为裙。如江西玉山夏浚墓出土衣物疏载有"葱云绢裙一腰"[1]，江苏江阴叶家宕明墓出土衣物疏载有"白布裙一条，绿绫夹裙一条"[2]。男子侧褶型裳的形制为"两片一腰"组成，每片由几幅布料拼接，在腰侧位置打有几组对褶，两大片左右相搭出马面，马面宽度约20~30cm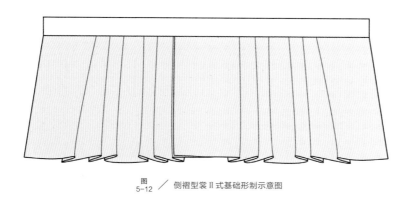。如样本JSJYY002在考古报告中的形制描述为"白麻布单裙，每幅裙片由不缝合的2幅半料子组成。两裙片相互折叠20厘米，仅于腰片相接处缝合，裙片在腰部各打有四折褶。"

短款侧褶裳典型样本实物有五件，见于湖北张懋墓、江苏泰州徐蕃墓、刘湘墓、胡玉墓。裳由两大片组成，两片的上端以长腰带相连共腰，腰围长度约101~143cm。这种形制的男子围裳用料不限于丝绸，如样本中最早的一件JSJYY002，其年代为明早期，质地为麻。而样本JSTZH002为蓝布围裳，裙长58cm，腰围132cm，下摆围472cm，两片相搭重叠的马面宽34cm。

图5-12 ／ 侧褶型裳Ⅱ式基础形制示意图

表5-2 短款侧褶男子Ⅱ式裳典型实物样本信息 单位：cm |100cm|

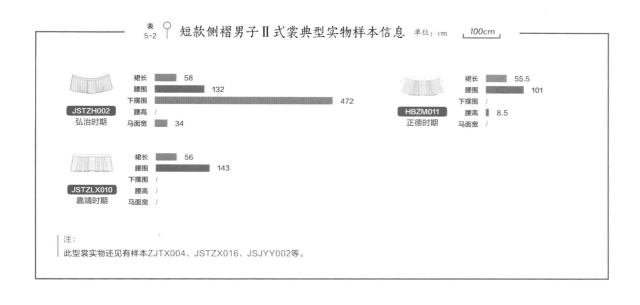

样本	时期	裙长	腰围	下摆围	腰高	马面宽
JSTZH002	弘治时期	58	132	472	/	34
HBZM011	正德时期	55.5	101		8.5	
JSTZLX010	嘉靖时期	56	143	/	/	/

注：
此型裳实物还见有样本ZJTX004、JSTZX016、JSJYY002等。

[1] 江西省博物馆. 江西玉山、临川和永修县明墓 [J]. 考古, 1973（9）：286.

[2] 江阴博物馆. 江苏江阴叶家宕明墓发掘简报 [J]. 文物, 2009（8）：39-40.

关于这种类型裳的穿着方式，在《湖北张懋合葬墓》[1] 考古报告中记载了样本HBZM011的穿着位置，"腰裙1件，系从死者身穿袍服和裙服（笔者注：实为断腰型交领袍）的里面腰部解下。"《江苏泰州市徐蕃夫妇墓清理简报》对出土服装JSTZX016层次描述如下："第八层为八宝花缎连衣百褶裙（笔者注：实为断腰型交领袍）……连衣裙外腰间扎一条花缎围腰。浅豆黄色，上有小花。两边钉长59厘米、宽11厘米的白布扎带。围腰用两片等长的花缎缝制，中间交接处重叠成29厘米宽的马面，两边各有8个褶。"[2]

文献中称这种短款型男子裳为褛子、褛儿。《酌中志》有："世人所穿褛子，如女裙之制者，神庙亦间尚之，曰衬褶袍。想即古人下裳之义也"。《金瓶梅》第三十四回有："伯爵入厅上，只见书童正从西厢房书房内出来，头带瓦楞帽儿，扎着玄色段子总角儿，撇着金头莲瓣簪子，身上穿着苏州绢直裰，玉色纱褛儿，凉鞋净袜。"第七十七回有："（贲四嫂）又用纤手掀起西门庆藕合段褛子，看见他白绫裤子"[3]。由这些描述可知，褛子是单穿于下身的短裳，穿着于裤外，搭配直裰等外袍，起到衬褶托起外衣的作用。

侧褶型裳Ⅲ式

侧褶型裳Ⅲ式为女子下裳，多称"裙"，实物较多 _{表5-3}，跨越明代各时期，在各地域均有出现，裙有单裙、夹裙、棉裙等。裙料品类丰富，材质不限于丝绸，但以织绣有裙襕的裙料为鲜明特色。其典型特征为裙由几幅布拼成的两大片组成，每裙片中间有几组对褶，穿着时对褶位于胯部，裙的对褶数不等，两裙片有部分重叠，并共腰，腰头两端留有扎带 _{图5-13}。

李渔在《闲情偶寄》中谈及女裙的裙褶及裙幅的多寡 [4]，载有："裙制之精粗，惟视折纹之多寡。折多则行走自如，无缠身碍

足之患，折少则往来局促，有拘挛桎梏之形；折多则湘纹易动，无风亦似飘飖，折少则胶柱难移，有态亦同木强。故衣服之料，他或可省，裙幅必不可省。古云：'裙拖八幅湘江水。'幅既有八，则折纹之不少可知。予谓八幅之裙，宜于家常；人前美观，尚须十幅。"此处，"折"的多少影响着行动时的便捷，常见的裙幅为八幅，多则十幅。此外，李渔特别言及褶襕与裙料之间的关系："盖裙幅之增，所费无几，况增其幅，必减其丝。惟縠细轻绡可以八幅十幅，厚重则为滞物，与幅减而折少者同矣。"

❶ 王善才，湖北省文物考古研究所. 张懋夫妇合葬墓［M］. 北京：科学出版社，2007:17.

❷ 泰州市博物馆. 江苏泰州市徐蕃夫妇墓清理简报［J］. 文物，1986（9）：3.

❸ 兰陵笑笑生. 金瓶梅词话（全两册）［M］. 北京：人民文学出版社，2000：396，1060.

❹ （清）李渔，《闲情偶寄》，卷七，衣衫条。

表 5-3　侧褶型Ⅲ式女裙典型实物样本信息　单位：cm　[100cm]

JXNJW009 弘治时期
- 裙长 86
- 腰围
- 下摆围 228
- 腰高 7.4
- 马面宽 27

JSTZX013 嘉靖时期
- 裙长 84
- 腰围 122
- 下摆围 422
- 腰高 6
- 马面宽 36

BJDL023 万历时期
- 裙长 90
- 腰宽 85
- 下摆围 170
- 腰高 6
- 马面宽 /

SDKF021 年代不详
- 裙长 88
- 腰围 104
- 下摆围 /
- 腰高 /
- 马面宽 /

SDKF025 年代不详
- 裙长 88
- 腰围 120
- 下摆围 /
- 腰高 /
- 马面宽 /

SDKF030 年代不详
- 裙长 88
- 腰围 120
- 下摆围 /
- 腰高 /
- 马面宽 /

SDKF034 年代不详
- 裙长 85
- 腰围 105
- 下摆围 191
- 腰高 12
- 马面宽 /

注：
此类型裙实物还见于样本BJNY015、BJNY016、BJNY017、BJ618005、BJ618006、BJ618007、BJ618008、JSZS006、JSTZX003、JSTZX006、JSTZX007、JSZJ002、ZJJX009、ZJJX010、ZJJX011、ZJJX012、ZJJX013、JXNJW010、JXNJW011、JXYXW008、JXYXW014、GZSN003、GZSN004、FCXJ016、FCXJ017、BJDL024、SDKF047、SDKF060等。

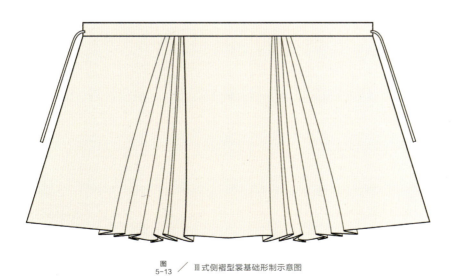

图 5-13　Ⅲ式侧褶型裳基础形制示意图

▼ 裙片结构

关于两片裙的布幅拼接方式，考古报告中的记载，多为三幅半裙料拼接。如明早期永乐年间无锡周氏墓出土的女裙，在赵丰先生的论文*Early Ming Women's Silks and Garments from the Lake Tai Region*中提及此墓共出土形制相似的裙四件，其中一件保存完整（样本JSWXZ003），由两大片组成，每片由三幅半裙料拼成，两片相搭重叠图₅₋₁₄。

样本BJ618005为明中期的北京丰台长辛店618厂出土，驼色缠枝莲地凤襕妆花缎裙形制为"此裙由两大片组成，每片221厘米，用裙料三幅半，幅宽60厘米……两胯三个对褶"，又有该墓出土的卍字地西番莲纹暗花缎裙（样本BJ618006），形制为"由两大片暗花缎组成，每片用裙料三幅半，幅宽59厘米。裙片两幅相搭36厘米，左右两胯各有三个对褶"[1]。

弘治年间的南昌宁靖王夫人吴氏墓有女裙7件。报告中记述："墓中出土的裙一般是由两片一腰组成。腰为布制，长约110厘米。两头有系带。每一裙片均由三幅半织物拼缝而成，总宽210厘米左右。"[2] 在《纺织品考古新发现》中对该墓的两件裙也有详细记录，其中折枝团花纹缎裙（样本JXNJW009）"裙身共两片，每片由三幅半幅宽各为60cm的织物拼成，宽203cm"，八宝团凤云膝襕裙"每一裙片均由三幅半织物拼缝而成，每幅幅宽57.5cm，因此总宽度在202cm"。

《定陵》报告第115～116页记述出土的女裙共47条，"出土时绝大部分已残碎，有的仅剩残片，保存较好者七条……裙的形制基本相同，一般分作两大片，各三幅半，在腰后部相连一起。"[3]

通过如上对典型女裙实物的布幅及组片方式的分析，可以肯定的是，"裙由两片相搭重叠共腰组成，每片由三幅半布料拼成"的裙式，自明初至明末在各个地域均有流行，这是女裙的典型代表性形制。

[1] 《北京文物精粹大系》编委会，北京市文物局. 北京文物精粹大系——织绣卷 [M]. 北京：北京出版社，2001：图版说明第4页.

[2] 江西省文物考古研究所. 南昌明代宁靖王夫人吴氏墓发掘简报 [J]. 文物，2003（2）：31.

[3] 赵丰. 纺织品考古新发现 [M]. 香港：艺纱堂，2002：189-190.

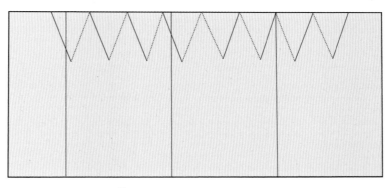

图5-14／样本 JSWXZ003 裙片拼幅示意图

▼ 褶裥特征

从已知女裙实物来看，侧褶型女裙的打褶方式，在每组褶的正中往往为一个合抱褶 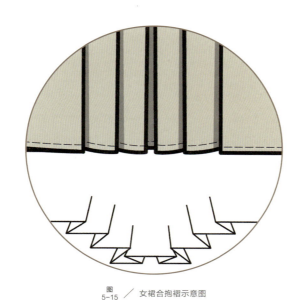图5-15，自合抱褶分别向左、向右两侧各有同样数量且方向相对的褶，对褶的数量有三对、四对、五对之别。其中，实物数量最多的是"三对三"褶裙，见样本ZJJX009、JSTZX006、JSTZX003、BJ618006、BJ618007等图5-16；实物数量次之的是"四对四"褶裙，见样本GZSN003、JXNJW009、SDKF025、SDKF030等图5-17；"五对五"褶裙实物，见样本山东孔府旧藏SDKF021图5-18。

结合女裙文物尺寸来看，裙腰长一般为104～130cm，三幅半裙料拼成的单个群片宽度一般在176～228cm，两片重叠马面尺寸在17～36cm不等。如上尺寸区域说明，这一类型的女裙，其裙腰长一般超过女子1.5倍腰围，这应是最佳的围系效果尺寸。此外，无论对褶数量多少，其褶裥的尺寸应与穿着者腰围、体形、布料幅宽息息相关。

图
5-15 ／ 女裙合抱褶示意图

图
5-16 ／ 三对三褶（JSTZX003）

图
5-17 ／ 四对四褶（SDKF030）

图
5-18 ／ 五对五褶（SDKF021）

在明代女裙中，有一类特殊的织成裙，即用于制作裙的裙料是根据装饰襕的图案设计提前织成，其形制可分为单襕、双襕、多襕3种，襕宽不等。这种织成裙料，如以裙长为经向循环单位，成段织就一件女裙裙料应为长度七米左右的用量。单襕裙的织成装饰位置在膝盖处或下摆。双襕裙织成装饰位置为两条，即膝位线和底边分别有襕。多襕裙织成的装饰位置自膝盖至下摆，有数条织襕 表5-4。

从已知织成裙实物来看，分别见于北京618厂明墓（明中期）、江西宁靖王夫人吴氏墓（弘治）、江苏武进王洛家族墓（嘉靖）、江苏泰州徐蕃墓（嘉靖）、贵州思南张守宗夫妇墓（万历）、山东孔府旧藏传世等。从时间性来看，织成裙的流行不晚于明中期；

表 5-4 织成裙形制类型表

Ⅰ型 单襕织成裙

实物图
形制图
GZSN004
贵州思南张守忠夫妇墓出土

Ⅱ型 双襕织成裙

实物图
形制图
SDKF034
山东曲阜文物管理委员会藏

Ⅲ型 多襕织成裙

实物图
形制图
SDKF021
山东博物馆藏

从等级性来看，穿着者身份为后妃、藩王夫人、命妇、富人等。

　　《金瓶梅词话》中提及的织成裙有：大红宫锦宽襕裙子、玉色绫宽襕裙、翠蓝缕金宽襕裙子等｜❶。《天水冰山录》中载有丝绸裙料多种 图5-19，共计缎、绢、罗、纱、绸、绒六大类。其中多次出现的"缨络纹""妆花凤"应为织成襕裙料，襕纹为缨络或凤

纹，这样的裙式在孔府旧藏女裙、武进王洛家族墓出土女裙中均有实物对应。《天水冰山录》中记载的裙料色彩也很丰富，有红、桃红、银红、青、蓝、官闪绿、柳绿、沙绿、黄、紫、沉香、葱白、茄花色。

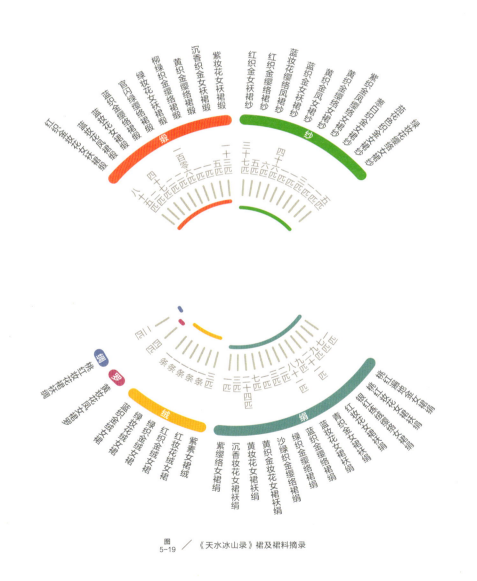

图 5-19 　《天水冰山录》裙及裙料摘录

❶
兰陵笑笑生. 金瓶梅词话（全两册）[M]. 北京：人民文学出版社，2000：892，1075，1221.

明　浙江嘉兴王店李家坟明墓出土裤（形制复原件）

裤的界定

表 6-1

明代裤『类→型→式』形制表

类 裤（2型）

型 收腰型（1式）

I式

SDLW018

SDLW019

HBZM013

JSTZX010

　　裤，也作"袴"、"绔"。《释名·释衣服》有："袴，跨也，两股各跨别也。"《说文·系部》有："绔，胫衣也"。段玉裁注："今之套裤，古之绔也；今之满裆袴，古之裈也"。明代男女均穿裤，如《金瓶梅》第二十五回描写惠莲的装扮："说着，被一阵风过来，把他(惠莲)裙子刮起，里边露见大红潞绸裤儿，扎着脏头纱绿裤腿儿、好五色纳纱护膝、银红线带儿。"又有第二十七回描写李瓶儿装扮："止撇下李瓶儿和西门庆二人在翡翠轩

内。西门庆见他纱裙内罩着大红纱裤儿，日影中玲珑剔透，露出玉骨冰肌…"[1]。此外《金瓶梅》中还多次提及"膝裤"，这种膝裤即套裤，胫衣，只有两个裤管。明代的裤有长裤、短裤等，受限于已知的出土文物，本文主要论及长裤。根据已知明代裤实物，可分为两种基本类型——收腰型和宽腰型。

　　明代裤"类→型→式"，通过对已知明代裤实物归类分析，共计2型2式，见表 6-1。

❶

兰陵笑笑生. 金瓶梅词话（全两册）[M]. 北京：人民文学出版社，2000：282，310.

型

直腰型（1式）

JSJYY003

NXYC1006

JSTZH003

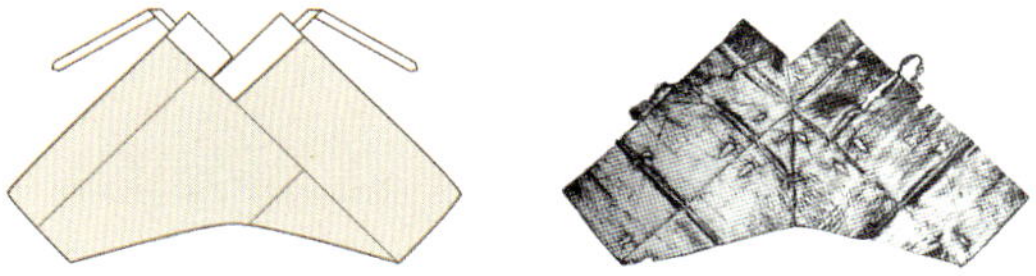

BJDL020

ZJJX014

BJDL021

JSTZLX011

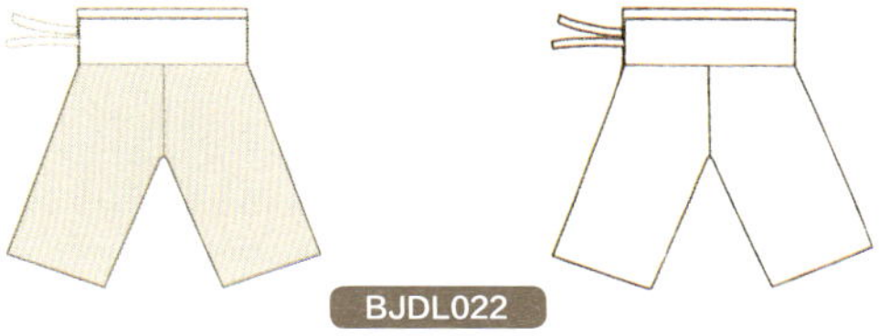

BJDL022

JSWJ001

收腰型裤

收腰型裤的典型特征是裤片的腰部捏有褶裥或附有插片，腰头的宽度比裤片腰部的尺寸要小，典型实物样本四件 ^{表 6-2}。样本 SDLW018 ^{图 6-1}、SDLW019为男裤，山东鲁荒王墓出土，年代为明初洪武时期，材质为麻。其形制在《鲁荒王墓》考古报告中描述为"裤腿前后片通裁，从裤腿内缝处向外对折，在腿外侧接缝的上半部，前后片各接一上宽下尖的锥形接片，将外侧连缀，即形成单条裤腿，两裤腿的前片与前片、后片与后片分别在裆处缝合，形成整条裤；腰部有开料缝缀痕迹，似佚直腰"[1] ^{图 6-2}。这种形制的裤在明代实物中仅见两件，考古报告中所提腿外侧上半部的插片，结构巧妙，以最少的布幅用量解决了胯部适体的需求。

图 6-1 / 样本SDLW018实物
（山东鲁荒王墓出土）

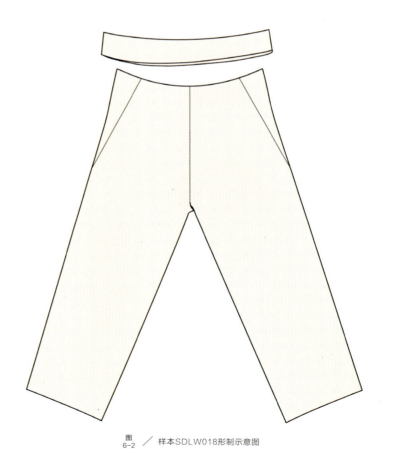

图 6-2 / 样本SDLW018形制示意图

[1] 山东博物馆，山东省文物考古研究所. 鲁荒王墓（上下册）[M]. 北京：文物出版社，2014:49.

表6-2 收腰型裤典型实物样本信息 单位：cm 100cm

SDLW018 洪武时期
- 裤长 97.5
- 裆长 33
- 腰围 92
- 裤口宽 20

SDLW019 洪武时期
- 裤长 95
- 裆长 30
- 腰围 95
- 裤口宽 21.5

HBZM013 正德时期
- 裤长 96
- 裆长 /
- 腰围 /
- 裤口宽 31

JSTZX010 嘉靖时期
- 裤长 80
- 裆长 /
- 腰围 70
- 裤口宽 36

样本HBZM013为男裤，出土于湖北张懋墓，年代为正德。裤腰一侧有系带两条，裤身正中明显可见捏褶收腰的结构处理。

样本JSTZX010为女裤，出土于江苏泰州徐蕃妻墓，棉裤，年代为嘉靖。报告中记述其裤腰右侧开衩，从展出的实物来看 图6-3，裤腰两侧捏褶数个，为对褶，褶裥的作用减小了裤腰围度，让裤更适合腰部尺寸，其形制见 图6-4 所示。

图6-3 样本 JSTZX010 腰部细节 ❶

图6-4 样本 JSTZX010 形制示意图

❶ 实物拍摄于泰州博物馆"大明衣冠——泰州出土明墓服饰专题展"。

宽腰型裤的形制特征是裤片为平裁，裤片的腰宽与腰头的宽度尺寸一致，通常左、右裤片各为一整幅布料，前后裆的部位有拼接。

已知宽腰型裤的样本实物有多件^{表6-3}，这一裤型既有男裤，也有女裤。女裤区别于男裤的最重要特征是腰侧有开衩，样本BJDL021、BJDL022为北京定陵出土孝端后、孝靖后的夹裤，考古报告载BJDL021"右裤腿两片，左裤腿拼裆，两片加一斜尖"，BJDL022的式样"左右裤腿各两片，直缝缝合。在衩口上部两侧各钉缀带一根"。样本BJDL020为北京定陵出土的万历帝裤，此外还有数条裤，分单裤与丝绵裤，式样类似。报告中对这条黄素绫裤（样本BJDL020，原编号W340:1）描述为"裤腰双层，系半幅绫对折横用，在前面裤潘处接缝。裤腿每条二片，裆部加一斜尖。裤口向内折做贴边，宽2.3厘米。"这条裤最具特点的位置在于裤腰有襻，并附有裤带，报告中有"裤带和裤襻用黄素绸制作，腰上钉裤襻四个，前面一个，后面三个，每两个相距17.5厘米，襻宽1厘米、长6.3厘米。襻内穿有裤带，后面与裤襻钉在一起，带宽4厘米、长208.5厘米"[1]^{图6-5}。

样本JSJYY003为男裤，是较为少见的明早期裤型，材质为麻，裤长较短，仅为65cm[2]，其裤片拼接方法也不同于后期裤的形制，左右裤腿各为一幅布料，所拼缝的裆片尺寸较大，左右各有一相对称的拼角，如^{图6-6}所示。

[1] 中国社会科学院考古研究所，定陵博物馆，北京市文物工作队. 定陵（上下册）[M]. 文物出版社，1990:114-115.

[2] 该墓葬还出土有开裆裤（M3:3）1条，裤长为95cm。另有棉布合裆裤（M3:4）1条，裤长75cm。

表6-3　**宽腰型裤实物样本信息**　单位：cm　100cm

样本	裤长	裆长	腰围	裤口宽	衩长
JSJYY003 明代早期	65		80	22	
JSTZH003 弘治时期	103		116	29	
ZJJX014 嘉靖时期	82		114	32	38.5
JSTZLX011 嘉靖时期	/	/	/	/	
JSWJ001 嘉靖时期	80		168	33	
NXYC1006 万历时期	93	50	124	31	
BJDL020 万历时期	113.3	53.5	165	14	42.3
BJDL021 万历时期	106	40	/	34	
BJDL022 万历时期	116	/	160	41	

注：
此类型裤实物还见有样本JSTZLX016、JSTZLX017、NXYCM3005等。

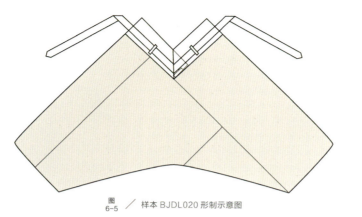

图 6-5 ／ 样本 BJDL020 形制示意图

图 6-6 ／ 样本 JSJYY003 形制示意图

样本 ZJJX014 为女单裤，材质为丝绸，出土于浙江嘉兴王店李家坟明墓。经中国丝绸博物馆修复后，形制清晰可见 |❶，其腰头为一整片，起止于腰头的后中部，腰头的起止处，分别与裤片和裆片相连，开衩长度为 38.5cm 图6-7，其形制如 图6-8 所示。

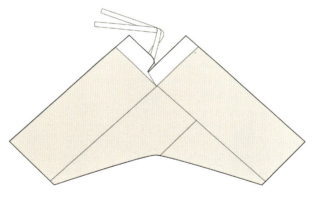

图 6-7 ／ 样本 ZJJX014 实物图（中国丝绸博物馆藏）

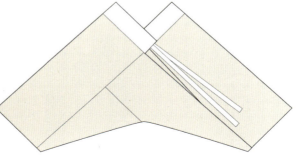

图 6-8 ／ 样本 ZJJX014 形制示意图（正视图、背视图）

❶
实物拍摄于中国丝绸博物馆"梅里云裳——嘉兴王店明墓出土服饰中韩合作修复与复原展"，2019年。

《明宣宗行乐图》局部（故宫博物院藏）

明初服装制度的破与立

1368年，朱元璋定鼎南京，明朝始建。在此之前，创始者以恢复华夏"既坠彝伦"而起兵，最终致"中国之统既失而复得"。明初各项制度初创时，多次对带有游牧民族色彩的元代体制给予贬低，如称前朝为"胡元""胡虏""胡逆""夷狄"等。面对中国历史上前所未有的"华夷之辨"，朱元璋提出"自古帝王临御天下，中国居内以制夷狄，夷狄居外以奉中国，未闻以夷狄居中国而制天下也"。"然而自宋祚倾移，元以北夷入主中国。四海内外，罔不臣服。此岂人力，实乃天授" [1]。在他的即位诏书中称："朕惟中国之君，自宋运既终，天命真人起于沙漠，入中国为天下主，传及子孙，百有余年，今运亦终。海内土疆，豪杰分争。朕本淮右庶民，荷上天眷顾，祖宗之灵，遂乘逐鹿之秋，致英贤于左右……尊朕为皇帝，以主黔黎" [2]。明太祖在此既承认了元接替宋正统地位，又宣告元运已终，转入对大明合法性的叙述，其意指这种"正统交替"皆为天命所为。

洪武元年二月十一日，明太祖下诏"复衣冠如唐制"，颁布了针对官员士民的冠服方案——初，元世祖起自朔漠，以有天下，悉以胡俗变易中国之制，士庶咸辫发椎髻，深襜胡俗，衣服则为裤褶、窄袖，及辫线腰褶，妇女衣窄袖短衣，下服裙裳，无复中国衣冠之旧，甚者易其姓名为胡名，习胡语，俗化既久，恬不知怪。上久厌之。至是，悉命复衣冠如唐制。士民皆束发于顶，官则乌纱帽、圆领袍、束带、黑靴；士庶则服四带巾、杂色盘领衣，不得用黄玄；乐工冠青卍

字顶巾、系红绿帛带；士庶妻首饰许用银镀金，耳环用金珠，钏镯用银，服浅色，团衫用纻丝、绫罗、绢；其乐妓则戴明角冠、皂褙子，不许与庶民妻同。不得服两截胡衣，其辫发椎髻、胡服、胡语、胡姓，一切禁止。斟酌损益，皆断自圣心。于是百有余年，胡俗悉复中国之旧矣 [3]。

统治者深谙"垂衣裳而天下治"之古训，天下甫定，便立即着手改易服饰礼仪，注重外在衣冠风貌对内在精神思想的影响。选择唐制衣冠的恢复，可谓"斟酌损益，皆断自圣心"。通过对汉民族的重要标识——姓氏、语言、服饰的重新定制，用以移风易俗，教化民众，清除"胡风"。自此，汉民族的服饰礼仪，又渐复唐、宋之旧俗，明王朝在制度制定上恢复了汉族服饰的正统 [4] 地位。

明初稽古定制，远效周礼，近仿宋制，形成了大明王朝的衣冠制度。在皇室、官员冠冕、朝服的制定上，效仿《唐会要》《唐六典》中的体例。明代服饰制度的最重要的规定，包含在明朝的各种基本法规之中，包括《大明集礼》（洪武三年），《礼仪定式》（洪武二十年），《诸司职掌》（洪武二十五年），明太祖随时下达的诰敕、训诫，洪武后期颁布的《大明律》（卷十二·礼律·仪制·服舍违式条）[5] 等。弘治十五年（1502）编纂的《明会典》则是把已经颁布实行的各项规定与作为范例的实际做法编录在一起，作为行事指南。但是所有这些条文规定，也还不能将有明一朝庞大的管理体系——囊括，还有大量的规制是临时而为。如洪武

[1] 《明太祖实录》，卷二十六"吴元年冬十月丙寅"条。

[2] 《明太祖实录》，卷二十九"洪武元年春正月丙子"条。

[3] 《明太祖实录》，卷三十，洪武元年二月。

[4] 关于"正统"一说，欧阳修曾谓：正者，所以正天下之不正也；统者，所以合天下之不一也。

[5] 《大明律令》，卷44，"令以教之于先，律以齐之于后……故令与律相为表里"。

二十二年，鲁王朱檀突然去世，此时针对藩王的丧葬规制仍未制定，只能用此先例，再参照典制，根据现实需求进行修改与完善，不断变通展开。因此，明代的服饰制度，并不是一蹴而就制定完成的，而是逐步演化而来。

明代服饰制度，建立了一个"上下有等、贵贱有别"的等级系统。统治者强调服饰的"等第"与"尊卑"，围绕官本位而构筑出等级阶梯。这种从属关系在明初极为严格，上可以兼下，但下不得僭上。服饰制度的内容涉及几个层面：第一，服装本身的定制，即服装外形、色彩、纹样等制。第二，针对穿着服装之人的身份进行定制，宗室、百官、百姓以及针对他们着装的场合、时间、仪礼要求等定制。第三，颁布各种限制，即超越着装规范后的惩罚措施。因此，在服饰制度的执行途径上，分别通过"礼、法、俗"延伸于社会的每个角落。

刚性的"律法"用以绳顽劣。律令的行文非常直白。律，用以制裁，用以正刑定罪；令，用以规范、教导、指引，以设范立制行为准则，随时修改补充。

柔性的"礼法"用以导良民。礼，实际上代表着社会制度规范，是对从政府体系到社会生活各层面复杂关系的规划，规范上至帝王、下及庶人的言行乃至思想。

隐性的"民俗"用以化民风。俗，是律与礼在民间的俗化方式，用以约束与教化民众，移风易俗，最终使百姓以自发方式将律法化解于日常生活，并代代相传。

明初服饰制度的制定，礼法互为表里，并用而行，规划出一个"以天下见其服而知贵贱，望其章而知其势""下不凌等，则上位尊；臣不踰级，则主位安；谨守伦纪，则乱无由生"[1]的理想社会蓝图。

表7-1 是对《明太祖实录》中所载洪武年间相关服装定制情况的梳理，内容涉及：

（1）各级人员服装定制内容，如洪武元年"定皇帝冠服""定命妇冠服"。

（2）祭祀相关用服，如洪武二年"制太庙四代帝后冠服成"。

（3）具体服饰式样，如洪武三年"制四方平定巾颁行天下"。

（4）服饰禁限，如洪武二十五年"申明靴禁"、洪武二十六年"禁对襟衣"。

[1] （西汉）贾谊《新书》，卷一，服疑篇。

表 7-1 《明太祖实录》载洪武时期服装定制条目

序号	内容	卷	年	条目	页码
1	诏复衣冠如唐制	三十	洪武元年	二月壬子	525
2	定天子祭祀冠服	三十	洪武元年	二月戊辰	532 ~ 533
3	定皇帝冠服	三十六下	洪武元年	十一月甲子	677 ~ 679
4	定皇后冠服	三十六下	洪武元年	十一月甲子	679 ~ 682
5	定皇太子冠服	三十六下	洪武元年	十一月甲子	683 ~ 685
6	定诸王冠服	三十六下	洪武元年	十一月甲子	685 ~ 686
7	定皇妃冠服	三十六下	洪武元年	十一月甲子	686 ~ 687
8	定皇太子妃、王妃冠服	三十六下	洪武元年	十一月甲子	687 ~ 688
9	定公侯以下朝祭冠服	三十六下	洪武元年	十一月甲子	688 ~ 691
10	定命妇冠服	三十六下	洪武元年	十一月甲子	691 ~ 693
11	定官员亲属冠服之制	三十七	洪武元年	十二月癸未	744 ~ 745
12	制太庙四代帝后冠服成	三十八	洪武二年	春正月己未	775 ~ 776
13	诏定侍仪舍人及校尉刻期冠服	三十九	洪武二年	二月丁丑	789 ~ 790
14	制太庙四代帝后纱服成	四十三	洪武二年	七月丙申	851
15	制四方平定巾颁行天下	四十九	洪武三年	二月甲子	964 ~ 965
16	考定朝服公服之制	四十九	洪武三年	二月戊子	973
17	定服色尚赤	五十二	洪武三年	五月辛亥	1026
18	定居舍服色等第	五十五	洪武三年	八月庚申	1076
19	申官民器服之禁	五十五	洪武三年	八月丁丑	1079
20	定百官遇雨雪许服雨衣	五十七	洪武三年	冬十月丁巳	1116
21	定官员朝觐辞谢服制	五十七	洪武三年	冬十月己巳	1117
22	重定内使服饰之制	五十七	洪武三年	冬十月壬戌	1117
23	定祀郊庙社稷日月诸神冕服并百官陪祭冠服	六十	洪武四年	春正月戊子	1170

序号	内容	卷	年	条目	页码
24	定侍仪舍人引班执事冠服	六十一	洪武四年	二月乙卯朔	1183
25	定中宫妃子常服及外命服朝服	六十五	洪武四年	五月癸酉	1230～1232
26	定未入流官服制	六十八	洪武四年	十月甲午	1282
27	定文武官命妇服	七十二	洪武五年	二月庚子	1330
28	定庶民妇女袍衫之制	七十三	洪武五年	三月乙卯	1337
29	更定品官命服冠服制度	七十三	洪武五年	三月己亥	1343～1347
30	定内命妇冠制	七十四	洪武五年	六月丁酉	1368～1369
31	定女子在室者服饰	七十六	洪武五年	冬十月己丑	1399
32	定斋引乐生文武舞生冠服之制	七十六	洪武五年	冬十月己丑	1399
33	定命妇圆衫之制	七十六	洪武五年	十一月壬子	1403
34	定战士衣，旗用黄赤	七十六	洪武五年	十一月甲子	1404
35	严申官民服饰	八十一	洪武六年	夏四月癸巳	1462～1463
36	定省牲所用冠服	八十四	洪武六年	八月乙亥	1496
37	文武官朝见太子服制	八十五	洪武六年	九月壬戌	1516
38	定品官家用祭公服	八十六	洪武六年	闰十一月甲申	1532～1533
39	定贵妃丧服之制（孙氏）	九十四	洪武七年	十一月壬戌朔	1631～1636
40	定大祀登坛脱舄礼	一百零二	洪武八年	十一月乙丑	1720～1721
41	定王妃丧服之制（晋王妃）	一百零六	洪武九年	五月癸亥	1765
42	定外命妇未受封者头饰	一百一十六	洪武十年	十一月甲午	1897
43	定皇太子妃丧服之制（常氏）	一百二十一	洪武十一年	十一月庚寅	1961
44	定伶人服制	一百二十六	洪武十二年	冬十月乙亥	2018
45	定祭历代忠臣用便服	一百三十三	洪武十三年	八月丙子	2108
46	申官民服饰之禁	一百四十六	洪武十五年	六月壬辰	2287

序号	内容	卷	年	条目	页码
47	定王国乐工乐器冠服之制	一百四十六	洪武十五年	六月壬辰	2287
48	定天下僧道服色	一百五十	洪武十五年	十二月乙酉	2368
49	更定冕服之制	一百五十五	洪武十六年	秋七月戊午	2418～2420
50	定内外诸司文武官见辞服制	一百五十六	洪武十六年	九月戊辰	2431
51	禁教坊妇人戴冠穿褙子	一百八十八	洪武二十一年	春正月丁亥	2814
52	定中外卫所马步军士服制	一百九十三	洪武二十一年	九月戊寅	2902～2903
53	申严巾帽之禁	一百九十八	洪武二十二年	十二月己亥	2972
54	定改嫁之母丧服	一百九十九	洪武二十三年	春正月庚申	2984
55	申定官民服饰尺寸	二百	洪武二十三年	三月乙丑	3001
56	公主府内使服制	二百	洪武二十三年	三月庚午	3002
57	更定冠服居室器用制度	二百零九	洪武二十四年	六月己未	3110～3119
58	定生员巾服制	二百一十三	洪武二十四年	冬十月庚申	3149
59	定未入流官行礼用公服	二百一十四	洪武二十四年	十一月辛丑	3159～3160
60	申明靴禁	二百一十九	洪武二十五年	秋七月壬午	3213
61	禁对襟衣	二百二十六	洪武二十六年	三月丙辰	3305
62	朝会无朝服者许用公服	二百二十七	洪武二十六年	夏四月己亥	3314～3315
63	申严公、侯制度僭侈之禁	二百二十八	洪武二十六年	六月辛丑	3328
64	定天下儒学训导冠带	二百二十九	洪武二十六年	八月癸未	3352
65	定未入流官服饰之制	二百二十九	洪武二十六年	八月己丑	3353
66	定未入流官陪祭之服	二百四十六	洪武二十九年	秋七月丙子	3575
67	定令史典吏服制	二百五十一	洪武三十年	三月癸亥	3632

明代服装形制的顺与逆

有明一代自始至终，服装形制的规律有矩可循，服装的"形"与"制"彼此较量，彼此牵制。

当"形顺于制"时，服装是"衣冠之治"的物化表现，这体现于开国后即确立始自帝后宗室至品官庶民的完备服饰制度，并历几朝不断更定，它构建了明代的主流服装模式，这从皇室贵族在不同场合与时令的服饰换穿、品官制服胸背花样的按级定制、士农工商各司其服等例中可见一斑。

当"形逆于制"时，形成了看似非主流但却真实存在的服装模式。并未改变元朝服饰流传的历史惯性，有着典型游牧民族风格的服装仍逆于制度而行，流传后世，我们可以看到明初的很多服装实物有着前代元朝的影子，如山东鲁荒王墓出土的腰线袄、江苏江阴周氏墓出土的左衽衣等都是鲜明的形逆于制的案例。

当"形越于制"时，服装跨越身份等级禁限，形成僭越之风，这体现在明代中后期的出土服装实物与服装主人身份并不相符，尤其以丝绸衣料的花样僭越最甚，如江苏泰州的处士刘湘夫妇墓，竟出土有王公侯身份才可穿用的麒麟胸背衣。此外，在大量正史与笔记小说中也记载有嘉靖、万历年间的越制行为，蟒衣、飞鱼服、斗牛服滥行于世。

然而，形制的"顺、逆、越"有时并没有明确的分界，它们甚至可以出现在同一时期、同一地域、同一等级的服装之中。下文将以孔府旧藏衍圣公家族明代服饰为讨论对象，论及这些服装形制中的顺、逆。

孔府旧藏明代服饰之顺体现于"顺乎

礼"。这些服装的来源，既有本府自制，亦有皇帝赐服 |[1]，它们反映了统治者以衣冠"明贵贱，辨等威，别亲疏"的以"礼"治国之道：其"贵"体现在服装本身的材质之美、工艺之精；其"等"体现在朝冠之梁、品服之章；其"亲"则体现在明廷对衍圣公家族的赐服与频率。元明改朝换代之际，孔府第55代衍圣公孔克坚在处理朱元璋的召见通知时选择了观望，他并未亲赴，而是派了长子孔希学替代前往。朱元璋看破其进退两难的用意，直接于洪武元年三月初四日亲笔下了诏令："吾闻尔有风疾在身，未知实否？然尔孔氏非常人也，彼祖宗垂教万世，经数十代，每每宾职王家，非胡君运去，独为今日然也。吾率中土之士奉天逐胡，以安中夏。虽曰庶民，古人由民而称帝者汉之高宗也。尔若无疾称疾，以慢吾国，不可也。谕至思之！"事关重大，同年十一月十四日，孔克坚亲赴南京朝见新帝 |[2]，其子孔希学孔子第56代孙袭封衍圣公，秩二品。自此，衍圣公之位在有明一朝共经历10代11传，其"百世不祧""世卿世禄"的大宗主地位稳如泰山，正如今日孔府宅邸大门对联所言：与国咸休，安富尊荣公府第；同天并老，文章道德圣人家。

孔府旧藏明代服装之"逆"体现于具体服装形制的逆。如前述样本SDKF006、007、016、042、063其制与元朝的贴里、褡护如出一辙，是典型的元朝风格再现，虽然所谓的"胡服"在明初被明令禁止，但其历史惯性难以彻底更改。

孔府旧藏明代服装之"越"体现于赐服

[1] 《孔府见闻录》中有："……以上除牙牌、笏、带、靴、帽外，服装均属自制。现存明代蟒袍中，除自制外还有大红、深蓝、墨绿、海蓝、黑色等，均为过去历代帝王赏赐官服。据《阙里文献考》记载，明代成化、弘治、正德、嘉靖、万历、天启、崇祯等代都赐有衍圣公官服和衣料等物"，第318页。

[2] 这次会面，朱元璋与孔克坚进行了一番直白的对话：老秀才，近前来，你多少年纪也？对曰：臣五十三岁。上曰：我看你是有福快活的人，不委付你勾当。你常常写书与你的孩儿，我看资质也温厚，是成家的人。你祖宗留下三纲五常垂宪万世的好法度，你家里不读书，是不守你祖宗法度，如何中？你老也常写书教训着，休怠惰了。于我朝代里，你家里再出一个好人呵不好？见于《曲阜孔府史料选编》，第5-6页。

的"越等"。明代官修《明实录》记载有明一代与衍圣公袭封、赐服、朝贺、视学等互动条目，约60条有余，这些记录清晰勾勒出明廷对孔府后裔的优渥之始与赐服之盛，多次赐服以"越等"的方式来表朝廷的重视。明人王世贞在《弇山堂别集》中也专门记述了洪武、洪熙、天顺三朝对衍圣公的恩渥，以及景泰、弘治、嘉靖、隆庆四朝时的幸学赐服，更具整合梳理与着力细节的意味。在卷三《皇明盛事述》"阙里恩泽"篇|❶有：

洪武初年，衍圣公孔希学来朝，诏袭封，予诰，还其祭田，备礼器乐器乐舞。置属官，管句、典籍、司乐各一员。会班亚丞相。十七年，子讷嗣，来朝，特赐一品织文诰命，白玉轴。每岁入觐，得给符乘传，班序文臣首。

洪熙元年，彦缙来朝，赐第东安门北。景泰三年，赐三台银印、玉带、麒麟服。六年，子弘绪嗣，入朝，赐玉带，以躯小，去二銙授之，俾藏焉。又范金为图书，其文曰

图
7-1 ／ 第 64 代衍圣公孔尚贤画像（孔子博物馆藏）

❶（明）王世贞，《弇山堂别集》卷三，《皇明盛事述》，阙里恩泽，第39页。

"谨礼崇德"以赐。

　　天顺元年入朝，上见便殿，握手置膝上与语，改赐大第，给三氏教授印，开生员岁贡格，蠲孔氏田租。弘治中，加庙祭礼乐。

　　景泰、弘治、嘉靖、隆庆四幸学，衍圣公率三氏子孙观礼，公赐大红织金仙鹤罗纱帽、金镶犀束带，三氏各冠带有差。

　　综合分析文献中关于衍圣公赐服的记录，赐服的内容有：衣（袭衣、罗衣、纻丝衣、金织纱衣、金织文绮袭衣、金织纻丝袭衣、麒麟纻丝衣），冠带（纱帽、犀带），靴袜，衣料（文绮、帛）等。比对孔府旧藏明代服装，所藏的麒麟胸背服装及金织工艺服装最接近文献中所提的赐服。而超越其二品品秩的狮子胸背上衣（应为一品武官所服）、仙鹤补服（应为一品文官所服），以及与龙形相似的蟒、飞鱼、斗牛服，如果不是僭越之服，那最大的可能来源就是明廷赐服。通过如上明廷赐服衍圣公的记录、现存衍圣公及夫人肖像画 图7-1、图7-2、已知孔府旧藏明代服

图7-2／第64代衍圣公继配夫人张氏画像（孔子博物馆藏）

装实物的综述，这三者共同构成了深入探究明代最大贵族之家服饰的立体信息。明廷与孔府，一个代表着皇帝之权（法与制），一个代表着孔子之道（礼），两者经由赐服等行为的互动，使"礼"与"法"相辅相成，互为表里。就孔府旧藏服装的形制关系，分析如下：

▼ 赐服持续性历朝不坠

自洪武元年孔子55代孙孔希学袭封衍圣公，至明末最后一位衍圣公孔胤植由明入清，明廷与孔府的互动历朝不断，凡遇新朝开元、皇家盛事、视学之仪、册封诰命、贺节、朝会、辞归阙里等时机，朝廷均会赐服于衍圣公。在赐服频率上，明前期的赐赏明显高于中后期，而这正是立国伊始，亟须建立礼制规范的时期。在洪武朝衍圣公的数次朝见之时，朱元璋均表现出对儒家之礼的重视，如"阐圣学之精微，明彝伦之攸叙，表万世纲常而不泯也"（洪武六年），"明纲常以植世教，其功甚大，故其后世子孙相承，凡有天下者，莫不优礼"（洪武十二年）。伴随着这些褒崇，是对衍圣公的多次赐服。至永乐朝，太宗朱棣更是提升了对孔子之道的认知，永乐十五年孔庙讫工时甚至亲制碑文，对孔子"参天地，赞化育，明王道，正彝伦，使君君臣臣、父父子子、夫夫妇妇，各得以尽其分"之功大加赞颂，期以"佐我大明于万斯年"（永乐十五年）[1]。此后的宣德、正统、成化、弘治四朝，明廷对衍圣公的赐服仍有络续，互动不断。而自正德、嘉靖、隆庆、万历四朝，赐服虽然不坠，但频率明显减少，赐因也变得相对单一，多为皇帝视学赐服。

▼ 赐服的品秩褒崇有加

关于衍圣公的品秩，《阙里文献考》[2]中总结的极为精炼：明太祖洪武元年初授正二品，资善大夫，班亚丞相，革丞相，令班列文臣之首。十七年又诏，既爵公，勿事散官，给诰用织文玉轴，同一品。景帝景泰三年，改给三台银印，如正一品，赐玉带、织金麒麟袍，遂为例。朝服、公服、常服皆同一品，冠八梁，带珮与绶俱用玉，笏用象牙。熹宗天启二年，始晋公孤等衔。显而易见，衍圣公品秩虽为二品，但明廷对其优待甚隆，无论诰用织文玉轴，还是台印珮绶，抑或朝服、公服、常服皆"同一品"，并且几乎圣圣相承，恩同一日。这种"褒崇"之赐，在其他人也已视之如常，王世贞在卷四《皇明盛事述》"二品麟玉"篇[3]中就有这样记载：衍圣公正二品，诰命例用犀轴，常服鹤袍犀带。宣德请给玉轴诰命，景泰赐麟袍玉带，自是以为常。其大朝会宴享，在左班一品之上。对衍圣公以二品之秩而服麟玉的现状，作者的描述心态已然是"见怪不怪"。衍圣公以"其祖之法具于君臣、夫妇、长幼、朋友，其功著于易、书、诗、礼、乐、春秋，立生民之极，开太平之运"[4]而得历代帝王治国依赖，至明代更是有增无减，咸致尊崇，从赐服品秩可见一斑。

▼ 以视学赐服教化天下

视学赐服是明廷赐服衍圣公的重要项目。视学是明代每朝皇帝登基后的一项重要礼仪，其制最早发端于东汉，光武帝时称"幸学"，北宋哲宗时始称"视学"，到明代洪武十五年（1382）在南京国子监行"视学仪"后，将其礼仪颁为定制。自此，历朝明

❶
《明太宗实录》，卷一百九十二，八月丁卯条。

❷
（清）孔继汾，《阙里文献考》，卷十八，第399-400页。

❸
（明）王世贞，《弇山堂别集》卷四，《皇明异典述》四，二品麟玉，第169页。

❹
《曲阜孔府档案史料选编》（第二辑），第5页，成化修刊孔氏族谱关于历朝崇奉孔子、优礼后裔的记载。

帝在即位之后的前几年，都会择日到国子监视学，由衍圣公率领孔颜孟三氏子孙观礼。视学活动的基本流程是：释奠孔庙、幸彝伦堂、讲官讲经、幸学隆施。至隆施时，袭封衍圣公及三氏子孙，国子监祭酒学官、监生上表谢恩，皇帝则对其进行赏赐，赏赐的重要内容之一就是赐服。孔子被奉为"万世之师"，其道"明纲常、兴礼乐、正彝伦"，衍圣公在皇帝视学中担当重要的导引之职，连脉三氏子孙，继而是国子监的教育，乃至是对天下的教化，皇帝视学赐服衍圣公正是向天下昭告了明廷尊孔崇儒之意。

▼ 尊孔崇儒，彰显仁礼

孔府旧藏明代服装的"形"与"制"互为表里，其形式"承祖制、显规范"，其配伍"循礼制、辨等威"。从朝廷对衍圣公历年赐服记录中，可以明确看到衍圣公家族在明代的重要地位，即便是新朝伊始，仍循旧例，极力地优礼后裔。这些华美的赐服，表面上是恩渥备加、代增隆重的荣誉，实则更是彰显国家礼法并重、尊孔崇儒的治世之道。儒家之"礼"讲究服饰与言谈举止、容姿仪表相一致，服饰或敦厚俭朴或华章美饰，都服从于场合的需要与等级的节制。"尽精微而致广大"，物质性的服装背后，体现着精神性的"仁"与"礼"。结合孔府旧藏明代服装本身所传递的物证信息，以及相关文献的书证与图像相互佐证，这66件孔府旧藏明代服装以衣载道，再现了明代衣冠礼治。

明代服装形制的传播体现在明朝与藩属国之间以服饰（含纺织品衣料）作为主要交流的对象。在与明廷建立宗属关系的朝贡国中，朝鲜是来华朝贡班次最为频繁的国家，由明廷官方主持编修的《明实录》中记载有两国服饰贡、赐相关条目多达五百余项，而《高丽史》《朝鲜王朝实录》所载两国服饰交流条目有三百余项 |❷。朝鲜何以愿意接纳异邦的衣冠为本国服饰，甚至主动请赐冠冕华服？明廷所赐朝鲜的服饰衣料涉及哪些对象，赐服的时机又是什么？两国的服饰交流是否遵从一定的等级规格？详述如下。

明朝与朝鲜的服饰交流记录

▼《明实录》中的朝鲜赐服情况

《明太祖实录》载有朱元璋在立朝伊始（洪武元年，1368）对周边国家的昭告：今年正月，臣民推戴即皇帝位，定有天下之号曰大明，建元洪武，惟四夷未报。故遣使报王知之，昔我中国之君与高丽攘地相接……昔帝王之治天下，凡日月所照，无有远近，一视同仁。故中国尊安，四方得所，非有意于臣服之也。自元政失纲，天下兵征者十有七年，四方遐远，信好不通。朕肇基江左，扫群雄，定华夏，臣民推戴，已主中国，建国号大明，改元洪武。顷者克平元都，疆域大同，已承正统，方与远迩相安于无事，以共享太平之福 |❸。从诏书中可以看出，明朝开国皇帝朱元璋积极修复元朝以来用武力征服周边国家而致不睦的教训，向"四夷"宣告自己正统之位的同时，亦发出了与邻国以"主从"之制共享太平天下、安好往来的讯息。

洪武二年（1369），高丽国王王颛在接受明廷所赐玺书 |❹ 后，遣使者贡方物来贺并请封爵 |❺，洪武帝则再次遣赍诏及金印诰文往高丽，封王颛为高丽国王，并以冠服、祭服、文绮纱罗、锦绣绒绮等物赐之 |❻，

正式建立了两国宗属关系。洪武二十五年（1392），朝鲜国权知国事李成桂欲更其国号，遣使来请命，洪武帝以"东夷之号惟朝鲜之称最美，且其来远矣，允其更国号为朝鲜" |❼。此后两百余年，朝鲜与明廷勤修封贡。

赐服是两国交流的重要项目，大凡两国交流的重大事件，都伴随着赐服。《明实录》所载对朝鲜的赐服自明太祖始，次数逐朝上升，至英宗朝十四年间达最繁，记录超一百三十条之多 |❽。此后赐服频率递减，至穆宗朝六年间仅七次记录，而神宗朝四十八年间仅四十余次。

▼ 赐服对象

关于朝鲜赐服，受赐对象地位不等，上至王室，下及庶民。

对象主要分三大类：一是朝鲜王室成员，包括王、王妃、世子、王父、王母、王亲属等，如《明英宗实录》载正统十四年（1449）"遣翰林院侍讲倪谦、刑科给事中司马恂颁即位诏于朝鲜国，并赐其国王及妃锦绮、彩币等物"。二是朝鲜差来进贡使臣、奏事陪臣、出使的相国、侍中等官员，如《明神宗实录》载万历二十四年（1596）"朝

❶
蒋玉秋，赵丰. 一衣带水 异邦华服——从《明实录》朝鲜赐服看明朝与朝鲜服饰外交 [J]. 南京艺术学院学报：美术与设计，2015（3）：34-37.

❷
심연옥，금종숙. 우리나라와 중국 명대의 직물 교류 연구Ⅰ [J]. 한복문화-『조선왕조실록』에 타난 우리나라에서 중국으로 보낸 직물을 중심으로-，제 16 권 2 호 2013（8）：67-87.

❸
《明太祖实录》，卷三七，第750-751页。

❹
《明太祖实录》，卷四一，第815页。

❺
《明太祖实录》，卷四四，高丽国王王颛遣其礼部尚书洪尚载等奉表贺即位，请封爵目贡方物，中宫及皇太子皆有献。赐尚载以下罗绮有差。第858页。

鲜国王差陪臣韩应寅等二十五员进贡方物马匹，赐各衣服靴袜并折段银两"。三是漂流、流落至中国海域的朝鲜百姓，史称漂海人、流寓人，如《明英宗实录》载正统十二年（1447）"礼部奏，会同馆收养朝鲜国漂海军洪承龙等十三人，告天寒无衣。命给与胖袄裤鞋各一"。

▼ 赐服内容

赐服内容包括服饰与衣料。

所赐服饰非常多元，计有11类——衣服、袍、袭衣、蟒衣、冕服、祭服、冠服、朝服、常服、胖袄、靴袜等 _{表7-2}。值得说明的是表中统计的"衣服、袍"为服饰大类概称，多以材质计，如纱罗衣、绢衣、袍等。"袭衣"指所赐服装的成套配伍，也以材质计。赐"蟒衣"共提及两次，所赐对象是王及王妃。赐"冕服"多次，如《明英宗实录》载景泰七年（1456）"遣内臣册封琛为朝鲜国王，妻尹氏为朝鲜国王妃，赐诰命冕服冠服等物"。赐"祭服"提及两次，均在明初的洪武朝与永乐朝，前者是制成赐之，后者则令本国自制。赐"冠服"一般在册封王、王妃、世子时，赐为诰命，并赐冠服，

表 7-2 ⚲ 《明实录》记载赐赏朝鲜服饰统计表

序号	品类	受赐对象	服饰名称
1	衣服	使臣、王子、王侄女、世子	衣服、纱罗衣五袭，金织罗衣、绢衣、织金纱罗纻丝衣各一袭
2	袍	王遣陪臣	袍
3	袭衣	王遣陪臣、国王	袭衣、金织文绮袭衣、金织袭衣、金织罗袭衣、金织纻丝袭衣、金织罗绢袭衣、纻丝袭衣、织金袭衣、织金纻丝袭衣、白金袭衣
4	蟒衣	国王、王妃、世子	蟒衣玉宝石带、大红纻丝蟒衣一袭
5	冕服	国王、世子	九章冕服、冕服
6	祭服	国王、陪臣	祭服
7	冠服	国王、王妃、王父、王母、世子、陪臣	冠服、陪臣五梁冠服、世子六梁冠、乌纱远游冠/玄圭绛纱袍/玉佩赤舄及常时视事冠服、九梁远游冠服、冠、冠带一事
8	朝服	世子	朝服袭衣
9	常服	国王	常服纻丝纱罗各一袭
10	胖袄	漂海人	胖袄
11	靴袜	使臣、陪臣、漂海人	靴袜、衣鞋、履、布鞋、鞠鞋

❻
《明太祖实录》，卷四四，遣符宝郎契斯赍诏及金印诰文往高丽，封王颛为国王。……赐颛大统历一本，锦绣绒绮十匹，又赐其王母、妃金绮纱罗各四匹，并赐其相国申旽、侍中李春富、李仁人文绮纱罗十二匹。第866-867页。

❼
《明太祖实录》，卷二二三，第3267页。

❽
朝鲜时代世祖惠莊大王在位期间（1455—1468）的服饰交流也是《朝鲜王朝实录》中记载最频繁的，交流次数达85次。

如《明宣宗实录》载宣德三年（1428）"朝鲜国王李祹为世子请赐六梁冠服，从之"。[1]赐服中，"朝服"与"常服"也各有提及，如《明宣宗实录》载宣德五年（1430）"赐朝鲜国使臣吴升等二十二人钞彩币表里。命升赍敕及朝服袭衣归赐世子珦"。《明世宗实录》载嘉靖二十六年（1547）"朝鲜国王李峘遣陪臣李爔来献表咨等纸六百张，上嘉其忠敬，答赐王银百两、常服纻丝纱罗各一袭"。赐"胖袄"多与鞴鞋组合而赐，对象是朝鲜军士或漂海人，《明神宗实录》载万历十七年（1589）"……令要宇等暂住会同馆，咨行辽东，将四十四人解京。仍赏胖袄、鞴鞋，给与关文，差通事送至附件，遇便遣归。从之"。

赐服衣料涉及丝织品、皮裘、绵布、西洋布 表7-3。其中丝织品为大类，主要有纱罗、绮、纻丝、帛、绒、绢、缎、锦。值得一提的是这些丝织品中，多为配伍衣料，即成套服装里外的定式用料，单位以"表里"计，多为金织（织金）。如永乐十九年（1421）"朝鲜国王李祹遣臣申浩等贡马。赐钞五百锭、文绮千六表里"。正统十四年（1449）"朝鲜国王李祹遣陪臣权孟庆等奉表来朝，贡马及方物。贺明年正旦。赐彩缎表里等物有差"。另外，赐品中大量提及有"彩币"，以及"绮钞""绮币""丝币"等，这类组合是为赏赐财物的通称，具有一定可衡量的价

表7-3 《明实录》记载赐赏朝鲜国丝织品统计表

序号	品类	名称
1	纱罗	金织罗、金罗、织金罗、织金纱罗
2	绮	文绮、金绮、金织文绮、绮钞、绮币、织金文绮
3	纻丝	金织纻丝、织金纻丝、金纻丝
4	帛	彩帛、金帛
5	绒	妆花绒
6	绢	大绢、素熟绢、熟素绢、彩绢
7	缎	锦缎、彩缎、段布、织金纻丝麒麟等缎
8	锦	文锦、妆锦
9	其他	彩币

[1] 《明宣宗实录》，卷四七，赐朝鲜国世子六梁冠一。"先是，朝鲜国王李祹奏：'洪武中，蒙赐国王冕服九章。陪臣冠服比朝廷递降二等，盖陪臣一等比朝臣第三等得五梁冠服。永乐初，先臣芳远遣世子禔入朝，蒙赐五梁冠服，臣切惟世子冠服乃同陪臣一等，乞为定制。'上从之，故有是命。"第1155页。

值。"彩币"有彩、币之分，"彩"指丝绸类的纺织品，具体可包含绮、绢等；"币"则指钞币，尤其是大明宝钞 |❶。如永乐十五年（1417）记录有"朝鲜国王使臣元闵生、申槩等还国，赐钞币文绮有差。仍赐其王彩币二百匹"。除了如上大量丝织品的赐给，也有其他纺织品类，如关于皮裘的记载在永乐元年（1403）"人赐纻丝衣一袭、钞二十五锭，使朝鲜者加衣一袭及皮裘狐帽"。绵布记载在"景泰元年（1450）朝鲜国王李琍遣陪臣方致知等，续贡马一千四百七十七匹以备战阵之用。赐……绵布二千九百五十四匹，归赐其王及妃"。西洋布共两次提及，分别在成化四年（1468）与成化十二年（1476）|❷。

▼ 赐服朝鲜的时机

明廷赐服朝鲜，缘于两国的双向交流。一方面明廷以"宗主"之姿，为威服藩属，按朝中分封的原则，主动向朝鲜进行昭告、册封、嘉赏、恤慰、酬偿等；另一方面朝鲜奉明朝为"正朔"，主动向明廷称臣纳贡，凡遇"每岁圣节、正旦、皇太子千秋节，皆遣使奉表朝贺，其余庆慰谢恩无常朝"|❸，而明廷本着"有贡则有赏"的原则，给予朝鲜国一定的回赐。两方往来中，朝鲜使臣出使明朝的行次远远高于明朝出使朝鲜的行次。在这些重大的两国交流事件中，都伴随着赐服或纺织品。

○ 明朝主动赏赐朝鲜的时机

明朝赐服朝鲜的时机可以分为昭告、册封、赐赏、嘉（奖）、恤（慰）、酬（偿）、赙七大类。

（1）昭告。明朝凡遇本国大事如昭告即位、皇子皇嗣诞生、加谥号等事，往往遣使昭告于朝鲜，并伴有赏赐。如《明神宗实录》载有万历三十三年（1605）命修撰朱之蕃、左给事中梁有年敕谕朝鲜国王李眖。赐王纻丝十四、妆锦四段、熟素绢十四；王妃纻丝六匹、锦二段、熟素绢六匹。敕曰："兹朕皇孙诞生，覃恩宇内，念王世守东方，恪修职贡，宜加恩赉，以答忠诚。特遣翰林院修撰朱之蕃、左给事中梁有年充正副使捧赉诏谕，并赐王及妃彩币文锦，至可受赐，见朕优礼之意"。

（2）册封。明廷作为朝鲜名义上的宗主国，对朝鲜国王、王妃、世子实行册封，伴有赐规格较高的诰命冠服等。如《明武宗实录》载正德十六年（1521）"命太监金义充正使、赍敕赐朝鲜国王妃及养老王王妃，并世子银两纻丝蟒衣玉宝石带"。

（3）赐赏。朝鲜使臣出使明朝，明廷往往赏赐价值大于其贡品的财物。赐赏的原因多样，如使者辞归、援助、受助、勤修职贡等。如《明太宗实录》载永乐二十年（1422）"朝鲜国使崔渊得辞还。赐钞二百五十锭、文绮九表里"。

（4）嘉（奖）。因朝鲜给予明朝的帮助，对其进行的嘉奖报答。如《明太宗实录》载永乐八年（1410）"遣中官田嘉禾，海寿赍敕往赐朝鲜国王李芳远白金千两、纱罗千匹、彩绢五百匹。先是，芳远献马万匹助征北虏，故嘉答之"。

（5）恤（慰）。以赐服的方式对朝鲜国事、国民的抚恤与安慰。如《明宪宗实录》载成化十六年（1480）"……建州虏骑二千乘夜邀之，……朝鲜皆以兵来助……仍以

❶
此处内容感谢明史专家陈宝良先生不吝赐教。

❷
《明宪宗实录》，卷五〇，朝鲜国王李璂遣臣高台弼来献建州虏。……命礼部从厚赏赉。诏加赐锦四段、西洋布十匹，并赐领兵有功官白金彩缎有差，遣内臣金辅赍与之。1017-1018页；卷一五八 朝鲜国王李娎为继妻尹氏请封。上允之。即以诰命冠服并罗缎西洋布等物遣陪臣归赐之。第2897页。

❸
（明）申时行等修，《明会典》，卷一零五，万历朝重修本。

许熙率兵冒险，给彩缎二表里、银二十两慰之"。

（6）酬（偿）。封贡体系下，朝鲜与明朝两国的贡赐物品，属礼节性的以物易物的"贸易"范畴，明廷往往以超值物品回赐给朝鲜（高丽），以酬或偿其值。如洪武二十六年（1393）"朝鲜遣使送马九千八百八十匹至辽东，命指挥王鼎运纻丝棉布一万九千七百六十匹以酬之"。

（7）赙。明廷如遇朝鲜丧事，往往赐赙布帛等物治丧。如永乐二十年（1422）"前朝鲜国王卒，讣闻。赐祭，谥恭定。赙布帛千匹"。

○ 因朝鲜贡献等因的赐服时机

朝鲜使臣出使明朝的缘由大致可以分为贡献、贺、请乞、谢、慰五大类。

（1）贡献。纳贡、进献是朝鲜与明朝交往的主要内容，贡品多为方物，如马匹、人参、海青、文鱼、白雉、犀象、马驼、咨纸等。明廷本着"有贡则有赏"的原则，给予朝鲜国一定的回赐。《明太宗实录》载有永乐元年（1403）"朝鲜国王李芳远遣陪臣赵狷来朝，贡方物。赐金织文绮袭衣钞币表里"。

（2）贺。朝鲜使臣贺类行次的出使缘由颇多，大凡遇到中国重要节日及朝廷重大事件，朝鲜国往往遣使祝贺。贺及民间节令的有正旦节、长至节（又称冬至）等，其中又以贺正旦节为最多，此外还有涉及皇家节日与活动的祝贺，如贺登极、万寿圣节（又称天寿圣节）、皇嗣诞生、立太子、皇太子千秋节、尊谥礼成、册封、其他如宫殿建成等。《明孝宗实录》载有弘治十八年（1505）"朝鲜国王李㦂遣陪臣议政府右议政慎守勤等贡方物马匹，入贺即位。赐宴并金织袭衣彩缎绢布有差"。

（3）请乞。朝鲜凡遇本国国王、王妃、世子变更，或其他大事如册封、请谥等，均向明朝政府奏事请命、乞赐。《明宪宗实录》载有成化四年（1468）"朝鲜国陪臣李石亨等来朝，报其国王李琈薨。赐石亨等衣服彩缎等物"。朝鲜多次就祭服、冕服等来请赐、乞赐。

（4）谢。对明廷的颁诏、册封、救济等事，朝鲜国王常遣使以谢恩至，并得赐衣服丝绸等归国。如洪武二十六年（1393）谢更国号，"朝鲜国权知国事李成桂遣使上表笺贡马及方物，谢更国号，并上高丽恭王金印，且请更名旦。从之，赐其使李恬等文绮钞锭"。

（5）慰。凡遇明廷凶礼之事，如太子薨逝、皇后崩、太后丧等，赴明进香奉慰。如隆庆元年（1567）"朝鲜国王李峘遣陪臣礼曹参判宋赞等赍表陈慰。别遣户曹参判郑宗荣等进香。诏进香于永陵献殿门外行礼，赐其使织金衣彩缎绢布有差"。

明代服装形制在朝鲜的传播

▼ 朝鲜服饰的慕华之风

朝鲜王朝对中华服饰的仰慕由来已久，且向以"礼仪之邦""小中华"自誉，国号尚为高丽之时就已接受明朝册封，衣冠服饰悉遵华制，其史书有载"文轨攸同，赐王冕服，王妃群臣亦皆有赐，衣冠服饰，焕然一新，使我东方得免胡元左衽之俗，复见礼乐文物之盛，诚千载盛际也"[1]。更名朝鲜后，多次就祭服、朝服、常服、冠服来请，如《明实录》中对朝鲜请赐"冕服"的明确记载有五次，如景泰元年（1450）"朝鲜国王李祹奏请赐世子冕服。从之"。册封而赐，载见《明英宗实录》景泰七年（1456）"遣内臣册封珚为朝鲜国王，妻尹氏为朝鲜国王妃，赐诰命冕服冠服等物"。请赐"祭服"，如永乐三年（1405）"朝鲜国王李芳远奏：'洪武中蒙赐庙社乐器及陪臣祭服，年久损敝，乞再颁赐。'上命工部制乐器赐之，祭服令本国自制"。对"冠服"的乞赐更是屡

请不厌。朝鲜对中华衣冠不仅欣然接纳，后续更转变为一种主动需求，此番状况在明朝出使朝鲜归来的使臣奏报中多有表述，极口称赞"朝鲜文物礼制，无异于中华"[2]。比对韩国图像资料，从朝鲜第一位国王太祖李成桂（1335—1408）图7-3，到大韩帝国最后一位国王纯宗李坧（1875—1926）图7-4的祭服像，以及朝鲜官员、士人等肖像画中可以看出，明代服装形制影响朝鲜达五百余年之久。尤其是男子服装与明朝服装形制几乎一致，服装品类涉及冕服、朝服、常服、道袍、氅衣、深衣、贴里、褡护、曳撒等图7-5 图7-6 图7-7。在1644年之后于中国已不存的明代服装形制，继续流传于朝鲜王朝，至今仍为韩国传统民族服饰。

图 7-3 朝鲜太祖李成桂常服像

图 7-4 大韩帝国纯宗李坧祭服像

1
《增补文献备考》，卷七九。

2
《李朝中宗实录》，东京学习院东洋文化研究所刊行，1953年。

▼ 朝鲜服饰的降等之别

自明朝开国皇帝朱元璋始，即确立了朝鲜是受封于明朝的"藩属"国，朝鲜国王需得到明廷的正式册封，而册封时的要物，除玺印之外，属服饰品最重，其等级规格直接体现藩国在上国心中的政治地位。服饰之降等体现在王室与官员的冕服及冠服。朝鲜王室服饰级别等同于明朝亲王、郡王，体现在冕服体系上，中国皇帝的冕冠是十二旒，而朝鲜王的冕冠为九旒，王世子冕冠为七旒，对应名义上作为明朝皇帝的藩王臣子。如永乐元年（1403）"鲜国王李芳远遣陪臣石璘、李原等，奉表谢赐并贡马及方物，且请冕服、书籍。上嘉其能慕中国礼文，悉从之。命礼部具九章冕服、五经四书并钞及彩币表里，使还赐之"。朝鲜陪臣冠服比明廷大臣

图 7-5 ／ 兴宣大院君李昰应朝服像

递降二等，世子比陪臣高一等，《明宣宗实录》载有宣德三年（1428）"先是，朝鲜国王李裪奏：'洪武中……陪臣冠服比朝廷递降二等，盖陪臣一等比朝臣第三等得五梁冠服。永乐初，先臣芳远遣世子褆入朝，蒙赐五梁冠服，臣切惟世子冠服乃同陪臣一等，乞为定制。'上从之，故有是命"。

从《明实录》《朝鲜王朝实录》等文献记载的两国服饰交流情况来看，两国历史上的服饰交流频繁，互认程度颇高。明朝对朝鲜极力优待，薄来厚往，以"君父之国"身份，许其使用中国的冠服制度。而朝鲜不仅俾从华制，更以华俗为荣，以华服为贵，对赐服的应用伴随其王朝始终。

图
7-6 ／ 兴宣大院君李昰应常服像

图
7-7 ／ 兴宣大院君李昰应黑巾青袍像

中文古代文献

[1] 明实录［M］. 北京大学图书馆藏国立北平图书馆红格钞本微卷影印本.

[2] 申时行，等. 明会典［M］. 万历朝重修本. 影印本.

[3] 徐一夔，等. 大明集礼［M］. 国家图书馆藏刻本，1530（明嘉靖九年）.

[4] 翟善，等. 诸司职掌［M］. 国家图书馆藏沈家本，1903（清光绪二十九年）.

[5] 张自烈. 正字通［M］. 清畏堂刻本. 1685（清康熙二十四年）.

[6] 王世贞. 觚不觚录［M］//王云五. 丛书集成初编. 上海：商务印书馆，1937（中华民国二十六年）.

[7] 天水冰山录［M］//王云五. 丛书集成初编. 上海：商务印书馆，1937（中华民国二十六年）.

[8] 余继登. 典故纪闻［M］//元明史料笔记丛刊. 北京：中华书局，1981.

[9] 焦竑. 玉堂丛语［M］//元明史料笔记丛刊. 北京：中华书局，1981.

[10] 王世贞. 弇山堂别集（全四册）［M］. 魏连科，点校. 北京：中华书局，1985.

[11] 史玄. 旧京遗事；旧京琐记；燕京杂记［M］. 北京：北京古籍出版社，1986.

[12] 上海文献丛书编委会. 朱氏舜水谈绮［M］. 上海：华东师范大学出版社，1988.

[13] 王圻，王思义. 三才图会［M］. 上海图书馆藏明万历王思义校正本影印. 上海：上海古籍出版社，1988.

[14] 邓士龙. 国朝典故［M］. 许大龄，王天有，主点校. 北京：北京大学出版社，1993.

[15] 严从简. 殊域周咨录［M］. 余思黎，点校. 北京：中华书局，1993.

[16] 朱元璋. 皇明祖训［M］//四库全书存目丛书编纂委员会. 四库全书存目丛书. 济南：齐鲁书社，1997.

[17] 郎瑛. 七修类稿（全两册）［M］. 安越，点校. 北京：文化艺术出版社，1998.

[18] 兰陵笑笑生. 金瓶梅词话（全两册）［M］. 陶慕宁，校注. 北京：人民文学出版社，2000.

[19] 宋应星. 天工开物［M］. 管巧灵，谭属春，点校注释. 长沙：岳麓书社，2002.

[20] 丘濬. 大学衍义补［M］//钦定四库全书会要. 长春：吉林出版集团，2005.

[21] 上海古籍出版社. 明代笔记小说大观（全四册）［M］. 上海：上海古籍出版社，2005.

[22] 新编对相四言［M］. 美国哥伦比亚大学史带东亚图书馆藏珍本. 上海：上海书店出版社，2015.

[23] 张廷玉. 明史［M］. 北京：中华书局，1974.

[24] 叶梦珠. 阅世编［M］//来新夏，点校. 清代史料笔记丛刊. 北京：中华书局，2007.

[25] 顾炎武. 日知录；日知录之余（全二册）［M］//顾炎武全集. 上海：上海古籍出版社，2012.

[26] 褚人获. 坚瓠集（全四册）［M］//李梦生，校点. 历代笔记小说大观. 上海：上海世纪出版股份有限公司；上海古籍出版社，2012.

考古报告

［27］广州市文物管理委员会：黄文宽. 戴缙夫妇墓清理报告［J］. 考古学报，1957（3）：109-118，155-160.

［28］赵世纲. 杞县高高山明墓清理简报［J］. 文物参考资料，1957（8）：67-70.

［29］上海市文物保管委员会. 上海市卢湾区明潘氏墓发掘简报［J］. 考古，1961（8）：425-434.

［30］上海市文物保管委员会. 上海市郊明墓清理简报［J］. 考古，1963（11）：620-622.

［31］北京市文物工作队. 北京南苑苇子坑明代墓葬清理简报［J］. 文物，1964（11）：45-47.

［32］秦光杰，薛尧，李家和. 江西广丰发掘明郑云梅墓［J］. 考古，1965（6）：317-318.

［33］江西省博物馆. 江西玉山、临川和永修县明墓［J］. 考古，1973（5）：286-289.

［34］苏州市博物馆. 苏州虎丘王锡爵墓清理纪略［J］. 文物，1975（3）：51-56.

［35］南京市文物保管委员会，南京市博物馆. 明徐达五世孙徐俌夫妇墓［J］. 文物，1982（2）：28-33.

［36］江西省文物工作队. 江西南城明益宣王朱翊鈏夫妇合葬墓［J］. 文物，1982（8）：16-30.

［37］贵州省博物馆：刘恩元. 贵州思南明代张守宗夫妇墓清理简报［J］. 文物，1982（8）：29-36.

［38］泰州市博物馆. 江苏泰州明代徐蕃夫妇清理简报［J］. 文物，1986（9）：1-15.

［39］江苏省淮安县博物馆. 淮安明代王镇夫妇合葬墓清理简报［J］. 文物，1987（3）：1-15.

［40］江阴县文化馆：林嘉华. 江阴明代承天秀墓清理简报［J］. 东南文化，1988（1）：83-84.

［41］中国社会科学院考古研究所，定陵博物馆，北京市文物工作队. 定陵（上下册）［M］. 北京：文物出版社，1990.

［42］北京市文物研究所. 北京考古四十年［M］. 北京：北京燕山出版社，1990.

［43］泰州市博物馆. 江苏泰州明代刘湘夫妇合葬墓清理简报［J］. 文物，1992（3）：66-77.

［44］泰州市博物馆：黄炳煜. 江苏泰州西郊明胡玉墓出土文物［J］. 文物，1992（8）：78-89.

［45］德安县博物馆. 江西德安明代熊氏墓清理简报［J］. 文物，1994（10）：32-36.

［46］苏州博物馆. 苏州虎丘明墓清理简报［J］. 东南文化，1997（1）：41-44.

［47］荆州地区博物馆，石首市博物馆. 湖北石首市杨溥墓［J］. 江汉考古，1997（3）：45-51.

［48］武进市博物馆. 武进明代王洛家族墓［J］. 东南文化，1999（2）：28-36.

［49］南京市博物馆. 南京邓府山明代福清公主家族墓［J］. 南方文物，2000（2）：11-14.

［50］江西省文物考古研究所. 南昌明代宁靖王夫人吴氏墓发掘简报［J］. 文物，2003（2）：19-34.

［51］常州市博物馆. 常州市广成路明墓的清理［J］. 东南文化，2006（2）：44-49.

［52］桐乡市博物馆：周伟民. 桐乡濮院杨家桥明墓发掘简报［J］. 东方博物，2007（4）：49-57.

［53］王善才，湖北省文物考古研究所. 张懋夫妇合葬墓［M］. 北京：科学出版社，2007.

［54］江阴市博物馆. 江苏江阴明代薛氏家族墓［J］. 文物，2008（1）：35-42.

[55] 江阴博物馆. 江苏江阴叶家宕明墓发掘简报 [J]. 文物，2009（8）：30-45.

[56] 嘉兴博物馆：吴海红. 嘉兴王店李家坟明墓清理报告 [J]. 东南文化，2009（2）：53-62.

[57] 何继英，上海市文物管理委员会. 上海明墓 [M]. 北京：文物出版社，2009.

[58] 江西省博物馆，南城县博物馆，新建县博物馆，南昌市博物馆. 江西明代藩王墓 [M]. 北京：文物
出版社，2010.

[59] 盐池县博物馆，中国丝绸博物馆，宁夏文物考古研究所. 盐池冯记圈明墓 [M]. 北京：科学出版
社，2010.

[60] 泰州市博物馆. 江苏泰州森森庄明墓发掘简报 [J]. 文物，2013（11）：36-49.

[61] 山东博物馆，山东省文物考古研究所. 鲁荒王墓（上下册）[M]. 北京：文物出版社，2014.

[62] 华强，罗群，周璞. 天孙机杼：常州明代王洛家族墓出土纺织品研究 [M]. 北京：文物出版社，
2017.

■ 中文现当代著作、论文集、图录

[63] 中国社会科学院历史研究所. 曲阜孔府档案史料选编（第二编）：明代档案史料 [M]. 济南：齐鲁
书社，1980.

[64] 沈从文. 中国古代服饰研究 [M]. 香港：商务印书馆分馆，1981.

[65] 周锡保. 中国古代服饰史 [M]. 北京：中国戏剧出版社，1984.

[66]《山东省文物志》编辑室. 山东省文物志（砖瓦、铁器、金银器雕刻、家具、冠服、文玩、珐琅）
[G]. 1990.

[67] 王国维. 古史新证：王国维最后的讲义 [M]. 北京：清华大学出版社，1994.

[68] 范金民，金文. 江南丝绸史研究 [M]. 北京：农业出版社，1993.

[69] 黄能馥，陈娟娟. 中国服装史 [M]. 北京：中国旅游出版社，1995.

[70] 香港市政局. 锦绣罗衣巧天工 [M]. 香港：香港市政局，1997.

[71] 缪良云. 中国衣经 [M]. 上海：上海文化出版社，2000.

[72] 蔡子谔. 中国服饰美学史 [M]. 石家庄：河北美术出版社，2001.

[73] 孙机. 中国古舆服论丛 [M]. 增订本. 北京：文物出版社，2001.

[74] 李之檀. 中国服饰文化参考文献目录 [M]. 北京：中国纺织出版社，2001.

[75] 石谷风. 徽州容像艺术 [M]. 合肥：安徽美术出版社，2001.

[76]《北京文物精粹大系》编委会，北京市文物局. 北京文物精粹大系：织绣卷 [M]. 北京：北京出版
社，2001.

［77］赵丰. 纺织品考古新发现［M］. 香港：艺纱堂，2002.

［78］陈宝良. 明代社会生活史［M］. 北京：中国社会科学出版社，2004.

［79］常沙娜. 中国织绣服饰全集4：历代服饰卷（下）［M］. 天津：天津人民美术出版社，2004.

［80］赵丰. 中国丝绸通史［M］. 苏州：苏州大学出版社，2005.

［81］陈娟娟. 中国织绣服饰论集［M］. 北京：紫禁城出版社，2005.

［82］高春明. 锦绣文章：中国传统织绣纹样［M］. 上海：上海书画出版社，2005.

［83］中国嘉德国际拍卖有限公司. 锦绣绚丽巧天工：耕织堂藏中国丝织艺术品［C］. 北京：中国嘉德
　　　2005拍卖会，2005.

［84］北京昌平区十三陵特区办事处. 定陵出土文物图典（全两卷）［M］. 北京：北京出版社出版集团，
　　　北京美术摄影出版社，2006.

［85］包铭新. 西域异服：丝绸之路出土古代服饰复原研究［M］. 上海：东华大学出版社，2007.

［86］金琳. 云想衣裳：六位女子的衣橱故事［M］. 香港：艺纱堂，2007.

［87］王世襄. 明式家具研究［M］. 北京：生活·读书·新知三联书店，2007.

［88］阎步克. 服周之冕：《周礼》六冕礼制的兴衰变异［M］. 北京：中华书局，2009.

［89］济宁市文物局. 济宁文物珍品［M］. 北京：文物出版社，2010.

［90］董进（撷芳主人）. Q版大明衣冠图志［M］. 北京：北京邮电大学出版社，2011.

［91］山东博物馆，孔子博物馆. 衣冠大成——明代服饰文化展［M］. 济南：山东美术出版社，2020.

［92］柯律格. 明代的图像与视觉性［M］. 黄小鹃，译. 北京：北京大学出版社，2011.

［93］赵丰，屈志仁. 中国丝绸艺术［M］. 北京：中国外文出版社，2012.

［94］尚刚. 古物新知［M］. 北京：生活·读书·新知三联书店，2012.

［95］山东博物馆. 斯文在兹：孔府旧藏服饰［展览图录］. 2012.

［96］王熹. 明代服饰研究［M］. 北京：中国书店出版社，2013.

［97］李雪松，保利艺术博物馆. 日近清光：明代宫廷院体绘画展［展览图录］. 2014.

［98］北京市文物局图书资料中心. 明宫冠服仪仗图（1函6册）［M］. 北京：北京燕山出版社，2015.

［99］山西博物院，南京博物院. 形妙神合：明清肖像画［M］. 太原：山西人民出版社，2015.

［100］钱思元，孙珮. 吴门补乘. 苏州织造局志［M］. 朱琴，点校. // 王卫平. 苏州文献丛书第三辑.
　　　上海：上海古籍出版社，2015.

［101］中国丝绸博物馆. 钱家衣橱：无锡七房桥明墓出土服饰保护修复展［展览图录］. 2017.

［102］中国丝绸博物馆. 梅里云裳：嘉兴王店明墓出土服饰中韩合作修复与复原展［展览图录］. 2019.

［103］柯律格. 大明：明代中国的视觉文化与物质文化［M］. 黄小峰，译. 北京：生活·读书·新知三
　　　联书店，2019.

中文学位论文

[104] 阙碧芬. 明代提花丝织物研究（1368—1644）[D]. 上海：东华大学，2005.

[105] 崔圭顺. 中国历代帝王冕服研究[D]. 上海：东华大学，2006.

[106] 张志云. 礼制规范、时尚消费与社会变迁：明代服饰文化探微[D]. 武汉：华中师范大学，2008.

[107] 吴美琪. 流行与世变：明代江南士人的服饰风尚及其社会心态[D]. 台北：台湾师范大学历史研究所，1999.

[108] 王渊. 补服形制研究[D]. 上海：东华大学，2011.

[109] 许晓. 孔府旧藏明代服饰研究[D]. 苏州：苏州大学，2014.

[110] 丁培利. 四合如意暗花云纹云布女衫的保护修复与研究[D]. 北京：北京服装学院，2015.

[111] 蒋玉秋. 明代丝绸服装形制研究[D]. 上海：东华大学，2016.

[112] 温小宁. 江西明代宁靖王夫人吴氏墓龟背卍字纹绫绵上衣的修复与保护研究[D]. 中国社会科学院，2017.

中文期刊论文

[113] 陈定荣，张定福. 明代曾凤彩缎补官服[J]. 贵州社会科学，1980（2）：96-97.

[114] 张显清. 从《大明律》和《大诰》看朱元璋的"锄强扶弱"政策[J]. 明史研究（第2辑）. 1983：58-89.

[115] 陈娟娟. 明代的丝绸艺术[J]. 故宫博物院院刊，1992（1）：56-78.

[116] 李英华. 从江苏泰州出土文物看明代服饰[J]. 收藏家，1995（5）：28-30.

[117] 巫仁恕. 明代平民服饰的流行风尚与士大夫的反应[J]. 新史学，1999（9）：55-105.

[118] 张显清. 试论明太祖"以教化为本"的治国思想与实践[J]. 明史研究论丛，2001（第7辑）：153-161.

[119] 薛雁. 明代缂丝鸟补缎袍小考[J]. 南方文物，2001（3）：54-57.

[120] 薛雁. 明代丝绸中的四合如意云纹[J]. 丝绸，2001（6）：44-47.

[121] 王秀玲. 定陵出土的丝织品[J]. 江汉考古，2001（2）：80-88.

[122] 赵承泽，张琼. "改机"及其相关问题探讨[J]. 故宫博物院院刊，2001（2）：34-43.

[123] 何继英. 上海明墓出土补子[J]. 上海文博论丛，2002（2）：36-39.

[124] 顾苏宁，王晨，莫修，等. 明代缎地麒麟纹曳撒与梅花纹长袍的修复与研究[J]. 华夏考古，2004（3）：79-90.

［125］章国任. 江西新余明墓出土服饰的保护与保管［C］//中国文物保护技术协会. 中国文物保护技术协会第四次学术年会论文集. 北京：科学出版社，2005.

［126］赵连赏. 明代的赐服与中日关系［J］. 明史研究（第9辑），2005：51-55.

［127］赵丰. 大衫与霞帔［J］. 文物，2005（2）：75-85.

［128］王熹. 明代凤阳等六府三州服饰风尚略论［J］. 安徽史学，2007（4）：19-24.

［129］王熹. 明代松江府服饰风尚初探［J］. 中国地方志，2007（2）：45-53.

［130］王熹. 明代庶民服饰研究［J］. 明史研究（第10辑），2007（00）：87-131.

［131］张志云. 重塑皇权：洪武时期的冕制规划［J］. 史学月刊，2008（7）：35-42.

［132］原祖杰. 皇权与礼制：以明代服制的兴衰为中心［J］. 求是学刊，2008（5）：126-131.

［133］王萍. 从宁夏盐池冯记圈明墓出土的丝织品看明代服饰［J］. 中国文物保护技术协会第六次学术年会论文集，2009.

［134］姚丽荣. 明定陵出土丝织品的类别及特点［J］. 明长陵营建600周年学术研讨会论文集，2009：629-634.

［135］赵连赏. 明代赐赴琉球册封使及赐琉球国王礼服辨析［J］. 故宫博物院院刊，2011（1）：96-160.

［136］杜晓田. 从《明史》看中朝官方交往［J］. 兰台世界，2011（8）：59-60.

［137］阙碧芬. 明代宫廷丝绸设计与风格演变［J］. 故宫学刊，2012（1）：123-131.

［138］王丽梅. 明定陵出土丝织品纹样初探［J］. 故宫学刊，2012（1）：132-145.

［139］解立新. 泰州出土明代服饰样式漫谈［J］. 东方收藏，2012（1）：22-25.

［140］刘冬红. 从出土文物看明代服饰演变［J］. 南方文物，2013（4）：83-71.

［141］陈芳. 明代女子服饰"披风"考释［J］. 艺术设计研究，2013（2）：25-34.

［142］熊瑛. 明代丝绸服用的禁限与僭越［J］. 河南大学学报（社会科学版），2014（2）：120-126.

［143］李之檀，陈晓苏，孔繁云. 珍贵的明代服饰资料——《明宫冠服仪仗图》整理研究札记［J］. 艺术设计研究，2014（1）：23-28.

［144］庄英博. 绝世风华——山东博物馆收藏之孔府明清服饰［J］. 收藏家，2014（1）：45-48.

［145］董进. 从明代冠服制度看《中东宫冠服》［J］. 北京文博文丛，2014（1）：68-74.

［146］解立新. 江苏泰州出土明代服饰综述［J］. 艺术设计研究，2015（1）：40-48.

［147］华强，张宇. 常州明代王洛家族墓出土纺织品纹饰研究［J］. 创意与设计，2015（2）：61-65.

［148］蒋玉秋，赵丰. 一衣带水 异邦华服——从《明实录》朝鲜赐服看明朝与朝鲜服饰外交［J］. 南京艺术学院学报（美术与设计），2015（3）：34-37.

［149］徐文跃. 明万历朝新样考略［J］. 艺术设计研究，2016（3）：30-41.

［150］蒋玉秋. 明代环编绣獬豸胸背技术复原研究［J］. 丝绸，2016（2）：43-50.

［151］刘畅，刘瑞璞. 明代官袍标本"侧耳"结构的复原与分析［J］. 服饰导刊，2017（6）：57-62.

［152］蒋玉秋. 明代柿蒂窠织成丝绸服装研究［J］. 艺术设计研究，2017（3）：35-39.

［153］王凯佳，李甍.《天水冰山录》中的明代纺织服饰信息解析［J］. 丝绸，2017（11）：83-88.

［154］蒋玉秋. 孔府旧藏明代服装的形与制［J］. 艺术设计研究，2018（2）：33-37.

［155］高丹丹，王亚蓉. 浅谈明宁靖王夫人吴氏墓出土"妆金团凤纹补鞠衣"［J］. 南方文物，2018（3）：285-291.

［156］陈宝良. 朝代更替与华夏民族服饰文化心理变迁——以元明、明清鼎革为例［J］. 艺术设计研究，2019（1）：24-32.

［157］高丹丹，王亚蓉. 明宁靖王夫人吴氏墓出土素缎大衫与霞帔之再考［J］. 南方文物，2019（2）：248-258.

［158］蒋玉秋. 京都妙法院藏丰臣秀吉明制服饰研究［J］. 艺术设计研究，2019（2）：26-35.

［159］陈晨，陈芳. 域外的"深衣"问题——以朝鲜通信使文献为中心［J］. 艺术设计研究，2019（3）：50-55.

■ 外文文献

［160］CRAIG CLUNAS, JESSICA HARRISON-HA. The BP Exhibition Ming：50 Years That Changed China［M］. London，Eng. ：The British Museum，2014.

［161］WONG HWEI LIAN, SZAN TAN. Power dressing: Textiles for Rulers and Priests from the Chris Hall Collection［M］. Singapore：Asian Civilisations Museum，2006.

［162］ZHAO FENG. Early Ming Women's Silks and Garments from the Lake Tai Region［J］. Orientations，2014，45（6）：2-11.

［163］九鬼隆一. 妙法院韓人裝束織物一式［N］. 朝日新聞，1988-7-1.

［164］河上繁樹. 豊臣秀吉の日本國王冊封に関する冠服について——妙法院伝來の明代官服［J］. 京都國立博物館. 學叢，1998（20）.

［165］原田禹雄. 琉球に関する二つの考察　皮弁と國門［J］. 南島史學，1993（42）.

［166］大庭脩. 豊臣秀吉を日本國王に封じる誥命について——わが國に現存する明代の誥命［C］//关西大学东西学研究所. 関西大學東西學術研究所紀要（4），1971.

［167］吉田雅子. 江西省高安市明代墓出土の官服に用いられた機と織技の推定［J］. 民族藝術 ETHNO-ARTS，2007（23）.

［168］심연옥. 한국직물 오천년［M］. 서울：삼화인쇄출판사，2002.

［169］정광. 역주 번역노걸대와 노걸대언해［M］. 서울：신구문화사，2006.

［170］심연옥. 한국직물문양 이천년［M］. 서울：삼화인쇄출판사，2006.

［171］정광. 역주 원본노걸대［M］. 서울：박문사，2010.

［172］수류산방. 아름다운 궁중채화［M］. 서울：수류산방，2014.

［173］김미자，이은주. 한국복식사전［M］. 서울：민속원，2015.

［174］단국대학교 석주선기념박물관. 분홍단령의 비밀［M］. 서울：민속원，2015.

［175］이은주. 道袍 양식의 발전에 대한 갈등·기능론적 분석［D］. 서울여자대학교 박사학위논문，
1998.

［176］금종숙. 조선시대 철릭의 형태 및 바느질법 연구－단국대학교 석주선기념박물관 소장 출토유물을 중
심으로［D］. 단국대학교석사학위논문，2003.

［177］김정자. 帖裏考［J］. 복식：제8호，1984（12）：57-68.

［178］박성실. 朝鮮前期 出土服飾研究－壬亂以前 時期를 中心으로［J］. 복식：1992（11）.

［179］최은수. 변수（邊脩：1447—1524）묘 출토 요선철릭에 관한 연구［J］. 복식：제53권4호，2003
（7）：163-176.

［180］안애영，박성실. 임오（1882）년 가례 왕세자 복식연구（1）－면복을 중심으로－복식：제59권10
호，2009（12）：68-84.

［181］김진홍，조우현. 朝鮮初期 腰線帖裏에 대한 연구［J］. 복식：제61권2호，2011（2）：102-115.

［182］심연옥，금종숙. 우리나라와 중국 명대의 직물 교류 연구Ⅰ.『조선왕조실록』에 나타난 우리나
라에서 중국으로 보낸 직물을 중심으로［J］. 한복문화：제16권2호，2013（8）：67-87.

［183］洪鳳漢，李萬運，朴容大. 增補文獻備考（全三册）[M]. 漢城：明文堂，1981.

太祖 朱元璋 (1328—1398)

1368 戊申	洪武元年
1369 己酉	洪武二年
1370 庚戌	洪武三年
1371 辛亥	洪武四年
1372 壬子	洪武五年
1373 癸丑	洪武六年
1374 甲寅	洪武七年
1375 乙卯	洪武八年
1376 丙辰	洪武九年
1377 丁巳	洪武十年
1378 戊午	洪武十一年
1379 己未	洪武十二年
1380 庚申	洪武十三年
1381 辛酉	洪武十四年
1382 壬戌	洪武十五年
1383 癸亥	洪武十六年
1384 甲子	洪武十七年
1385 乙丑	洪武十八年
1386 丙寅	洪武十九年
1387 丁卯	洪武二十年
1388 戊辰	洪武二十一年
1389 己巳	洪武二十二年
1390 庚午	洪武二十三年
1391 辛未	洪武二十四年
1392 壬申	洪武二十五年
1393 癸酉	洪武二十六年
1394 甲戌	洪武二十七年
1395 乙亥	洪武二十八年
1396 丙子	洪武二十九年
1397 丁丑	洪武三十年
1398 戊寅	洪武三十一年

惠宗 朱允炆 (1377—?)

1399 己卯	建文元年
1400 庚辰	建文二年
1401 辛巳	建文三年
1402 壬午	建文四年

成祖 朱棣 (1360—1424)

1403 癸未	永乐元年
1404 甲申	永乐二年
1405 乙酉	永乐三年
1406 丙戌	永乐四年
1407 丁亥	永乐五年
1408 戊子	永乐六年
1409 己丑	永乐七年
1410 庚寅	永乐八年
1411 辛卯	永乐九年
1412 壬辰	永乐十年
1413 癸巳	永乐十一年
1414 甲午	永乐十二年
1415 乙未	永乐十三年
1416 丙申	永乐十四年
1417 丁酉	永乐十五年
1418 戊戌	永乐十六年
1419 己亥	永乐十七年
1420 庚子	永乐十八年
1421 辛丑	永乐十九年
1422 壬寅	永乐二十年
1423 癸卯	永乐二十一年
1424 甲辰	永乐二十二年

仁宗 朱高炽 (1378—1425)

1425 乙巳	洪熙元年

宣宗 朱瞻基 (1398—1435)

1426 丙午	宣德元年
1427 丁未	宣德二年
1428 戊申	宣德三年
1429 己酉	宣德四年
1430 庚戌	宣德五年
1431 辛亥	宣德六年
1432 壬子	宣德七年
1433 癸丑	宣德八年
1434 甲寅	宣德九年
1435 乙卯	宣德十年

英宗
朱祁镇
（1427—1464）

1436 丙辰	正统元年
1437 丁巳	正统二年
1438 戊午	正统三年
1439 己未	正统四年
1440 庚申	正统五年
1441 辛酉	正统六年
1442 壬戌	正统七年
1443 癸亥	正统八年
1444 甲子	正统九年
1445 乙丑	正统十年
1446 丙寅	正统十一年
1447 丁卯	正统十二年
1448 戊辰	正统十三年
1449 己巳	正统十四年

代宗
朱祁钰
（1428—1457）

1450 庚午	景泰元年
1451 辛未	景泰二年
1452 壬申	景泰三年
1453 癸酉	景泰四年
1454 甲戌	景泰五年
1455 乙亥	景泰六年
1456 丙子	景泰七年
1457 丁丑	景泰八年

英宗
朱祁镇
（1427—1464）

1457 丁丑	天顺元年
1458 戊寅	天顺二年
1459 己卯	天顺三年
1460 庚辰	天顺四年
1461 辛巳	天顺五年
1462 壬午	天顺六年
1463 癸未	天顺七年
1464 甲申	天顺八年

宪宗
朱见深
（1447—1487）

1465 乙酉	成化元年
1466 丙戌	成化二年
1467 丁亥	成化三年
1468 戊子	成化四年
1469 己丑	成化五年
1470 庚寅	成化六年
1471 辛卯	成化七年
1472 壬辰	成化八年
1473 癸巳	成化九年
1474 甲午	成化十年
1475 乙未	成化十一年
1476 丙申	成化十二年
1477 丁酉	成化十三年
1478 戊戌	成化十四年
1479 己亥	成化十五年
1480 庚子	成化十六年
1481 辛丑	成化十七年
1482 壬寅	成化十八年
1483 癸卯	成化十九年
1484 甲辰	成化二十年
1485 乙巳	成化二十一年
1486 丙午	成化二十二年
1487 丁未	成化二十三年

孝宗
朱祐樘
（1470—1505）

1488 戊申	弘治元年
1489 己酉	弘治二年
1490 庚戌	弘治三年
1491 辛亥	弘治四年
1492 壬子	弘治五年
1493 癸丑	弘治六年
1494 甲寅	弘治七年
1495 乙卯	弘治八年
1496 丙辰	弘治九年
1497 丁巳	弘治十年
1498 戊午	弘治十一年
1499 己未	弘治十二年
1500 庚申	弘治十三年
1501 辛酉	弘治十四年
1502 壬戌	弘治十五年
1503 癸亥	弘治十六年
1504 甲子	弘治十七年
1505 乙丑	弘治十八年

武宗
朱厚照
（1491—1521）

1506 丙寅	正德元年
1507 丁卯	正德二年
1508 戊辰	正德三年
1509 己巳	正德四年
1510 庚午	正德五年
1511 辛未	正德六年
1512 壬申	正德七年
1513 癸酉	正德八年
1514 甲戌	正德九年
1515 乙亥	正德十年
1516 丙子	正德十一年
1517 丁丑	正德十二年
1518 戊寅	正德十三年
1519 己卯	正德十四年
1520 庚辰	正德十五年
1521 辛巳	正德十六年

世宗
朱厚熜
（1507—1567）

1522 壬午	嘉靖元年	1557 丁巳	嘉靖三十六年
1523 癸未	嘉靖二年	1558 戊午	嘉靖三十七年
1524 甲申	嘉靖三年	1559 己未	嘉靖三十八年
1525 乙酉	嘉靖四年	1560 庚申	嘉靖三十九年
1526 丙戌	嘉靖五年	1561 辛酉	嘉靖四十年
1527 丁亥	嘉靖六年	1562 壬戌	嘉靖四十一年
1528 戊子	嘉靖七年	1563 癸亥	嘉靖四十二年
1529 己丑	嘉靖八年	1564 甲子	嘉靖四十三年
1530 庚寅	嘉靖九年	1565 乙丑	嘉靖四十四年
1531 辛卯	嘉靖十年	1566 丙寅	嘉靖四十五年
1532 壬辰	嘉靖十一年		
1533 癸巳	嘉靖十二年		
1534 甲午	嘉靖十三年		
1535 乙未	嘉靖十四年		
1536 丙申	嘉靖十五年		
1537 丁酉	嘉靖十六年		
1538 戊戌	嘉靖十七年		
1539 己亥	嘉靖十八年		
1540 庚子	嘉靖十九年		
1541 辛丑	嘉靖二十年		
1542 壬寅	嘉靖二十一年		
1543 癸卯	嘉靖二十二年		
1544 甲辰	嘉靖二十三年		
1545 乙巳	嘉靖二十四年		
1546 丙午	嘉靖二十五年		
1547 丁未	嘉靖二十六年		
1548 戊申	嘉靖二十七年		
1549 己酉	嘉靖二十八年		
1550 庚戌	嘉靖二十九年		
1551 辛亥	嘉靖三十年		
1552 壬子	嘉靖三十一年		
1553 癸丑	嘉靖三十二年		
1554 甲寅	嘉靖三十三年		
1555 乙卯	嘉靖三十四年		
1556 丙辰	嘉靖三十五年		

穆宗
朱载垕
（1537—1572）

1567 丁卯	隆庆元年
1568 戊辰	隆庆二年
1569 己巳	隆庆三年
1570 庚午	隆庆四年
1571 辛未	隆庆五年
1572 壬申	隆庆六年

神宗
朱翊钧
（1563—1620）

熹宗
朱由校
（1605—1627）

1573 癸酉	万历元年
1574 甲戌	万历二年
1575 乙亥	万历三年
1576 丙子	万历四年
1577 丁丑	万历五年
1578 戊寅	万历六年
1579 己卯	万历七年
1580 庚辰	万历八年
1581 辛巳	万历九年
1582 壬午	万历十年
1583 癸未	万历十一年
1584 甲申	万历十二年
1585 乙酉	万历十三年
1586 丙戌	万历十四年
1587 丁亥	万历十五年
1588 戊子	万历十六年
1589 己丑	万历十七年
1590 庚寅	万历十八年
1591 辛卯	万历十九年
1592 壬辰	万历二十年
1593 癸巳	万历二十一年
1594 甲午	万历二十二年
1595 乙未	万历二十三年
1596 丙申	万历二十四年
1597 丁酉	万历二十五年
1598 戊戌	万历二十六年
1599 己亥	万历二十七年
1600 庚子	万历二十八年
1601 辛丑	万历二十九年
1602 壬寅	万历三十年
1603 癸卯	万历三十一年
1604 甲辰	万历三十二年
1605 乙巳	万历三十三年
1606 丙午	万历三十四年
1607 丁未	万历三十五年

1608 戊申	万历三十六年
1609 己酉	万历三十七年
1610 庚戌	万历三十八年
1611 辛亥	万历三十九年
1612 壬子	万历四十年
1613 癸丑	万历四十一年
1614 甲寅	万历四十二年
1615 乙卯	万历四十三年
1616 丙辰	万历四十四年
1617 丁巳	万历四十五年
1618 戊午	万历四十六年
1619 己未	万历四十七年
1620 庚申	万历四十八年

1621 辛酉	天启元年
1622 壬戌	天启二年
1623 癸亥	天启三年
1624 甲子	天启四年
1625 乙丑	天启五年
1626 丙寅	天启六年
1627 丁卯	天启七年

光宗
朱常洛
（1582—1620）

思宗
朱由检
（1610—1644）

| 1620 庚申 | 泰昌元年
（在位1个月） |

1628 戊辰	崇祯元年
1629 己巳	崇祯二年
1630 庚午	崇祯三年
1631 辛未	崇祯四年
1632 壬申	崇祯五年
1633 癸酉	崇祯六年
1634 甲戌	崇祯七年
1635 乙亥	崇祯八年
1636 丙子	崇祯九年
1637 丁丑	崇祯十年
1638 戊寅	崇祯十一年
1639 己卯	崇祯十二年
1640 庚辰	崇祯十三年
1641 辛巳	崇祯十四年
1642 壬午	崇祯十五年
1643 癸未	崇祯十六年
1644 甲申	崇祯十七年

作者按：《明史·舆服志》清代张廷玉等著，记录了有明一代的服饰制度的确立与更定过程，对不同身份人的服饰进行了详述，涉及服装称谓、形制、用料、色彩、配件、纹样、穿用礼仪等内容。其记述顺序按照从内廷到外廷、由上而下、从官到民的规律展开。

明史
卷六十六　志第四十二
—————
舆服二
皇帝冕服　后妃冠服　皇太子親王以下冠服

◎　皇帝冕服

皇帝冕服。洪武元年，學士陶安請制五冕。太祖曰："此禮太繁。祭天地、宗廟，服袞冕。社稷等祀，服通天冠，絳紗袍。餘不用。"三年，更定正旦、冬至、聖節並服袞冕，祭社稷、先農、冊拜，亦如之。

十六年，定袞冕之制。冕，前圓後方，玄表纁裏。前後各十二旒，旒五采，玉十二珠，五采繅十有二就，就相去一寸。紅絲組為纓，黈纊充耳，玉簪導。袞，玄衣黃裳，十二章，日、月、星辰、山、龍、華蟲六章織于衣，宗彝、藻、火、粉米、黼、黻六章繡於裳。白羅大帶，紅裏。蔽膝隨裳色，繡龍、火、山文。玉革帶，玉佩。大綬六采，赤、黃、黑、白、縹、綠，小綬三，色同大綬。間施三玉環。白羅中單，黻領，青緣襈。黃襪黃舄，金飾。

二十六年，更定袞冕十二章。冕版廣一尺二寸，長二尺四寸。冠上有覆，玄表朱裏，餘如舊制。圭長一尺二寸。袞，玄衣纁裳，十二章如舊制。中單以素紗為之。紅羅

蔽膝，上廣一尺，下廣二尺，長三尺，織火、龍、山三章。革帶佩玉，長三尺三寸。大帶素表朱裏，兩邊用緣，上以朱錦，下以綠錦。大綬，六采黃、白、赤、玄、縹、綠織成，純玄質五百首。凡合單紡為一繫，四繫為一扶，五扶為一首。小綬三，色同大綬。間織三玉環。朱襪，赤舄。

永樂三年定，冕冠以皂紗為之，上覆曰綖，桐板為質，衣之以綺，玄表朱裏，前圓後方。以玉衡維冠，玉簪貫紐，紐與冠武足前體下曰武，綖在冠之下，亦曰武。並繫纓處，皆飾以金。綖以左右垂黈纊充耳，用黃玉。繫以玄紞，承以白玉填朱紘。餘如舊制。玉圭長一尺二寸，剡其上，刻山四，以象四鎮之山，蓋周鎮圭之制，異於大圭不瑑者也。以黃綺約其下，別以囊韜之，金龍文。袞服十有二章。玄衣八章，日、月、龍在肩，星辰、山在背，火、華蟲、宗彝在袖，每袖各三。皆織成本色領褾襈裾。褾者袖端。襈者衣緣。纁裳四章，織藻、粉米、黼、黻各二，前三幅，後四幅，前後不相屬，共腰，有辟積，本色綼裼。裳側有純

謂之絆，裳下有純謂之裼，純者緣也。中單以素紗為之。青領褾襈裾，領織黻文十三。蔽膝隨裳色，四章，織藻、粉米、黼、黻各二。本色緣，有紃，施於縫中。玉鉤二。玉佩二，各用玉珩一、瑀一、琚二、衝牙一、璜二；瑀下垂玉花一、玉滴二；琢飾雲龍文描金。自珩而下繫組五，貫以玉珠。行則衝牙、二滴與璜相觸有聲。金鉤二。有二小綬，六采黃、白、赤、玄、縹、綠纁質。大綬，六采黃、白、赤、玄、縹、綠纁質，三小綬，色同大綬。間施三玉環，龍文，皆織成。襪舄皆赤色，舄用黑絢純，以黃飾舄首。

嘉靖八年，諭閣臣張璁："袞冕有革帶，今何不用？"璁對曰："按陳祥道《禮書》，古革帶、大帶，皆謂之鞶。革帶以繫佩韍，然後加以大帶，而笏搢於二帶之間。夫革帶前繫韍，後繫綬，左右繫佩，自古冕弁恒用之。今惟不用革帶，以至前後佩服皆無所繫，遂附屬裳要之間，失古制矣。"帝曰："冕服祀天地，享祖宗，若闕革帶，非齊明盛服之意。及觀《會典》載蔽膝用羅，上織火、山、龍三章，並大帶緣用錦，皆與今所服不合。卿可並革帶繫蔽膝、佩、綬之式，詳考繪圖以進。"

又雲："衣裳分上下服，而今衣恒掩裳。裳制如帷，而今兩幅。朕意衣但當與裳要下齊，而露裳之六章，何如？"已，又諭璁以變更祖制為疑。璁對曰："臣考禮制，衣不掩裳，與聖意允合。夫衣六章，裳六章，義各有取，衣自不容掩裳。《大明集禮》及《會典》與古制不異。今衣八章，裳四章，故衣常掩裳，然於典籍無所准。內閣所藏圖注，蓋因官司織造，循習訛謬。今訂正之，乃複祖制，非有變更。"

帝意乃決。因複諭璁曰："衣有六章，古以繪，今當以織。朕命織染局考國初冕服，日、月各徑五寸，當從之。裳六章，古用繡，亦當從之。古色用玄黃，取象天地。今裳用纁，於義無取，當從古。革帶即束

帶，後當用玉，以佩綬繫之於下。蔽膝隨裳色，其繡上龍下火，可不用山。卿與內閣諸臣同考之。"於是楊一清等詳議："袞冕之服，自黃、虞以來，玄衣黃裳，為十二章。日、月、星辰、山、龍、華蟲，其序自上而下，為衣之六章；宗彝、藻、火、粉米、黼、黻，其序自下而上，為裳之六章。自周以後寖變其制，或八章，或九章，已庚於古矣。我太祖皇帝複定為十二章之制，司造之官仍習舛訛，非製作之初意。伏乞聖斷不疑。"

帝乃令擇吉更正其制。冠以圓匡烏紗冒之，旒綴七采玉珠十二，青纊充耳，綴玉珠二，餘如舊制。玄衣黃裳，衣裳各六章。洪武間舊制，日月徑五寸，裳前後連屬如帷，六章用繡。蔽膝隨裳色，羅為之，上繡龍一，下繡火三，繫於革帶，大帶素表朱裏，上緣以朱，下以綠。革帶前用玉，其後無玉，以佩綬繫而掩之。中單及圭，俱如永樂間制。朱襪，赤舄，黃絛緣玄纓結。

皇帝通天冠服。洪武元年定，郊廟、省牲，皇太子諸王冠婚、醮戒，則服通天冠、絳紗袍。冠加金博山，附蟬十二，首施珠翠，黑介幘，組纓，玉簪導。絳紗袍，深衣制。白紗內單，皁領褾襈裾。絳紗蔽膝，白假帶，方心曲領。白襪，赤舄。其革帶、佩綬，與袞服同。

皇帝皮弁服。朔望視朝、降詔、降香、進表、四夷朝貢、外官朝覲、策士傳臚皆服之。嘉靖以後，祭太歲山川諸神亦服之。其制自洪武二十六年定。皮弁用烏紗冒之，前後各十二縫，每縫綴五采玉十二以為飾，玉簪導，紅組纓。其服絳紗衣，蔽膝隨衣色。白玉佩革帶。玉鉤䚢，緋白大帶。白襪，黑舄。永樂三年定，皮弁如舊制，惟縫及冠武並貫簪繫纓處，皆飾以金玉。圭長如冕服之圭，有脊並雙植文。絳紗袍，本色領褾襈裾。紅裳，但不織章數。中單，紅領褾襈裾。餘俱如冕服內制。

皇帝武弁服。明初親征遣將服之。嘉靖八年，諭閣臣張璁云："《會典》紀親征、類

禩之祭,皆具武弁服。不可不備。"璁對:《周禮》有韋弁,謂以韎韋為弁,又以為衣裳。國朝視古損益,有皮弁之制。今武弁當如皮弁,但皮弁以黑紗冒之,武弁當以絳紗冒之。"隨具圖以進。帝報曰:"覽圖有韡形,但無繫處。冠制古象上尖,今皮弁則圓。朕惟上銳取其輕利,當如古制。又衣裳韡舄皆赤色,何謂?且佩綬俱無,於祭用之,可乎?"璁對:"自古服冕弁俱用革帶,以前繫韍,後繫綬。韋弁之韡,正繫於革帶耳。武事尚威烈,故色純用赤。"帝複報璁:"冠服、衣裳、韡舄俱如古制,增革帶、佩綬及圭。"乃定制,弁上銳,色用赤,上十二縫,中綴五采玉,落落如星狀。韎衣、韎裳、韎韐,俱赤色。佩、綬、革帶,如常制。佩綬及韎韐,俱上繫於革帶。舄如裳色。玉圭視鎮圭差小,剡上方下,有篆文曰"討罪安民"。

皇帝常服。洪武三年定,烏紗折角向上巾,盤領窄袖袍,束帶間用金、琥珀、透犀。永樂三年更定,冠以烏紗冒之,折角向上,其後名翼善冠。袍黃,盤領,窄袖,前後及兩肩各織金盤龍一。帶用玉,靴以皮為之。先是,洪武二十四年,帝微行至神樂觀,見有結網巾者。翼日,命取網巾,頒示十三布政使司,人無貴賤,皆裹網巾,於是天子亦常服網巾。又《會典》載皇太孫冠禮有云:"掌冠跪加網巾",而皇帝、皇太子冠服,俱闕而不載。

嘉靖七年,更定燕弁服。初,帝以燕居冠服,尚沿習俗,諭張璁考古帝王燕居法服之制。璁乃采《禮書》"玄端深衣"之文,圖注以進。帝為參定其制,諭璁詳議。璁言:"古者冕服之外,玄端深衣,其用最廣。玄端自天子達于士,國家之命服也。深衣自天子達于庶人,聖賢之法服也。今以玄端加文飾,不易舊制,深衣易黃色,不離中衣,誠得帝王損益時中之道。"帝因諭禮部曰:"古玄端上下通用,今非古人比,雖燕居,宜辨等威。"因酌古制,更名曰"燕弁",寓深宮獨處、以燕安為戒之意。其制,冠匡如皮弁之制,冒以烏紗,分十有二瓣,各以金綫壓之,前飾五采玉雲各一,後列四山,朱絛為組纓,雙玉簪。服如古玄端之制,色玄,邊緣以青,兩肩繡日月,前盤圓龍一,後盤方龍二,邊加龍文八十一,領與兩祛共龍文五九。衽同前後齊,共龍文四九。襯用深衣之制,色黃。袂圓祛方,下齊負繩及踝十二幅。素帶,朱裏青表,綠緣邊,腰圍飾以玉龍九。玄履,朱緣紅纓黃結。白襪。

◎ 后妃冠服

皇后冠服。洪武三年定,受冊、謁廟、朝會,服禮服。其冠,圓匡冒以翡翠,上飾九龍四鳳,大花十二樹,小花數如之。兩博鬢,十二鈿。褘衣,深青繪翟,赤質,五色十二等。素紗中單,黼領,朱羅縠褾襈裾。蔽膝隨衣色,以緅為領緣,用翟為章三等。大帶隨衣色,朱裏紕其外,上以朱錦,下以綠錦,紐約用青組。玉革帶。青襪、青舄,以金飾。

永樂三年定制,其冠飾翠龍九,金鳳四,中一龍銜大珠一,上有翠蓋,下垂珠結,餘皆口銜珠滴,珠翠雲四十片,大珠花、小珠花數如舊。三博鬢,飾以金龍、翠雲,皆垂珠滴。翠口圈一副,上飾珠寶鈿花十二,翠鈿如其數。托裏金口圈一副。珠翠面花五事。珠排環一對。皂羅額子一,描金龍文,用珠二十一。

翟衣,深青,織翟文十有二等,間以小輪花。紅領褾襈裾,織金雲龍文。中單,玉色紗為之,紅領褾襈裾,織黼文十三。蔽膝隨衣色,織翟為章三等,間以小輪花四,以緅為領緣,織金雲龍文。玉穀圭,長七寸,剡其上,瑑穀文,黃綺約其下,韜以黃囊,金龍文。

玉革帶,青綺鞋,描金雲龍文,玉事件

十，金事件四。大带，表裏俱青紅相半，末純紅，下垂織金雲龍文，上朱緣，下綠緣，青綺副帶一。綬五采，黃、赤、白、縹、綠，繡質，間施二玉環，皆織成。小綬三，色同大綬。玉佩二，各用玉珩一、瑀一、琚二、衝牙一、璜二、瑀下垂玉花一、玉滴二；瑀飾雲龍文描金；自珩而下，繫組五，貫以玉珠，行則衝牙二滴與二璜相觸有聲；上有金鉤，有小綬五采以副之，繡質，織成。青襪舄，飾以描金雲龍，皂純，每舄首加珠五顆。

皇后常服。洪武三年定，雙鳳翊龍冠，首飾、釧鐲用金玉、珠寶、翡翠。諸色團衫，金綉龍鳳文，帶用金玉。四年更定，龍鳳珠翠冠，真紅大袖衣霞帔，紅羅長裙，紅褙子。冠制如特髻，上加龍鳳飾，衣用織金龍鳳文，加綉飾。

永樂三年更定，冠用皂縠，附以翠博山，上飾金龍一，翊以珠。翠鳳二，皆口銜珠滴。前後珠牡丹二，花八蕊，翠葉三十六。珠翠穰花鬢二，珠翠雲二十一，翠口圈一。金寶鈿花九，飾以珠。金鳳二，口銜珠結。三博鬢，飾以鸞鳳。金寶鈿二十四，邊垂珠滴。金簪二。珊瑚鳳冠觜一副。

大衫霞帔，衫黃，霞帔深青，織金雲霞龍文，或綉或鋪翠圈金，飾以珠玉墜子，瑀龍文。四襈褙子，即褙子。深青，金綉團龍文。鞠衣紅色，前後織金雲龍文，或綉或鋪翠圈金，飾以珠。大帶紅綫羅為之，有緣，餘或青或綠，各隨鞠衣色。緣襈褙子，黃色，紅領褾襈裾，皆織金采色雲龍文。緣襈裙，紅色，綠緣襈，織金采色雲龍文。

玉帶，如翟衣內制，第減金事件一。玉花采結綬，以紅綠綫綫羅為結，玉綬花一，瑀雲龍文。綬帶玉墜珠六，金垂頭花辮四，小金葉六。紅綫羅繫帶一。白玉雲樣玎璫二，如佩制，有金鉤，金如意雲蓋一，下懸紅組五貫，金方心雲板一，俱鈒雲龍文，襯

以紅綺，下垂金長頭花四，中小金鐘一，末綴白玉雲朵五。青襪舄，與翟衣內制同。

皇妃、皇嬪及内命婦冠服。洪武三年定，皇妃受册、助祭、朝會禮服。冠飾九翬、四鳳花釵九樹，小花數如之。兩博鬢九鈿。翟衣，青質綉翟，編次於衣及裳，重為九等。青紗中單，黻領，朱縠褾襈裾。蔽膝隨裳色，加文綉重雉，為章二等，以緅為領緣。大帶隨衣色。玉革帶。青襪舄，佩綬。常服：鸞鳳冠，首飾、釧鐲用金玉、珠寶、翠。諸色團衫，金綉鸞鳳，不用黃。帶用金、玉、犀。又定山松特髻，假鬢花鈿，或花釵鳳冠。真紅大袖衣，霞帔，紅羅裙，褙子，衣用織金及綉鳳文。

永樂三年更定，禮服，九翟冠二，以皂縠為之，附以翠博山，飾大珠翟二，小珠翟三，翠翟四，皆口銜珠滴。冠中寶珠一座，翠頂雲一座，其珠牡丹、翠穰花鬢之屬，俱如雙鳳翊龍冠制，第減翠雲十。又翠牡丹花、穰花各二，面花四，梅花環四，珠環各二。其大衫、霞帔、燕居佩服之飾，俱同中宮，第織金綉瑀，俱雲霞鳳文，不用雲龍文。

九嬪冠服。嘉靖十年始定，冠用九翟，次皇妃之鳳。大衫、鞠衣，如皇妃制。圭用次玉縠文。

内命婦冠服。洪武五年定，三品以上花釵、翟衣，四品、五品山松特髻，大衫為禮服。貴人視三品，以皇妃燕居冠及大衫、霞帔為禮服，以珠翠慶雲冠，鞠衣、褙子、緣襈襖裙為常服。

宮人冠服，制與宋同。紫色，團領，窄袖，遍刺折枝小葵花，以金圈之，珠絡縫金帶紅裙。弓樣鞋，上刺小金花。烏紗帽，飾以花，帽額綴團珠。結珠鬢梳。垂珠耳飾。

◎　皇太子親王及以下冠服

皇太子冠服。陪祀天地、社稷、宗廟及

大朝會、受冊、納妃則服袞冕。洪武二十六年定，袞冕九章，冕九旒，旒九玉，金簪導，紅組纓，兩玉瑱。圭長九寸五分。玄衣纁裳，衣五章，織山、龍、華蟲、宗彝、火；裳四章，織藻、粉米、黼、黻。白紗中單，黻領。蔽膝隨裳色，織火、山二章。革帶，金鉤𩥄，玉佩。綬五采赤、白、玄、縹、綠織成，純赤質，三百三十首。小綬三，色同。間織三玉環。大帶，白表朱裏，上緣以紅，下緣以綠。白襪，赤舄。

永樂三年定，冕冠，玄表朱裏，前圓後方，前後各九旒。每旒五采繅九就，貫五采玉九，赤、白、青、黃、黑相次。玉衡金簪，玄紞垂青纊充耳，用青玉。承以白玉瑱，朱紘纓。玉圭長九寸五分，以錦約其下，並韜。袞服九章，玄衣五章，龍在肩，山在背，火、華蟲、宗彝在袖，每袖各三。皆織成。本色領褾襈裾。纁裳四章，織藻、粉米、黼、黻各二，前三幅，後四幅，不相屬，共腰，有襞積，本色綼裼。中單以素紗為之，青領褾襈裾，領織黻文十一。蔽膝隨裳色，四章，織藻、粉米、黼、黻。本色緣，有紃，施於縫中。上玉鉤二。玉佩二，各用玉珩一、瑀一、琚一、衝牙一、璜二；瑀下垂玉花一、玉滴二。瑑雲龍文，描金。自珩而下，繫組五，貫以玉珠。上有金鉤。小綬四采赤、白、縹、綠以副之，纁質。大帶，素表朱裏，在腰及垂，皆有綼，上綼以朱，下綼以綠。紐約用青組。大綬四采，赤、白、縹、綠。纁質。小綬三采。間施二玉環，龍文，皆織成。襪舄皆赤色，舄用黑絇純，黑飾舄首。

朔望朝、降詔、降香、進表、外國朝貢、朝覲，則服皮弁。永樂三年定，皮弁，冒以烏紗，前後各九縫，每縫綴五采玉九，縫及冠武並貫簪繫纓處，皆飾以金。金簪朱纓。玉圭，如冕服內制。絳紗袍，本色領褾襈裾。紅裳，如冕服內裳制，但不織章

數。中單以素紗為之，如深衣制。紅領褾襈裾，領織黻文十一。蔽膝隨裳色，本色緣，有紃，施於縫中；其上玉鉤二，玉佩如冕服內制，但無雲龍文；有小綬四采以副之。大帶、大綬、韈舄赤色，皆如冕服內制。

其常服，洪武元年定，烏紗折上巾。永樂三年定，冠烏紗折角向上巾，亦名翼善冠，親王、郡王及世子俱同。袍赤，盤領窄袖，前後及兩肩各金織盤龍一。玉帶、靴，以皮為之。

皇太子妃冠服。洪武三年定，禮服與皇妃同。永樂三年更定，九翬四鳳冠，漆竹絲為匡，冒以翡翠，上飾翠翬九、金鳳四，皆口銜珠滴。珠翠雲四十片，大珠花九樹，小珠花數如之。雙博鬢，飾以鸞鳳，皆垂珠滴。翠口圈一副，上飾珠寶鈿花九，翠鈿如其數。托裏金口圈一副。珠翠面花五事。珠排環一對。珠皂羅額子一，描金鳳文，用珠二十一。翟衣，青質，織翟文九等，間以小輪花。紅領褾襈裾，織金雲龍文。中單玉色紗為之。紅領褾襈裾，領織黻文十一。蔽膝隨衣色，織翟為章二等，間以小輪花三，以緅為領緣，織金雲鳳文。其玉圭、帶綬、玉佩、襪舄之制，俱同皇妃。

洪武三年又定常服。犀冠，刻以花鳳。首飾、釧鐲、衫帶俱同皇妃。四年定，冠亦與皇妃同。永樂三年定燕居冠，以皂縠為之，附以翠博山，上飾寶珠一座，翊以二珠翠鳳，皆口銜珠滴。前後珠牡丹二，花八蕊，翠葉三十六。珠翠穰花鬢二。珠翠雲十六片。翠口圈一副。金寶鈿花九，上飾珠九。金鳳一對，口銜珠結。雙博鬢，飾以鸞鳳。金寶鈿十八，邊垂珠滴。金簪一對。珊瑚鳳冠觜一副。其大衫、霞帔、燕居佩服之飾，俱同皇妃。

親王冠服。助祭、謁廟、朝賀、受冊、納妃服袞冕，朔望朝、降詔、降香、進表、四夷朝貢、朝覲服皮弁。洪武二十六年定，

冕服俱如東宮，第冕旒用五采，玉圭長九寸二分五厘，青衣纁裳。永樂三年又定冕服、皮弁制，俱與東宮同，其常服亦與東宮同。

嘉靖七年，諭禮部："朕仿古玄端，自為燕弁冠服，更制忠靜冠服，錫於有位，而宗室諸王制猶未備。今酌燕弁及忠靜冠之制，復為式具圖，命曰保和冠服。自郡王長子以上，其式已明。鎮國將軍以下至奉國中尉及長史、審理、紀善、教授、伴讀，俱用忠靜冠服，依其品服之。儀賓及餘官不許概服。夫忠靜冠服之異式，尊賢之等也。保和冠服之異式，親親之殺也。等殺既明，庶幾乎禮之所保，保斯和，和斯安，此錫名之義也。其以圖說頒示諸王府，如敕遵行。"

保和冠制，以燕弁為準，用九䯸，去簪與五玉，後山一扇，分畫為四。服，青質青緣，前後方龍補，身用素地，邊用雲。襯用深衣，玉色。帶青表綠裏綠緣。履用皂綠結，白襪。

親王妃冠服。受冊、助祭、朝會服禮服。洪武三年定九翬四鳳冠。永樂三年又定九翟冠，制同皇妃。其大衫、霞帔、燕居佩服之飾，同東宮妃，第金事件減一，玉綬花，璪寶相花文。

公主冠服。與親王妃同，惟不用圭。

親王世子冠服。聖節、千秋節並正旦、冬至、進賀表箋及父王生日諸節慶賀，皆服袞冕。洪武二十六年定，袞冕七章，冕三采玉珠，七旒。圭長九寸。青衣三章，織華蟲、火、宗彝。纁裳四章，織藻、粉米、黼、黻。素紗中單，青領襈，赤韍。革帶，佩白玉，玄組綬。綬紫質，用三采紫、黃、赤織成，間織三白玉環。白襪，赤舄。

永樂三年更定，冕冠前後各八旒，每旒五采纊八就，貫三采玉珠八，赤、白、青色相次。玉圭長九寸。青衣三章，火在肩，華蟲、宗彝在兩袖，皆織成。本色領襈襟裾。其纁裳、玉佩、帶、綬之制，俱與親王同，

第領織黻文減二。皮弁用烏紗冒之，前後各八縫，每縫綴三采玉八，餘制如親王。其圭佩、帶綬、韈舄如冕服內制。常服亦與親王同。嘉靖七年定保和冠服，以燕弁為準，用八䯸，去簪玉，後山以一扇分畫為四，服與親王同。

世子妃冠服。永樂三年定，與親王妃同，惟冠用七翟。

郡王冠服。永樂三年定，冕冠前後各七旒，每旒五采纊七就，貫三采玉珠七。圭長九寸。青衣三章，粉米在肩，藻、宗彝在兩袖，皆織成。纁裳二章，織黼、黻各二。中單，領織黻文七，餘與親王世子同。皮弁，前後各七縫，每縫綴三采玉七，餘與親王世子同。其圭佩、帶綬、襪舄如冕服內制。常服亦與親王世子同。嘉靖七年定保和冠服，冠用七䯸，服與親王世子同。

郡王妃冠服。永樂三年定，冠用七翟，與親王世子妃同。其大衫、霞帔、燕居佩服之飾，俱同親王妃，第綉雲霞翟文，不用盤鳳文。

郡王長子朝服。七梁冠，大紅素羅衣，白素紗中單，大紅素羅裳及蔽膝，大紅素羅白素紗二色大帶，玉朝帶，丹礬紅花錦，錦雞綬，玉佩，象笏，白絹襪，皂皮雲頭履鞋。公服：皂縐紗襆幞頭，大紅素紵絲衣，玉革帶。常服：烏紗帽，大紅紵絲織金獅子開襉，圓領，玉束帶，皂皮銅線靴。其保和冠，如忠靜之制，用五䯸；服與郡王同，補子用織金方龍。

郡主冠服。永樂三年定，與郡王妃同。惟不用圭，減四珠環一對。

郡王長子夫人冠服。珠翠五翟冠，大紅紵絲大衫，深青紵絲金綉翟褙子，青羅金綉翟霞帔，金墜頭。

鎮國將軍冠服，與郡王長子同。鎮國將軍夫人冠服，與郡王長子夫人同。輔國將軍冠服，與鎮國將軍同，惟冠六梁，帶用犀。

辅国将军夫人冠服，与镇国将军夫人同，惟冠用四翟，抹金银坠头。奉国将军冠服，与辅国将军同，惟冠五梁，带用金钑花，常服大红织金虎豹。奉国将军淑人冠服，与辅国将军夫人同，惟褙子、霞帔，金绣孔雀文。镇国中尉冠服，与奉国将军同，惟冠四梁，带用素金，佩用药玉。镇国中尉恭人冠服，与奉国将军淑人同。辅国中尉冠服，与镇国中尉同，惟冠三梁，带用银钑花，绶用盘雕，公服用深青素罗，常服红织金熊罴。辅国中尉宜人冠服，与镇国中尉恭人同，惟冠用三翟，褙子、霞帔，金绣鸳鸯文，银坠头。奉国中尉冠服，与辅国中尉同，惟冠二梁，带用素银，绶用练鹊，幞头黑漆，常服红织金彪。奉国中尉安人冠服，与辅国中尉宜人同，惟大衫用丹礬红，褙子、霞帔金绣练鹊文。

县主冠服。珠翠五翟冠，大红纻丝大衫，深青纻丝金绣孔雀褙子，青罗金绣孔雀霞帔，抹金银坠头。郡君冠服，与县主同，惟冠用四翟，褙子、霞帔金绣鸳鸯文。县君冠服，与郡君同，惟冠用三翟。乡君冠服，与县君同，惟大衫用丹礬红，褙子、霞帔金绣练鹊文。

明史

———

輿服三

文武官冠服　命婦冠服　內外官親屬冠服
內使冠服　侍儀以下冠服　士庶冠服　樂工冠服
軍隸冠服　外蕃冠服　僧道服色

◎ **文武官冠服**

群臣冠服。洪武元年命制公服、朝服，以賜百官。時禮部言："各官先授散官，與見任職事高下不同。如御史董希哲前授朝列大夫澧州知州，而任七品職事；省司郎中宋冕前授亞中大夫黃州知府，而任五品職事。散官與見任之職不同，故服色不能無異，乞定其制。"乃詔省部臣定議。禮部複言："唐制，服色皆以散官為準。元制，散官職事各從其高者，服色因之。國初服色依散官，與唐制同。"乃定服色准散官，不計見職，於是所賜袍帶亦並如之。三年，禮部言："歷代異尚。夏黑，商白，周赤，秦黑，漢赤，唐服飾黃，旂幟赤。今國家承元之後，取法周、漢、唐、宋，服色所尚，於赤為宜。"從之。

文武官朝服。洪武二十六年定凡大祀、慶成、正旦、冬至、聖節及頒詔、開讀、進表、傳制,俱用梁冠，赤羅衣，白紗中單，青飾領緣，赤羅裳，青緣，赤羅蔽膝，大帶赤、白二色絹，革帶，佩綬，白襪黑履。

一品至九品，以冠上梁數為差。公冠八梁，加籠巾貂蟬，立筆五折，四柱，香草五段，前後玉蟬。侯七梁，籠巾貂蟬，立筆四折，四柱，香草四段，前後金蟬。伯七梁，籠巾貂蟬，立筆二折，四柱，香草二段，前後玳瑁蟬。俱插雉尾。駙馬與侯同，不用雉尾。一品，冠七梁，不用籠巾貂蟬，革帶與佩俱玉，綬用黃、綠、赤、紫織成雲鳳四色花錦，下結青絲網，玉綬環二。二品，六梁，革帶，綬環犀，餘同一品。三品，五梁，革帶金，佩玉，綬用黃、綠、赤、紫織成雲鶴花錦，下結青絲網，金綬環二。四品，四梁，革帶金，佩藥玉，餘同三品。五品，三梁，革帶銀，鈒花，佩藥玉，綬用黃、綠、赤、紫織成盤雕花錦，下結青絲網，銀鍍金綬環二。一品至五品，笏俱象牙。六品、七品，二梁，革帶銀，佩藥玉，綬用黃、綠、赤織成練鵲三色花錦，下結青絲網，銀綬環二。獨禦史服獬廌。八品、九品，一梁，革帶烏角，佩藥玉，綬用黃、綠織成鸂鶒二色花錦，下結青絲網，銅綬環二。六品至九品，笏俱槐木。其武官應直守衛者，別有服色。雜職未入流品者，大朝賀、進表行禮止用公服。三十年令視九品官，用朝服。

嘉靖八年，更定朝服之制。梁冠如舊式，上衣赤羅青緣，長過腰指七寸，毋掩下裳。中單白紗青緣。下裳七幅，前三後四，每幅三襞積，赤羅青緣。蔽膝綴革帶。綬，各從品級花樣。革帶之後佩綬，繫而掩之。其環亦各從品級，用玉犀金銀銅，不以織於綬。大帶表裏俱素，惟兩耳及下垂緣綠，又以青組約之。革帶俱如舊式。珮玉一如《詩傳》之制，去雙滴及二珩。其三品以上玉，四品以下药玉，及袜履俱如旧式。万历五年，令百官正旦朝贺毋僭躐朱履。故事，十一月百官戴暖耳。是年朝观外官及举人、监生，不许戴暖耳入朝。

凡亲祀郊庙、社稷，文武官分献陪祀，则服祭服。洪武二十六年定，一品至九品，青罗衣，白纱中单，俱皂领缘。赤罗裳，皂缘。赤罗蔽膝。方心曲领。其冠带、佩绶等差，并同朝服。又定品官家用祭服。三品以上，去方心曲领。四品以下，并去佩绶。嘉靖八年，更定百官祭服。上衣青罗，皂缘，与朝服同。下裳赤罗，皂缘，与朝服同。蔽膝、绶环、大带、革带、佩玉、袜履俱与朝服同。其视牲、朝日夕月、耕耤、祭历代帝王，独锦衣卫堂上官，大红蟒衣，飞鱼，乌纱帽，鸾带，佩绣春刀。祭太庙、社稷，则大红便服。

文武官公服。洪武二十六年定，每日早晚朝奏事及侍班、谢恩、见辞则服之。在外文武官，每日公座服之。其制，盘领右衽袍，用纻丝或纱罗绢，袖宽三尺。一品至四品，绯袍；五品至七品，青袍；八品九品，绿袍；未入流杂职官，袍、笏、带与八品以下同。公服花样，一品，大独科花，径五寸；二品，小独科花，径三寸；三品，散答花，无枝叶，径二寸；四品、五品，小杂花纹，径一寸五分；六品、七品，小杂花，径一寸；八品以下无纹。幞头：漆、纱二等，展角长一尺二寸；杂职官幞头，垂带，后复令展角，不用垂带，与入流官同。笏依朝服为之。腰带：一品玉，或花或素；二品犀；三品、四品，金荔枝；五品以下乌角。袜用青革，仍垂挞尾于下。靴用皂。

其后，常朝止便服，惟朔望具公服朝参。凡武官应直守卫者，别有服色，不拘此制。公、侯、驸马、伯服色花样、腰带与一品同。文武官花样，如无从织造，则用素。百官入朝，雨雪许服雨衣。奉天、华盖、武

英诸殿奏事，必躡履鞋，违者御史纠之。

万历五年，令常朝俱衣本等锦绣服色，其朝观官见辞、谢恩，不论已未入流，公服行礼。

文武官常服。洪武三年定，凡常朝视事，以乌纱帽、团领衫、束带为公服。其带，一品玉，二品花犀，三品金钑花，四品素金，五品银钑花，六品、七品素银，八品、九品乌角。凡致仕及侍亲辞闲官，纱帽、束带。为事黜降者，服与庶人同。至二十四年，又定公、侯、伯、驸马束带与一品同，杂职官与八品、九品同。

朝官常服礼鞋，洪武六年定。先是，百官入朝，遇雨皆躡钉靴，声彻殿陛，侍仪司请禁之。太祖曰："古者入朝有履，自唐始用靴。其令朝官为软底皮鞋，冒于靴外，出朝则释之。"

礼部言近奢侈越制。诏申禁之，仍参酌汉、唐之制，颁行遵守。凡职官，一品、二品用杂色文绮、绫罗、䌷绣，帽顶、帽珠用玉；三品至五品用杂色文绮、绫罗，帽顶用金，帽珠除玉外，随所用；六品至九品用杂色文绮、绫罗，帽顶用银，帽珠玛瑙、水晶、香木。一品至六品穿四爪龙，以金绣为之者听。礼部又议："品官见尊长，用朝君公服，于理未安。宜别制梁冠、绛衣、绛裳、革带、大带、大白袜、乌舄、佩绶，其衣裳去缘襈。三品以上佩绶，三品以下不用。"从之。

二十二年，令文武官遇雨戴雨帽，公差出外戴帽子，入城不许。二十三年定制，文官衣自领至裔，去地一寸，袖长过手，复回至肘。公、侯、驸马与文官同。武官去地五寸，袖长过手七寸。二十四年定，公、侯、驸马、伯服，绣麒麟、白泽。文官一品仙鹤，二品锦鸡，三品孔雀，四品云雁，五品白鹇，六品鹭鸶，七品鸂鶒，八品黄鹂，九品鹌鹑；杂职练鹊；风宪官獬豸。武官一

品、二品獅子，三品、四品虎豹，五品熊羆，六品、七品彪，八品犀牛，九品海馬。又令品官常服用雜色紵絲、綾羅、綵繡。官吏衣服、帳幔，不許用玄、黃、紫三色，並織繡龍鳳文，違者罪及染造之人。朝見人員，四時並用色衣，不許純素。三十年，令致仕官服色與見任同，若朝賀、謝恩、見辭，一體具服。

景泰四年，令錦衣衛指揮侍衛者，得衣麒麟。天順二年，定官民衣服不得用蟒龍、飛魚、斗牛、大鵬、像生獅子、四寶相花、大西番蓮、大雲花樣，並玄、黃、紫及玄色、黑、綠、柳黃、薑黃、明黃諸色。弘治十三年奏定，公、侯、伯、文武大臣及鎮守、守備，違例奏請蟒衣、飛魚衣服者，科道糾劾，治以重罪。正德十一年設東、西兩官廳，將士悉衣黃罩甲。中外化之。金緋盛服者，亦必加此於上。都督江彬等承日紅笠之上，綴以靛染天鵝翎，以為貴飾，貴者飄三英，次者二英。兵部尚書王瓊得賜一英，冠以下教場，自謂殊遇。其後巡狩所經，督餉侍郎、巡撫都御史無不衣罩甲見上者。十三年，車駕還京，傳旨，俾迎候者用曳撒大帽、鸞帶。尋賜群臣大紅紵絲羅紗各一。其服色，一品斗牛，二品飛魚，三品蟒，四、五品麒麟，六、七品虎、彪；翰林科道不限品級皆與焉；惟部曹五品下不與。時文臣服色亦以走獸，而麒麟之服逮於四品，尤異事也。

十六年，世宗登極詔云："近來冒濫玉帶，蟒龍、飛魚、斗牛服色，皆庶官雜流並各處將領夤緣奏乞，今俱不許。武職卑官僭用公、侯服色者，亦禁絕之。"嘉靖六年複禁中外官，不許濫服五彩裝花織造違禁顏色。

七年既定燕居法服之制，閣臣張璁因言："品官燕居之服未有明制，詭異之徒，競為奇服以亂典章。乞更法古玄端，別為簡易之制，昭布天下，使貴賤有等。"帝因複製《忠靜冠服圖》頒禮部，敕諭之曰："祖宗稽古定制，品官朝祭之服，各有等差。第常人之情，多謹於明顯，怠於幽獨。古聖王慎之，制玄端以為燕居之服。比來衣服詭異，上下無辨，民志何由定。朕因酌古玄端之制，更名'忠靜'，庶幾乎進思盡忠，退思補過焉。朕已著為圖說，如式製造。在京許七品以上官及八品以上翰林院、國子監、行人司，在外許方面官及各府堂官、州縣正堂、儒學教官服之。武官止都督以上。其餘不許濫服。"禮部以圖說頒佈天下，如敕奉行。

按忠靜冠仿古玄冠，冠匡如制，以烏紗冒之，兩山俱列於後。冠頂仍方中微起，三梁各壓以金線，邊以金緣之。四品以下，去金，緣以淺色絲線。忠靜服仿古玄端服，色用深青，以紵絲紗羅為之。三品以上雲，四品以下素，緣以藍青，前後飾本等花樣補子。深衣用玉色。素帶，如古大夫之帶制，青表綠緣邊並裏。素履，青綠絛結。白襪。

十六年，群臣朝於駐蹕所，兵部尚書張瓚服蟒。帝怒，諭閣臣夏言曰："尚書二品，何自服蟒？"言對曰："瓚所服，乃欽賜飛魚服，鮮明類蟒耳。"帝曰："飛魚何組兩角？其嚴禁之。"於是禮部奏定，文武官不許擅用蟒衣、飛魚、斗牛、違禁華異服色。其大紅紵絲紗羅服，惟四品以上官及在京五品堂上官、經筵講官許服。五品官及經筵不為講官者，俱服青綠錦繡。遇吉禮，止衣紅布絨褐。品官花樣，並依品級。錦衣衛指揮，侍衛者仍得衣麒麟，其帶俸非侍衛，及千百戶雖侍衛，不許僭用。

歷朝賜服。文臣有未至一品而賜玉帶者，自洪武中學士羅復仁始。衍聖公秩正二品，服織金麒麟袍、玉帶，則景泰中入朝拜賜。自是以為常。內閣賜蟒衣，自弘治中劉健、李東陽始。麒麟本公、侯服，而內閣服之，則嘉靖中嚴嵩、徐階皆受賜也。仙鶴，文臣一品服也，嘉靖中成國公朱希忠、都督陸炳服之，皆以玄壇供事。而學士嚴訥、李春芳、董份以五品撰青詞，亦賜仙鶴。尋諭供事壇中乃用，於是尚書皆不敢衣鶴。後敕南京織閃黃補麒麟、仙鶴，賜嚴嵩，閃黃乃上用服色也；又賜徐階教子升天蟒。萬曆中，賜張居正坐蟒；武清侯李偉以太后父，亦受賜。

儀賓朝服、公服、常服。俱視品級，與文武官同，惟笏皆象牙；常服花樣視武官。弘治十三年定，郡主儀賓鈒花金帶，胸背獅子。縣主儀賓鈒花金帶，郡君儀賓光素金帶，胸背俱虎豹。縣君儀賓鈒花銀帶，鄉君儀賓光素銀帶，胸背俱彪。有僭用者，革去冠帶，戴平頭巾，於儒學讀書習禮三年。

狀元及諸進士冠服。狀元冠二梁，緋羅圓領，白絹中單，錦綬，蔽膝，紗帽，槐木笏，光銀帶，藥玉佩，朝靴，氈襪，皆御前頒賜，上表謝恩日服之。進士巾如烏紗帽，頂微平，展角闊寸餘，長五寸許，繫以垂帶，皂紗為之。深藍羅袍，緣以青羅，袖廣而不殺。槐木笏，革帶、青鞓，飾以黑角，垂撻尾於後。廷試後頒於國子監，傳臚日服之。上表謝恩後，謁先師行釋菜禮畢，始易常服，其巾袍仍送國子監藏之。

◎ 命婦冠服

命婦冠服。洪武元年定，命婦一品，冠花釵九樹。兩博鬢，九鈿。服用翟衣，繡翟九重。素紗中單，黼領，朱縠褾襈裾。蔽膝隨裳色，以綖為領緣，加文繡重翟，為章二等。玉帶。青襪舄，佩綬。二品，冠花釵八樹。兩博鬢，八鈿。服用翟衣八等，犀帶，餘如一品。三品，冠花釵七樹。兩博鬢，七鈿。翟衣七等，金革帶，餘如二品。四品，冠花釵六樹。兩博鬢，六鈿。翟衣六等，金革帶，餘如三品。五品，冠花釵五樹。兩博鬢，五鈿。翟衣五等，烏角帶，餘如四品。六品，冠花釵四樹。兩博鬢，四鈿。翟衣四等，烏角帶，餘如五品。七品，冠花釵三樹。兩博鬢，三鈿。翟衣三等，烏角帶，餘如六品。自一品至五品，衣色隨夫用紫。六品、七品，衣色隨夫用緋。其大帶如衣色。

四年，以古天子諸侯服袞冕，後與夫人亦服褘翟。今群臣既以梁冠、絳衣為朝服，不敢用冕，則外命婦亦不當服翟衣以朝。命禮部議之。奏定，命婦以山松特髻、假鬢花鈿、真紅大袖衣、珠翠慶金霞帔為朝服。以朱翠角冠、金珠花釵、闊袖雜色綠緣為燕居之用。一品，衣金繡文霞帔，金珠翠妝飾，玉墜。二品，衣金繡雲肩大雜花霞帔，金珠翠妝飾，金墜子。三品，衣金繡大雜花霞帔，珠翠妝飾，金墜子。四品，衣繡小雜花霞帔，翠妝飾，金墜子。五品，衣銷金大雜花霞帔，生色畫絹起花妝飾，金墜子。六品、七品，衣銷金小雜花霞帔，生色畫絹起花妝飾，鍍金銀墜子。八品、九品，衣大紅素羅霞帔，生色畫絹妝飾，銀墜子。首飾，一品、二品，金玉珠翠。三品、四品，金珠翠。五品，金翠。六品以下，金鍍銀，間用珠。

五年，更定品官命婦冠服：一品，禮服用山松特髻，翠松五株，金翟八，口銜珠結。正面珠翠翟一，珠翠花四朵，珠翠雲喜花三朵；後鬢珠梭球一，珠翠飛翟一，珠翠梳四，金雲頭連三釵一，珠簾梳一，金簪二；珠梭環一雙。大袖衫，用真紅色。霞帔、褙子，俱用深青色。紵絲綾羅紗隨用。霞帔上施蹙金繡雲霞翟文，鈒花金墜子。褙子上施金繡雲霞翟文。常服用珠翠慶雲冠，珠翠翟三，金翟一，口銜珠結；鬢邊珠翠花二，小珠翠梳一雙，金雲頭連三釵一，金壓鬢雙頭釵二，金腦梳一，金簪二；金腳珠翠佛面環一雙；鐲釧皆用金。長襖長裙，各色紵絲綾羅紗隨用。長襖緣襈，或紫或綠，上施璽金繡雲霞翟文。看帶，用紅綠紫，上施璽金繡雲霞翟文。長裙，橫豎金繡纏枝花文。

二品，特髻上金翟七，口銜珠結，餘同一品。常服亦與一品同。

三品，特髻上金孔雀六，口銜珠結。正面珠翠孔雀一，後鬢翠孔雀二。霞帔上施璽金雲霞孔雀文，鈒花金墜子。褙子上施金繡雲霞孔雀文，餘同二品。常服冠上珠翠孔雀三，金孔雀二，口銜珠結。長襖緣襈。看帶，或紫或綠，並繡雲霞孔雀文。長裙，橫豎襴並繡纏枝花文，餘同二品。

四品，特髻上金孔雀五，口銜珠結，餘同三品。常服亦與三品同。

五品，特髻上銀鍍金鴛鴦四，口銜珠結。正面珠翠鴛鴦一，小珠鋪翠雲喜花三朵；後鬢翠鴛鴦二，銀鍍金雲頭連三釵一，小珠簾梳一，鍍金銀簪二；小珠梳環一雙。霞帔上施繡雲霞鴛鴦文，鍍金銀鈒花墜子。褙子上施雲霞鴛鴦文，餘同四品。常服冠上小珠翠鴛鴦三，鍍金銀鴛鴦二，挑珠牌。鬢邊小珠翠花二朵，雲頭連三釵一，梳一，壓鬢雙頭釵二，鍍金簪二；銀腳珠翠佛面環一雙。鐲釧皆用銀鍍金。長襖緣襈，繡雲霞鴛鴦文。長裙，橫豎襴繡纏枝花文，餘同四品。

六品，特髻上翠松三株，銀鍍金練鵲四，口銜珠結。正面銀鍍金練鵲一，小珠翠花四朵；後鬢翠梭球一，翠練鵲二，翠梳四，銀雲頭連三釵一，珠緣翠簾梳一，銀簪二。大袖衫，綾羅紬絹隨所用。霞帔施繡雲霞練鵲文，花銀墜子。褙子上施雲霞練鵲文，餘同五品。常服冠上鍍金銀練鵲三，又鍍金銀練鵲二，挑小珠牌；鐲釧皆用銀。長襖緣襈。看帶，或紫或綠，繡雲霞練鵲文。長裙，橫豎襴繡纏枝花文，餘同五品。

七品，禮服、常服俱同六品。其八品、

九品禮服，惟用大袖衫、霞帔、褙子。大衫同七品。霞帔上繡纏枝花，鈒花銀墜子。褙子上繡摘枝團花。通用小珠慶雲冠。常服亦用小珠慶雲冠，銀間鍍金銀練鵲三，又銀間鍍金銀練鵲二，挑小珠牌；銀間鍍金雲頭連三釵一，銀間鍍金壓鬢雙頭釵二，銀間鍍金腦梳一，銀間鍍金簪二。長襖緣襈、看帶並繡纏枝花，餘同七品。

又定命婦團衫之制，以紅羅為之，繡重雉為等第。一品九等，二品八等，三品七等，四品六等，五品五等，六品四等，七品三等，其餘不用繡雉。

二十四年定制，命婦朝見君後，在家見舅姑並夫及祭祀則服禮服。公侯伯夫人與一品同。大袖衫，真紅色。一品至五品，紵絲綾羅；六品至九品，綾羅紬絹。霞帔、褙子皆深青段。公侯及一品、二品，金繡雲霞翟文；三品、四品，金繡雲霞孔雀文；五品，繡雲霞鴛鴦文；六品、七品，繡雲霞練鵲文。大袖衫，領闊三寸，兩領直下一尺，間綴紐子三，末綴紐子二，紐在掩紐之下，拜則放之。霞帔二條，各繡禽七，隨品級用，前四後三。墜子中鈒花禽一，四面雲霞文，禽如霞帔，隨品級用。笏以象牙為之。

二十六年定，一品，冠用金事件，珠翟五，珠牡丹開頭二，珠半開三，翠雲二十四片，翠牡丹葉一十八片，翠口圈一副，上帶金寶鈿花八，金翟二，口銜珠結二。二品至四品，冠用金事件，珠翟四，珠牡丹開頭二，珠半開四，翠雲二十四片，翠牡丹葉一十八片，翠口圈一副，上帶金寶鈿花八，金翟二，口銜珠結二。一品、二品，霞帔、褙子俱雲霞翟文，鈒花金墜子。三品、四品，霞帔、褙子俱雲霞孔雀文，鈒花金墜子。五品、六品，冠用抹金銀事件，珠翟三，珠牡丹開頭二，珠半開五，翠雲二十四片，翠牡丹葉一十八片，翠口圈一副，上帶抹金銀寶鈿花八，抹金銀翟二，口銜珠結子二。五品，霞帔、褙子俱雲霞鴛鴦文，鍍金鈒花銀墜子。六品，霞帔、褙子俱雲霞練鵲文，鈒花銀墜子。七品至九品，冠用抹金銀事件，珠翟二，珠月桂開頭二，珠半開六，翠雲二十四片，翠月桂葉一十八片，翠口圈一副，上帶抹金銀寶鈿花八，抹金銀翟二，口銜珠結子二。七品，霞帔、墜子、褙子與六品同。八品、九品，霞帔用繡纏枝花，墜子與七品同，褙子繡摘枝團花。

◎ 内外官亲属冠服

内外官親屬冠服。洪武元年，禮部尚書崔亮奉詔議定。内外官父、兄、伯、叔、子、孫、弟、侄用烏紗帽，軟腳垂帶，圓領衣，烏角帶。品官祖母及母，與子孫同居親弟侄婦女禮服，合以本官所居官職品級，通用漆紗珠翠慶雲冠，本品衫，霞帔、褙子，緣襈襖裙，惟山松特髻子止許受封誥敕者用之。品官次妻，許用本品珠翠慶雲冠、褙子為禮服。銷金閘領、長襖長裙為常服。二十五年，令文武官父兄、伯叔、弟侄、子婿，皆許穿靴。

◎ 内使冠服

内使冠服。明初置内使監，冠烏紗描金曲腳帽，衣胸背花盤領窄袖衫，烏角帶，靴用紅扇面黑下椿。各宮火者，服與庶人同。洪武三年諭宰臣，内使監未有職名者，當別制冠，以別監官。禮部奏定，内使監凡遇朝會，依品具朝服、公服行禮。其常服，葵花胸背團領衫，不拘顏色；烏紗帽；犀角帶。無品從者，常服團領衫，無胸背花，不拘顏色；烏角帶；烏紗帽，垂軟帶。年十五以下者，惟戴烏紗小頂帽。

按《大政記》，永樂以後，宦官在帝左右，必蟒服，製如曳撒，繡蟒於左右，繫以鸞帶，此燕閒之服也。次則飛魚，惟入侍用之。貴而用事者，賜蟒，文武一品官所不易得也。單蟒面皆斜向，坐蟒則面正向，尤貴。又有膝襴者，亦如曳撒，上有蟒補，當膝處橫織細雲蟒，蓋南郊及山陵扈從，便於乘馬也。或召對燕見，君臣皆不用袍而用此；第蟒有五爪、四爪之分，襴有紅、黃之別耳。

弘治元年，都禦史邊鏞言："國朝品官無蟒衣之制。夫蟒無角、無足，今内官多乞蟒衣，殊類龍形，非制也。"乃下詔禁之。十七年，諭閣臣劉健曰："内臣僭妄尤多。"因言服色所宜禁，曰："蟒、龍、飛魚、斗牛，本在所禁，不合私織。間有賜者，或久而敝，不宜輒自織用。玄、黃、紫、皂乃屬正禁，即柳黃、明黃、薑黃諸色，亦應禁之。"孝宗加意鉗束，故申飭者再，然内官驕恣已久，積習相沿，不能止也。

初，太祖制内臣服，其紗帽與群臣異，且無朝冠、幞頭，亦無祭服。萬曆初，穆宗主入太廟，大璫冠進賢，服祭服以從，蓋内府祀中雷、竈井之神，例遣中官，因自創為祭服，非由廷議也。

◎ 侍仪以下冠服

侍儀舍人冠服。洪武二年，禮官議定。侍儀舍人導禮，依元制，展腳幞頭，窄袖紫衫，塗金束帶，皂紋靴。常服：烏紗唐帽，諸色盤領衫，烏角束帶，衫不用黃。四年，中書省議定，侍儀舍人並御史台知班，引禮執事，冠進賢冠，無梁，服絳色衣，其蔽膝、履、襪、帶、笏，與九品同，惟不用中單。

校尉冠服。洪武三年定制，執仗之士，首服皆綟金額交腳幞頭，其服有諸色辟邪、寶相花裙襖，銅葵花束帶，皂紋靴。六年，令校尉衣只孫，束帶，幞頭，靴鞋。只孫，一作質孫，本元制，蓋一色衣也。十四年改用金鵝帽，黑漆戧金荔枝銅釘樣，每五釘攢就，四面稍起邊攔，鞓青緊束之。二十二年，令將軍、力士、校尉、旗軍常戴頭巾或榼腦。二十五年，令校尉、力士上直穿靴，出外不許。

刻期冠服。宋置快行親從官，明初謂之刻期。冠方頂巾，衣胸背鷹鷂，花腰，綫襪子，諸色闊匾絲縧，大象牙雕花環，行縢八帶鞋。洪武六年，惟用雕刻象牙縧環，餘同庶民。

儒士、生員、監生巾服。洪武三年，令士人戴四方平定巾。二十三年，定儒士、生員衣，自領至裳，去地一寸，袖長過手，復回不及肘三寸。二十四年，以士子巾服，無異吏胥，宜甄別之，命工部制式以進。太祖親視，凡三易乃定。

生員襴衫。用玉色布絹為之，寬袖皂緣，皂縧軟巾垂帶。貢舉入監者，不變所服。洪武末，許戴遮陽帽，後遂私戴之。洪熙中，帝問衣藍者何人，左右以監生對。帝曰："著青衣較好。"乃易青圓領。嘉靖二十二年，禮部言士子冠服詭異，有凌雲等巾，甚乖禮制，詔所司禁之。萬曆二年禁舉人、監生、生儒僭用忠靜冠巾，錦綺鑲履及張傘蓋，戴暖耳，違者五城禦史送問。

◎ 士庶冠服

庶人冠服。明初，庶人婚，許假九品服。洪武三年，庶人初戴四帶巾，改四方平定巾，雜色盤領衣，不許用黃。又令男女衣服，不得僭用金繡、錦綺、紵絲、綾羅，止許紬、絹、素紗，其靴不得裁制花樣、金綫裝飾。首飾、釵、鐲不許用金玉、珠翠，止用銀。六年，令庶人巾環不得用金玉、瑪瑙、珊瑚、琥珀。未入流品者同。庶人帽，不得用頂，帽珠止許水晶、香木。十四年

令農衣紬、紗、絹、布，商賈止衣絹、布。農家有一人為商賈者，亦不得衣紬、紗。二十二年，令農夫戴斗笠、蒲笠出入市井不禁，不親農業者不許。二十三年，令耆民衣制，袖長過手，複回不及肘三寸；庶人衣長去地五寸，袖長過手六寸，袖椿廣一尺，袖口五寸。二十五年，以民間違禁，靴巧裁花樣，嵌以金綫藍條，詔禮部嚴禁庶人不許穿靴，止許穿皮札翰，惟北地苦寒，許用牛皮直縫靴。正德元年，禁商販、僕役、倡優、下賤不許服用貂裘。十六年，禁軍民衣紫花罩甲，或禁門或四外遊走者，緝事人擒之。

士庶妻冠服。洪武三年定制，士庶妻，首飾用銀鍍金，耳環用金珠，釧鐲用銀，服淺色團衫，用紵絲、綾羅、紬絹。五年，令民間婦人禮服惟紫絁，不用金繡，袍衫止紫、綠、桃紅及諸淺淡顏色，不許用大紅、鴉青、黃色，帶用藍絹布。女子在室者，作三小髻，金釵，珠頭閣窄袖褙子。凡婢使，高頂髻，絹布狹領長襖，長裙。小婢使，雙髻，長袖短衣，長裙。成化十年，禁官民婦女不得僭用渾金衣服，寶石首飾。正德元年，令軍民婦女不許用銷金衣服、帳幔，寶石首飾、鐲釧。

◎ 樂工冠服

協律郎、樂舞生冠服。明初，郊社宗廟用雅樂，協律郎幞頭，紫羅袍，荔枝帶；樂生緋袍，展腳幞頭；舞士幞頭，紅羅袍，荔枝帶，皂靴；文舞生紅袍，武舞生緋袍，俱展腳幞頭，革帶，皂靴。

朝會大樂九奏歌工冠服。中華一統巾，紅羅生色大袖衫，畫黃鶯、鸚鵡花樣，紅生絹襯衫，錦領，杏紅絹裙，白絹大口袴，青絲縧，白絹襪，茶褐鞋。其和聲郎押樂者：皂羅闊帶巾，青羅大袖衫，紅生絹襯衫，錦領，塗金束帶，皂靴。

其三舞冠服：

一武舞，曰《平定天下之舞》。舞士皆黄金束髮冠，紫絲纓，青羅生色畫舞鶴花樣窄袖衫，白生絹襯衫，錦領、紅羅銷金大袖單袍，紅羅銷金裙，皂生色畫花緣襪，白羅銷金汗袴，藍青羅銷金緣，紅絹擁項，紅結子，紅絹束腰，塗金束帶，青絲大綬，錦臂韝，綠雲頭皂靴。舞師，黄金束髮冠，紫絲纓，青羅大袖衫，白絹襯衫，錦領，塗金束帶，綠雲頭皂靴。

一文舞，曰《車書會同之舞》。舞士皆黑光描金方山冠，青絲纓，紅羅大袖衫，紅生絹襯衫，錦領，紅羅擁項，紅結子，塗金束帶，白絹大口袴，白絹襪，茶褐鞋。舞師冠服與舞士同，惟大袖衫用青羅，不用紅羅擁項、紅結子。

一文舞，曰《撫安四夷之舞》。舞士，東夷四人，椎髻於後，繫紅銷金頭繩，紅羅銷金抹額，中綴塗金博山，兩傍綴塗金巾環，明金耳環，青羅生色畫花大袖衫，紅生色領袖，紅羅銷金裙，青銷金裙緣，紅生絹襯衫，錦領，塗金束帶，烏皮靴。西戎四人，間道錦纏頭，明金耳環，紅紵絲細摺襖子，大紅羅生色雲肩，綠生色緣，藍青羅銷金汗袴，紅銷金緣繫腰合缽，十字泥金數珠，五色銷金羅香囊，紅絹擁項，紅結子，赤皮靴。南蠻四人，綰朝天髻，繫紅羅生色銀錠，紅銷金抹額，明金耳環，紅織金短襖子，綠織金細摺短裙，絨錦袴，間道紵絲手巾，泥金頂牌，金珠瓔珞綴小金鈴，錦行纏，泥金獅蠻帶，綠銷金擁項，紅結子，赤皮靴。北狄四人，戴單于冠，貂鼠皮簷，雙垂髻，紅銷金頭繩，紅羅銷金抹額，諸色細摺襖子，藍青生色雲肩，紅結子，紅銷金汗袴，繫腰合缽，皂皮靴。其舞師皆戴白卷簷氈帽，塗金帽頂，一撒紅纓，紫羅帽襻，紅綠金繡襖子，白銷金汗袴，藍青銷金緣，塗金束帶，綠擁項，紅結子，赤皮靴。

凡大樂工及文武二舞樂工，皆曲腳幞頭，紅羅生色畫花大袖衫，塗金束帶，紅絹擁項，紅結子，皂皮靴。四夷樂工，皆蓮花帽，諸色細摺襖子，白銷金汗袴，紅銷金緣，紅綠絹束腰，紅羅擁項，紅結子，花靴。

永樂間，定殿內侑食樂。奏《平定天下之舞》，引舞、樂工，皆青羅包巾，青、紅、綠、玉色羅銷金胸背襖子，渾金銅帶，紅羅褡褲，雲頭皂靴，青綠羅銷金包臀。舞人服色如之。奏《撫安四夷之舞》，高麗舞四人，皆笠子，青羅銷金胸背襖子，銅帶，皂靴；琉球舞四人，皆棉布花手巾，青羅大袖襖子，銅帶，白碾光絹間道踢袴，皂皮靴；北番舞四人，皆狐帽，青紅紵絲銷金襖子，銅帶；伍魯速回回舞四人，皆青羅帽，比比罕棉布花手巾，銅帶，皂靴。奏《車書會同之舞》，舞人皆皂羅頭巾，青、綠、玉色皂沿邊襴，茶褐綾綿皂皮四縫靴。奏《表正萬邦之舞》，引舞二人，青羅包巾，紅羅銷金項帕，紅生絹錦領中單，紅生絹銷金通袖襖子，青綾綿銅帶，織錦臂韝，雲頭皂靴，各色銷金包臀，紅絹褡褲。舞人、樂工服色與引舞同。奏《天命有德之舞》，引舞二人，青䌷紗如意冠，紅生絹錦領中單，紅生絹大袖袍，各色絹采畫直纏，黑角偏帶，藍絹綵雲頭皂靴，白布襪。舞人、樂工服色與引舞同。

洪武五年，定齋郎、樂生、文武舞生冠服：齋郎，黑介幘，漆布為之，無花樣；服紅絹窄袖衫，紅生絹為裏；皂皮四縫靴；黑角帶。文舞生及樂生，黑介幘，漆布為之，上加描金蟬；服紅絹大紬袍，胸背畫纏枝方葵花，紅生絹為裏，加錦臂韝二；皂皮四縫靴；黑角帶。武舞生，武弁，以漆布為之，上加描金蟬；服飾、靴、帶並同文舞生。嘉靖九年定文、武舞生服制：圜丘服青紵絲，方澤服黑綠紗，朝日壇服赤羅，夕月壇服玉色羅。

宮中女樂冠服。洪武三年定制。凡中宮供奉女樂、奉鑾等官妻，本色鬏髻，青羅圓領。提調女樂，黑漆唐巾，大紅羅銷金花圓領，鍍金花帶，皂靴。歌章女樂，黑漆唐巾，大紅羅銷金裙襖，胸帶，大紅羅抹額，青綠羅彩畫雲肩，描金牡丹花皂靴。奏樂女樂，服色與歌章同。嘉靖九年，祀先蠶，定樂女生冠服。黑縐紗描金蟬冠，黑絲纓，黑素羅銷金葵花胸背大袖女袍，黑生絹襯衫，錦領，塗金束帶，白襪，黑鞋。

教坊司冠服。洪武三年定。教坊司樂藝，青卍字頂巾，繫紅綠褡褲。樂妓，明角冠，皂褙子，不許與民妻同。御前供奉俳長，鼓吹冠，紅羅胸背小袖袍，紅絹褡褲，皂靴。色長，鼓吹冠，紅青羅紵絲彩畫百花袍，紅絹褡褲。歌工，弁冠，紅羅織金胸背大袖袍，紅生絹錦領中單，黑角帶，紅熟絹錦腳袴，皂皮琴鞋，白棉布夾襪。樂工服色與歌工同。凡教坊司官常服冠帶，與百官同；至御前供奉，執粉漆笏，服黑漆幞頭，黑綠羅大袖襴袍，黑角偏帶，皂靴。教坊司伶人，常服綠色巾，以別士庶之服。樂人皆戴鼓吹冠，不用錦綵，惟紅褡褲，服色不拘紅綠。教坊司婦人，不許戴冠，穿褙子。樂人衣服，止用明綠、桃紅、玉色、水紅、茶褐色。俳、色長，樂工，俱皂頭巾，雜色綵。

王府樂工冠服。洪武十五年定。凡朝賀用大樂宴禮，七奏樂樂工，俱紅絹彩畫胸背方花小袖單袍，有花鼓吹冠，錦臂韝，皂靴，抹額以紅羅彩畫，束腰以紅絹。其餘樂工用綠絹彩畫胸背方花小袖單袍，無花鼓吹冠，抹額以紅絹彩畫，束腰以紅絹。

◎ 軍隸冠服

軍士服。洪武元年令制衣，表裏異色，謂之鴛鴦戰襖，以新軍號。二十一年，定旗

手衛軍士、力士俱紅袢襖，其餘衛所袢襖如之。凡袢襖，長齊膝，窄袖，內實以棉花。二十六年，令騎士服對襟衣，便於乘馬也。不應服而服者，罪之。

皂隸公人冠服。洪武三年定，皂隸，圓頂巾，皂衣。四年定，皂隸公使人，皂盤領衫，平頂巾，白褡褲，帶錫牌。十四年，令各衙門祗禁，原服皂衣改用淡青。二十五年，皂隸伴當不許著靴，止用皮札翰。

◎ 外蕃冠服

外國君臣冠服。洪武二年，高麗入朝，請祭服制度，命製給之。二十七年，定蕃國朝貢儀，國王來朝，如賞賜朝服者，服之以朝。三十一年，賜琉球國王並其臣下冠服。永樂中，賜琉球中山王皮弁、玉圭，麟袍、犀帶，視二品秩。宣德三年，朝鮮國王李裪言："洪武中，蒙賜國王冕服九章，陪臣冠服比朝廷遞降二等，故陪臣一等比朝臣第三等，得五梁冠服。永樂初，先臣芳遠遣世子禔入朝，蒙賜五梁冠服。臣竊惟世子冠服，何止同陪臣一等，乞為定制。"乃命制六梁冠賜之。嘉靖六年，令外國朝貢入，不許擅用違制衣服。如違，賣者、買者同罪。

◎ 僧道服色

僧道服。洪武十四年定，禪僧，茶褐常服，青絛玉色袈裟。講僧，玉色常服，綠絛淺紅袈裟。教僧，皂常服，黑絛淺紅袈裟。僧官如之。惟僧錄司官袈裟，綠文及環皆飾以金。道士，常服青法服，朝衣皆赤，道官亦如之。惟道錄司官法服、朝服，綠文飾金。凡在京道官，紅道衣，金襴，木簡。在外道官，紅道衣，木簡，不用金襴。道士，青道服，木簡。

致谢

本书内容是在我博士论文基础上的更新版，我于2011年就读于东华大学，师从赵丰先生，尝试从实物研究和技术复原角度研习中国古代服装史。当时的我，在学途中遇到了瓶颈，开篇缘起中所提"胡人马"一事，让我深感"服装史"远非"服装+历史"这么简单，还涵盖着"纺织""技术""礼仪"等诸多隐性的要素。巧在那时，我看到了来自韩国朴圣实教授团队"朝鲜时代韩服的美与流行"展览，展出了数十件朝鲜时代的复原服装，我深受启发，更加坚定了要"从物论史"的想法。然而，很多关于纺织服装技术史的问题已经远远超出我原有的知识边界，我期待可以在国内找到一位能解惑的导师。

机缘巧合，我有幸考入有着深厚纺织传统的东华大学，并能同时在中国丝绸博物馆进行研究，开启了我人生中重要的一段学途。感谢我的博士导师赵丰先生。在他身上，我看到了"目光四注、勤奋耕耘"的努力与执著。他无言的鞭策，总是给我真实的力量，让我更勤勉，更努力，更坚毅。难忘跟随老师开展研究的日子，面对棘手的课题，老师像福尔摩斯侦探一样，巧妙推断，条分缕析，通过"实证研究"解决问题；难忘论文写作过程中老师的指导，我对内容的每处"忐忑"都没有逃过他的眼睛，总会被及时发现与更正；当我的写作陷入混乱不知如何继续时，老师又会帮我理性分析、倾力相助。整个求学过程中，老师的无为而治，令我自在前行。再次感谢赵丰老师对我的厚爱，不仅授我以"鱼"，亦授我以"渔"，这是不可估量的财富。

感谢攻读博士期间培养我的东华大学。周启澄老师、包铭新老师、卞向阳老师都给予我重要的学术关怀。在艺术理论部，我接受了前所未有的学术训练，重文献、图像与实物的综合研究方法令我受益。尤其在包老师课上，我"捡"了很多Idea，如获至宝。记得包老师在开学之初对新生们说"读博是一条不归路"，日后的学习过程中，我对此话感触甚深，愈走愈觉得这条学术之路"仰之弥高、钻之弥深"，只可匀力而行，不可一蹴而就。包老师在我确定选题之初，到成文过程我犹豫之时，至论文成稿后删改之惑，多次指点迷津，给我点拨，施我鼓励。师恩难忘。

感谢我的学习和工作单位北京服装学院所给予的大力支持，学校一直以弘扬中华民族服饰文化为本，致力于搭建服饰文化研究与交流的学术平台，持续开展传统服饰文化的传承与创新，学校浓郁的教研氛围是我学习与研究的原生动力。感谢北服求学期间我的两位导师袁仄先生、胡月女士。少时的我智能未启，肤浅粗疏，是他们的不舍不弃与耐心启蒙，引领我进入中国传统服饰研究领域，并步步热爱。没有他们的教导，没有此后的一切。恩师言传身教，有教无类，真以待人，也让我学会求真问真。感谢同事们的友爱与帮扶，尤其是2011年时任服装艺术与工程学院院长的赵平先生，在研究条件与研究方法上不吝相助，不仅让我有开阔视野的机会，也启发我从学科交叉角度开展研究。感谢我的学生邓艳阳、黄诣景、徐敏、靳云英、杨镇源、张学威、任灿灿等参与本书绘图工作，教学相长，他们的追随是我检验自己的镜子。

感谢我的三位韩国导师——檀国大学石宙善博物馆及兰斯传统服饰研究所所长朴圣实教授、韩国传统文化大学沈莲玉教授、国立安东大学的李恩珠教授，因各种机缘，我有幸在韩国跟随老师们学习，她们的学术之精，学业之勤，令我钦佩。韩国朝鲜时代的服饰与中国明朝服饰有着不可分割的历史渊源，镜鉴韩国传统服饰文化及研究方法，这段学习经历也令我深深受益。

感谢明史研究专家西南大学陈宝良教授，2011年陈老师在上海博物馆的讲座《明代社会生活史》及同名著作，为我的研究开启了重要思路。此后至今，陈老师一直给予我珍贵的学术指导，并欣然为本书做序，序言中的勉励也为我日后的研究指出了方向。

感谢所有前辈老师们的学术努力。正是因为前辈学者兢兢业业的付出，才令后辈学子有机会循迹深研。前辈的著作与思想开启了我的学术灵感，他们代代相承的努力，使前世之说不致泯灭，也让我深感要将学问做好，并非一人一朝一夕之力。我也深知，向前辈老师们致敬最好的方法，就是带着先生们最好的品质走下去。

感谢诸多单位的研究支持。首先是待我如家人般的中国丝绸博物馆，师友们在研究条件、研究材料等方面都给予我莫大的帮助。此外，还有故宫博物院、台北故宫博物院、首都博物馆、山东博物馆、孔子博物馆、上海博物馆、苏州丝绸博物馆、南京博物院、南京市博物馆、江宁织造博物馆、南京云锦博物馆、常州博物馆、武进博物馆、嘉兴博物馆、泰州博物馆、江阴博物馆、中国海盐博物馆、桐乡市博物馆、扬州博物馆、镇江博物馆、安徽博物馆、歙县博物馆、山西博物院、江西省博物馆、新余市博物馆、四川博物院、贵州省博物馆、湖北省博物馆、宁夏盐池博物馆、宁夏文物考古研究所等收藏明代相关服装文物的文博部门，他们对文物的保存与保护，得以让前人的衣裳传承至今，令时人景仰。对如上博物馆为本书写作所提供的资料与便利，一并感谢。

感谢保利拍卖古书画专家李雪松先生，十年前的一幅明画评析，促使我将明代服饰研究深度追踪，虽然没有彻底解密"胡人马"的身份，但是却意外得到了其他的学术收获。感谢李当岐老师、戴扬本老师对我博士论文提出的重要建议。感谢金媛善女士在韩文文献上的帮助。感谢日本学者鸟丸知子女士、井关和代女士及徐玉同学在日文文献上的帮助。感谢插画师王非为本书绘制朝服插图。感谢很多学友、同门的并肩前行，无论是微博互动，还是现实讨论，都让我获益匪浅。

感谢中国纺织出版社有限公司郭慧娟和金昊女士的严谨审校与大力支持。感谢独立设计师、民艺策展人何酉先生为本书进行精美的版式设计。本研究还得到了北京社会科学基金重点项目"明代经典服装形制复原研究"的资助。这一切，得以让本书顺利出版。

最后，感谢我的家人，他们对我无私的爱，让我稳坐书斋。近十年光阴，荏苒不留。我最大的收获是从"无知无畏"到"知止有敬畏"。学海无涯，《明鉴——明代服装形制研究》如学海一粟，自己只是在有限的研究能力下，用笨功夫做了一点研究。日后随着研究资料的不断更新，以及更多新成果的陆续出现，本书的研究不足之处也势必慢慢呈现，衷心希望老师及学友们指正，共同为中国古代服饰研究尽一点微薄之力。愿此书小而饱满，带着这颗小小"成粟"，我也将不忘初心，继续走下去。

蒋玉秋

2020年岁末于北京

蒋玉秋 博士

北京服装学院　教授 / 博士研究生导师
研究方向：中国古代服装史、传统染织技艺

　　持续致力于"传道重器，习古创新"的
教学实践，倡导从技术角度研习中国古代服
饰，以及基于传统染织技艺的创新设计应
用。带领团队完成周代士冠礼及乡射礼服饰
复原、长沙马王堆汉墓出土服饰及刺绣复
原、敦煌壁画唐代人物服饰形象复原、明
代典型服装形制复原等专题研究。发表论
文多篇，主笔、合著、译著有《汉服》《北
京服饰文化史》《粉黛罗绮：中国古代女子
服饰时尚》《一针一线：贵州苗族服饰手工
艺》等。